◎ 本书的出版得到

国家自然科学基金项目"中国农民创业的理论与实证研究"（项目编号：71073136）资助；

教育部人文社科重点研究基地重大项目"中国农业产业集群形成机理与发展对策研究"

（项目批准号：10JJD790018）资助；

教育部特色专业建设计划和浙江大学国家985三期工程资助。

survey on Agricultural
Entrepreneurship in China

在希望的田野上

——中国农业创业致富故事

郭红东 钟王黎 主编

ZHEJIANG UNIVERSITY PRESS
浙江大学出版社

图书在版编目(CIP)数据

在希望的田野上——中国农业创业致富故事 / 郭红东，钟王黎主编 . —杭州：浙江大学出版社，2011.8
ISBN 978-7-308-08936-4

Ⅰ.①在… Ⅱ.①郭… ②钟… Ⅲ.①农民—商业经营—案例—中国 Ⅳ.①F715

中国版本图书馆 CIP 数据核字(2011)第 153990 号

在希望的田野上

——中国农业创业致富故事

郭红东　　钟王黎　主编

责任编辑	陈丽霞(clixia@163.com)	
封面设计	春天·书装工作室	
出版发行	浙江大学出版社	
	(杭州市天目山路 148 号　邮政编码 310007)	
	(网址：http://www.zjupress.com)	
排　　版	浙江时代出版服务有限公司	
印　　刷	德清县第二印刷厂	
开　　本	710mm×1000mm　1/16	
印　　张	20.25	
字　　数	353 千	
版 印 次	2011 年 8 月第 1 版　2011 年 8 月第 1 次印刷	
书　　号	ISBN 978-7-308-08936-4	
定　　价	48.00 元	

目　录

第二部分　返乡农民的农业创业致富故事

第三部分　非农民的农业创业致富故事

目　录

前　言

一、农业创业的重要意义

进入 20 世纪 90 年代后期以来,中国的"三农"问题凸显,已经成为制约我国经济发展的一个瓶颈。虽然中央和地方政府已采取多种措施积极推进社会主义新农村建设,逐步解决"三农"问题,但是当前农村发展仍存在着许多突出的矛盾和问题,农民稳定增收困难、农村社会事业发展滞后、农业基础设施薄弱、城乡差距不断扩大等。对于"三农"问题的解决,不仅需要政府惠农政策的支持,更需要立足于农村、农民、农业本身。而农业创业就是立足于农业、农村本身,农业创业的主体也往往是农民,这在很大程度上利用了农村的自然资源,也调动了农民主体的积极性。

农业创业是指在农业领域从事创业活动,主要包括种植业创业、养殖业创业、休闲观光农业和农产品加工业等。农业创业具有广阔的发展空间。农业是农村的主要产业,具有食品保障、原料供给、生态保护、观光休闲、文化传承等多种功能。农业在第一产业的发展主要有谷物、薯类、油料、豆类、棉花、烟草等大宗农产品种植;还有蔬菜、水果、花卉、盆景、香料、中药材等高附加值农产品种植;肉禽蛋等畜产品的养殖;鱼虾及其他水产品的养殖等。农业在第二产业的发展主要是食品加工业,包括蔬菜、豆制品、肉类加工等。农业在第三产业的发展起步比较晚,但是有较好的发展势头,主要包括农家乐、渔家乐等乡村休闲旅游业。

近年来,农业创业问题得到了社会的普遍关注,全国各地也涌现出了不少农业创业致富的典型案例。农业创业者通过创业活动推动了农村生产要素的新组合,把资源和要素转化成具有更高价值的形式增进了社会财富。农业创业不仅使创业者体现了自身价值、增加了收入,而且带动了就业,促进了现代农业的发展,有力地推动了农村经济的快速腾飞。从本次的调查情况来看,我们可以看到很多农业领域的创业者都获得了巨大的成功,他们不仅自己走上了致富的道路,而且也帮助更多的农民富裕了起来。例如,江苏的香瓜种植能手汪海萍,因家庭经济困难初中二年级就辍学打工,8 年来都在外辛苦打零工,基本只能维持温饱水平,常常要为孩子的学费发愁。但是,现在她的年收入有数十万元,家里的瓦房变成了小洋楼,每年还能带着家人出去旅游。同时,在她的帮助下,村里的一些特困家庭也逐渐步入了小康生活,汪海萍始终在实践着她"先富带后富,大家共同富"的理念。再来看看,江西从事麻鸡养殖的周国文,出生在一个贫苦的农民家庭,初中毕业后因为经济原因辍学在家从事农活,直到他 35 岁的时候,开始从事崇仁麻鸡养殖,现在已经成为江西崇仁县国品麻鸡发展有限公司董事长,被评为"江西省农村科技致富典型";同样的,周国文致富亦不忘本,慷慨地向前来取经的农户讲解麻鸡的养殖技术、防疫治病的药物及技术,另外,还成立了国品麻鸡孵化专业合作社,带动农户 3940 户,通过合同制方式带动农户 3820 户。合作社形成了从商品鸡苗供应、技术服务到成鸡销售一条龙服务,帮助大量的农户、下岗工人、家庭妇女等解决了再就业的问题。2009 年,合作社的农户在周国文的带动下户均获利 25679 元,而当年,江西省城镇居民人均收入只有 15000 元。

二、农业创业的主要类型

按照创业主体的不同来划分,本调查研究将农业创业主要分为以下三种类型,土生土长农民的农业创业,返乡农民的农业创业,非农民的农业创业。

（一）土生土长农民的农业创业

土生土长农民的农业创业主要是指从小出生在农村、又在农村长大,基本无外出打工经历的这类农民在农业领域进行的创业。在本次的案例调查中,很多农业创业者都是土生土长的农民,而且这些土生土长农民从事农业创业有着自身的特点。一方面,在创业领域方面,土生土长的农民更倾向于从事种植业和养殖业,主要通过扩大农业生产规模,以特种种养业甚至传统农业的集约化经营为主。例如,傅献军和胡老汉都是从事粮食规模种植的,厦寿明、何建强、汪国武等都是从事果蔬规模种植的,吕国斌、赵宝顺都是从事肉猪养殖的,周国文、王学然都是从事肉鸡养殖的。这主要是因为常年生活在农村这块熟悉的土地上,他们在种植业和养殖业领域相对会比较有经验。另一方面,在创业资源方面,土生土长的农民相对来说更缺乏资金和技术。由于常年从事农业生产,而传统农业的效益又非常低,所以农业积累相对较少,所以在进行农业创业时会面临更多来自资金和技术上的困难。例如,王德法在 20 世纪 80 年代初就想承包种果树,但是一没钱二没技术的他不得不继续种地，直到 1986 年的时候，攒够了钱终于承包下了村里的 20 亩果树地。但是在种植过程中由于技术问题出现了大量的落果现象，导致了很大的损失，使得创业一度陷入困境。最后，通过到莱阳学习种植技术，并自己一天到晚泡在果树地里研究种植技术，王德法的果树收成才越来越好。

（二）返乡农民的农业创业

返乡农民的农业创业主要是指这类农民在城市务工经商一定时期后，离开城镇又返回农村，进行农业领域的创业活动。在本次的调查研究中，我们发现农业创业者中还有一类群体就是返乡农民。返乡农民往往是由于生活所迫外出打工，在城市里他们是典型的弱势群体，从事的是又累又脏的工作，却又没有城市居民享有的各种社会福利和保障。而返乡进行农业创业之后，他们往往是劳动致富的典型，因为他们有资金、懂技术、会经营，从而有一定的身份地位，受人尊敬和羡慕。从本次的调查情况来看，我们也可以发现返乡农民创业的一些典型特征。返乡农民往往在打工的过程中积累了资金，学到了技术，获得了市场信息。例如，郑团建在台州温岭的一家水产养殖场经历了 3 年的打工生涯，这使他学到了很多实用的甲鱼养殖技术，也让他产生了回乡进行甲鱼养殖的创业想法。叶贤华在广州的西瓜种植地经历了一年的打工生涯，每天日晒雨淋，半夜还要起来巡视，虽然很苦，但是，在这一年里他学会了很多西瓜种植方面的知识，以及了解了西瓜种植的行情，同时也认识了很多从事种植行业的人。这些都为他回乡进行西瓜种植提供了很多有利条件。

（三）非农民的农业创业

非农民的农业创业主要是指原本没有从事过农业生产活动的一类人，来从事农业领域的创业。在本次调查中，也有不少非农民进行农业领域创业的案例，但是这部分人群所占的比例相对较小。非农民农业创业的主体主要是大学生或者在城镇具有稳定工作的人，但是看到了农业领域的商机，毅然下海创业。如华浩其，在大学毕业之时本可以找一份稳定的工作，但是他毅然放弃这个选择，自己从事苗木种植。八年的时间，他从当时一个初出茅庐的大学生成为现在已经是闻堰远近闻名的老板。虽然他们的身份是非农民，但是他们往往和农村、农民有着千丝万缕的联系。如华浩其，虽然大学毕业之后就从事苗木种植，之前并没有从事农业生产相关活动，但是他的父亲是做水产养殖的，因而他对于农村农业并不是一无所知的，而是有一定的了解，否则也无法发现这其中蕴藏的商机。

三、农业创业的经验启示

我国幅员辽阔，不同地区之间在资源禀赋、文化习俗等方面都存在着较大差异,从而也决定了农业创业在不同地区之间的发展要面临不同的外部环境。同时,农业创业者中有土生土长的农民,也有返乡农民和非农民,每个农民创业者有各自的特点。认真总结各种不同类型农业创业成功的经验,从中得出一些有益的启示,对于其他农业创业者吸取和借鉴他们的经验,实现农业创业的成功具有十分重要的意义。尽管各地农业创业致富的案例不尽相同,但是综观本次调研的所有农业创业者,各地的农业创业致富案例还是存在着一些共性或者内在的规律。

(一)识别创业机会是农业创业的前提

进入农业创业领域的首要问题就是要识别并且把握创业机会。创业机会是指在新的生产方式或者新的产出形成的过程中,引进新的产品、服务、原材料和组织方式,它往往存在于社会与经济的变革过程之中。综观本次调研的农业创业致富案例,可以发现很多创业者都是通过他们丰富的经验或敏锐的洞察力有效地把握住了农业领域的创业机会,才获得了创业的成功。比如贵州的王正权,2004年的时候,他看到贵州山村大量的农民外出打工,很多土地抛荒,贵州烟叶种植处于低谷,烟农种烟积极性低。同时,为了保持种烟的稳定性,当地政府和烟草部门采取了积极措施,促进土地流转。在这种情形下,王正权意识到,通过规模化种烟是一种既能规避市场风险,又能赚钱的好办法。于是,他从绥阳回到家中开始了自己的规模种烟之路。杭州的郑杭干在几年前看到四川人来他们村租了地种植反季节蔬菜,让他了解到了蔬菜市场的商机;同时,他在镇上咨询了相关政策,了解到国家对农业创业的支持力度很大,不仅全免税收,还会提供技术、资金等多方面资助,大大降低了创业的风险。所以,郑杭干创建了合作社,开始了蔬菜的规模种植事业。为此,要注重进行农民培训,培养他们的市场意识,提高广大农民识别创业机会的能力,促进农业创业的发展。

(二)依托资源优势是农业创业的基础

识别创业机会的基础上,创业活动的顺利开展还需要整合多方面的资源,包括资本、技术、人才等。在农业领域的创业活动与农业本身的联系较大,因此在整合资源的过程中,依托当地的资源优势是农业创业过程中的重要基础。综观本次所调研的农业创业案例,有很多都是依托当地独特的自然、地理条件或者名、特、优产品发展起来的。比如,从事陕北大红枣加工贸易的白世安就是依托当地资源优势的创业致富典型。清涧属温带大陆性季风干旱气候,土壤和气候形成了红枣生长得天独厚的自然条件,所产红枣个大、皮薄、肉厚、核小、甘甜爽口,在1996年就被中国农协会命名为唯一的"中国红枣之乡"。白世安从事红枣加工业正是利用了当地的优势,给自己带来了致富的机会。经营淳安县千岛湖中华鳖基地的郑团建,在 2002 年的时候,依托千岛湖的自然资源优势,建起了 11 亩的露天养殖池塘。他的养殖场就在千岛湖上游,水好、环境好,这给他的甲鱼养殖带来了得天独厚的优势条件。浙江富阳的潘妙红所在的万市镇没有成片广袤的农田,有的尽是连绵不绝的群山丘陵和漫山遍野的竹林。潘妙红说竹林可以带给我们很多东西,竹子可以加工成家具、工艺品等,竹条可以做成扫帚,竹笋可以加工成罐头、笋干,于是她承包下了竹林,然后依托这天然的资源优势走上了发家致富的道路。因此,各地政府要充分发挥资源优势,引导当地农民立足资源优势,进行创业。

（三）农民专业合作社是农业创业的重要模式

从各地农业创业的情况来看,农民专业合作社是农业创业的重要模式。首先,专业合作社的模式很好地提高了农民进入市场的组织化程度,改变了农民在市场交易过程中的弱势地位;其次,专业合作社为农民提供了产前、产中、产后服务,形成了新的农业生产社会化服务体系;再次,合作社增加了农民收入,促进农民走共同富裕的道路;最后,合作社经营模式更容易形成规模效应和品牌优势,增加农产品的市场竞争力。在本次调研的案例中,可以发现很大一部分农业创业者都利用了合作社这一组织形式来进行创业,不仅让自己走上了致富道路,也带领了周边很多农民富裕了起来。比如浙江富阳的何建强创办了富阳市新登矮子鲜桃专业合作社,浙江龙游县的傅献军创办了龙游县献军种粮专业合作社,河南信阳的李正玉创办了四季丰蔬菜种植专业合作社等。为此,政府要加强对农民专业合作社发展的扶持,对农民合作社的税收、金融、人才、技术等多方面给予支持,促进农业创业载体的健康发展。

（四）科技是农业创业的关键

农业创业活动顺利开展的关键是要保证产品质量,而产品质量的保证又往往和技术是密不可分的。因此,无论从事的是种植业创业、养殖业创业,还是食品加工业或农业服务业,对于技术的重视以及对产品质量的保证是农业创业活动赖以生存的关键。综观调研的农业创业致富案例,我们可以发现几乎每一个农业创业者都非常重视技术和产品质量,尤其是种植业和养殖业领域,一旦技术不达标,导致的不仅仅是产品质量问题,甚至是颗粒无收。比如浙江海盐的夏寿明在从事葡萄种植的过程中,一直非常重视葡萄种植技术的学习,并积极开发新品种,提高葡萄品质和产量。他于 1998 年引种欧亚种葡萄,进行栽培技术研究,获得县科技进步三等奖;2000 年,他研究小弓棚加避雨栽培的新技术,使当年葡萄提早上市,并以优良的品质和较高的产量获得了很好的经济效益。黑龙江汤原县的林承为了解决奶牛养殖的问题,不仅向当地有经验的奶牛养殖户请教,同时天天在牛棚里待上十几个小时自己不断摸索,经过努力,他已成功解决北方奶牛养殖所面临的牛舍保温、牛奶保鲜以及常见疫情的处理方法等问题,实行统一配种、统一饲料供应、统一疫病防治、统一榨奶、统一销售的"五统一"政策,确保标准化作业,并形成了一套独特的《养牛经》。因此,各地政府要加强对农业创业者技术方面的帮助,通过和农科院、农业院校的交流,提升农业创业者的种植、养殖技术,从而保证产品质量。

(五)创业环境是农业创业的保障

从本次的调查情况看,目前农业领域的创业发展很大程度上离不开良好的创业环境,而且当地政府在其中扮演着非常重要的角色。农业创业本身有较大的自然风险,而且农业创业过程中涉及的土地、资金、技术问题都非常复杂,完全依靠创业者自身来解决,有时候困难很大。因此,当地政府对农业创业的支持是其健康发展的重要保障。比如,江苏淮阴的汪海萍种植香瓜获得成功就与当地政府的创业支持是分不开的。近几年来,凌桥乡政府积极鼓励农民发展高效农业,把种植香瓜作为农民致富的有效途径,并施行了一系列支持措施,不仅为瓜农修了路、通了电,还帮助缺少资金的农户贷款、聘请蔬果专家指导、传授栽培技术;成立香瓜协会,引进新品种,并分别为双闸村和泗河村的香瓜申报"凌双"、"凌桥"牌商标,为凌桥香瓜进入大市场奠定了基础。

(六)创业者个人素质是农业创业的根本

个人创业素质包括两方面:一方面是创业精神,主要是指欲望、执著、忍耐、胆量;另一方面是创业能力,主要是指眼界、敏感、智慧等。从本次调查来看,很多农业创业者身上都具备这样的创业精神和创业能力。顽强的创业精神对于创业成功是至关重要的,如果没有具备这些个人创业素质,一般来说,也不会出现创业活动,即使创业了,也往往是浅尝辄止,半途而废,因为创业的道路总是充满困难和荆棘的。比如,从叶贤华身上,我们就可以看到成功创业者强烈的进取心和执著。童年的苦难激发了叶贤华的创业激情,他说,"别人能做到的,我也一定也能做到,并且要做得更出色"。正是这种执著,让他在西瓜种植的路上坚持了下来,也获得了成功。到广东打工学种西瓜,一年后回台州开始创业种西瓜。由于收益低,叶贤华又去海南种植西瓜,可是海南的强降水让他血本无归,可是,他不甘心,到绍兴又东山再起。现在收益已经比较稳定,但他还是抱着满腔热情准备尝试去四川种植西瓜。虽然创业者素质中的很多品质,比如执著、毅力、忍耐、坚持等都早已在创业者的成长历程中形成了,但是在许多潜在的农业创业者中,往往因为眼界或者信息等问题而被拒之门外。所以,通过适当的创业培训,提升广大农民的创业素质,对于促进农业创业的广泛开展具有非常重要的作用。

第一部分

土生土长农民的
农业创业致富故事

种粮大户胡老汉的坚持与梦想

■ 文／余晓琳

创业者档案

　　胡老汉，男，1955 年生。他是一个土生土长的农民，从事了几十年的农业生产，原在淳安以种植果树为生，后移民至江西景德镇三龙镇后开始学习种植水稻。他小学学历，育有两子，且皆已成家。他是该县最大的种粮大户，种植面积达 440 余亩。

所在地情况

　　三龙镇位于江西省景德镇浮梁县城西南部，系景德镇市和浮梁县城郊区。境内属丘陵山地，地势由北向南倾斜，北部丘陵起伏，中部为河谷地带，最高海拔 432 米，耕地面积 1.1 万亩，山林面积 8.3 万余亩，盛产优质稻、草莓、茶油、木材等；有 206 国道、龙港公路和"三大"公路三条主干道，206 国道纵贯南北，龙港公路与"三大"公路横亘东西，交通便利，适宜农产品运输。

创业项目

　　水稻种植

创业感言

　　水稻种植需要坚持与梦想。

创业故事

三龙镇位于江西省景德镇浮梁县城西南部,是景德镇市和浮梁县城郊区。206国道纵贯南北,龙港公路与"三大"公路横亘东西,交通便利,盛产优质稻、草莓、茶油和木材等,而胡老汉是这里远近闻名的种粮大户,其种植面积达440余亩。但是三十多年前,他只是一位浙江淳安千岛湖移民,家族世代种植果树,毫无水稻种植经验,而现今却成了当地乃至全县最大的种粮大户。为了一睹这位种粮大户的风采,在当地镇政府的介绍下,我于2010年1月26日拜访了他,采访中了解到了胡老汉的坚持与梦想。

胡老汉的抉择与坚持

问:您是何时开始创业的? 是如何想到创业的? 当时您家里人是如何看待您创业的? 村里人如何看待? 周围的环境是否有利于您创业?

答:我是2008年开始创业的,创业是迫于家庭压力,看着周围邻居外出打工或是到邻近的陶瓷工厂上班,各个都造了新房子,而自己作为土生土长的农民种了三十几年的果树,没有干过别的,现在仅仅靠原有的几亩承包地根本满足不了家庭的日常开支,再加上自己年纪又大了,出去打工或是去陶瓷厂上班,人家也不会收啊,后来想想还是做自己有把握的事——种粮,家里人也很支持,便开始承包土地种粮。村里人开始并不看好我的创业项目,认为种粮挣不了钱,但我就不认这个理,凭着我多年种植的经验,承包土地后说干就干。这不,现在成了大家学习的榜样。

问:您当初如何想到从事这个项目创业的? 您创业之初,资金、土地、技术、劳动力等问题是如何一一解决的?

答:当初想到从事这个项目是因为自己在种植方面拥有丰富的经验。我是第一批浙江淳安千岛湖移民,刚移民来此地时我还是个小孩,我们家在淳安世代种植果树,移民到这来后才开始接触水稻,我们靠着淳安人的勤奋,开始种植、研究水稻,一种就是三十几年,因此在种植水稻方面有着丰富的经验。再加上这几年许多农民因为种粮不挣钱都开始不种粮了,所以我就想到承包土地大规模种粮,当地政府也很支持,所以就开始了这个创业项目。

创业之初在资金方面主要是靠自己的积蓄和亲友的借贷;土地方面通过镇政府流转过来的土地;技术则主要靠自己多年摸索的经验以及镇政府

科技人员的培训；劳动力方面，平时我、妻子和两个儿子去地里干活就够了，农忙时就会雇人，在农村雇人还是挺方便的。

创业路上的人助与天助

问：镇政府科技人员有培训，您的意思是说村里给了您一些支持？除了技术支持，还有其他的支持吗？

答：是的，村里定期都会有技术培训，我很喜欢去听的。除了技术支持，在我承包土地的时候，村里也帮了很多忙，很感谢啊。另外，在种子、农药、化肥方面，村里也有支持，每年都有种子补贴，现在政策还是好啊。

问：您创业之初产品是如何销售的？现在是如何销售的？销售过程中有否遇到过问题？

答：种粮的第一年还是挺担心的，害怕粮食卖不出去，但我们三龙镇有着优厚的自然环境，适合种植水稻，并且远近闻名，因此粮食丰收后发现有中间商直接上门收购，产品销售很方便，根本不用担心卖不出去。我的任务就是好好种植水稻，保证优质高产，完全没有后顾之忧。

问：有人上门收购您的粮食，那收购价是如何确定的呢？我的意思是说如果您一心种粮而没有参与市场，那您怎么知道粮食的市场价？

答：价钱吗？种了这么久的粮食，大概的价钱范围还是知道的。再加上村里也不止我一户种粮，政府呢也会给我们提供信息。还有我们这边交通方便，要知道信息自己会去农贸市场看看。另外我经常看中央七台，这个频道好啊，经常会提供一些粮食信息。

胡老汉的忧心与喜悦

问：听您这么说，感觉您创业以来还蛮顺利的，那您在创业过程中有否遇到过不顺心的事情？后来是如何走过来的？

答：其实不顺心的事情有很多，要知道种粮是很苦的，每天起早贪黑的，还要担心天气状况。我们这边人均占地面积较少，所以一直以来都是人工插秧、人工收割的，没有什么机器。但是现在440亩地呀，还是人工的话会很累，平时就一家人自己干，农忙时就会雇人，但这些并不是很难，自己辛苦点就过去了，毕竟我是吃过苦的，这点根本不算什么。要说创业过程中遇到过的不顺心的事情那就要算440亩土地的灌溉问题。村里的水利基础设施不是很好,完全是祖宗辈流传下来的小沟渠,这在多雨季节是没问题的,但如果遇到干旱,水稻就麻烦了。再加上我种植的面积过大,田地又处于上游,在满足自身灌溉需求的同时,还要考虑中下游农户田地的灌溉问题。记得前几年干旱,眼瞅着田地龟裂,毫无办法,硬是几夜没合眼。水利建设是关系水稻种植的大事,政府应该帮助农户解决这个事情,当然作为种粮大户,我自己也非常愿意出一份力。

问:创业以后,您自己觉得在生活和社会地位方面有哪些变化?别人对您和您家人有哪些看法?

答:说实在的,创业的第一年是很苦的,挣的钱大部分都拿来还债了,毕竟借给我钱的那些亲戚家境也不是很好,必须尽快还上。但第二年这种情况就好转了,生活富足了很多,还造了新房。现在家里该有的都有了,周围的邻居都很羡慕,大家都说我挣了大钱了。呵呵,其实是挣了些钱,要说大钱还说不上,目前是这样。还有,如今大家都叫我种粮高手,还时不时地到我家来询问经验,我当然也是知无不言,言无不尽啦,大家来找我是对我老胡的信任,能帮上忙的我就一定帮。

问:创业以后,对当地其他农民和产业发展带来了哪些变化?

答:创业以后有了很多变化,最大的变化就是承包土地的人更多了,现在我们村大规模种粮的已经有好多户了。我很高兴,能够起到这种带头作用。说实在的,过去一家一两亩地,种的粮只够自己吃的,哪里还能拿出去卖啊,这样就更谈不上靠种粮挣钱了。这几年化肥、种子等价钱涨得厉害,种粮根本不挣钱,搞不好还会亏本,所以很多人宁愿田地荒芜也不种粮,特别是年轻人大部分都出去打工了。现在可不一样,村里人看我种粮挣了钱,也开始承包土地大规模种田了,呵呵,我很高兴起到带头作用。

胡老汉的固执与梦想

问:对未来发展您有何计划和打算?

答:未来我当然想扩大种植面积,但是,现在村里的田地都承包完了,如果去别的村承包,其一是担心政策不允许,其二就是不方便,种地还是要田地连在一块才好管理,如果分散开来就会差很多。再加上自己现在年纪大了,计划和打算就是把经验传授给儿子们,让他们年轻人去干。现在我就想着集合其他几家大户买些机器,这样可以省时省力。虽然说农忙时雇人帮忙还是挺方便的,但是现在雇的人大多是四五十岁,年轻人不愿干苦力。还有人工费很高,一天要一百多呢,所以想着买机器,毕竟机器不会累,呵呵。要知道这年头光靠蛮干是不行的,经验很重要,技术同样也很重要,有了高科技,440 亩地就不是问题,还高产优质。

问:您很有想法啊,听您说了这么多,现在想问一些关于您个人的问题。您是 2008 年开始创业的,刚才也听您说到创业是因为家境的问题,除了家境,还有别的原因吗?比如,我就喜欢干这个。

答:说实话,当时选择种粮还是犹豫了很久的。我家世代种果树,对果树种植也是很有经验的,所以当时也考虑承包土地种果树。但是最后还是选择承包土地种粮,一个很重要的原因是现在很多人不种地了,很多田地都荒废在那里,很可惜啊。对我来说,土地对一个农民来说就是天啊,怎么可以荒废呢,于是我就想着把荒废的土地承包过来自己种。另外一个原因呢,我家原是淳安千岛湖的,家里世代种果树,但是我移民过来的时候还是个小孩,到了这边,家里开始种水稻,可以说我从小是在水稻田里长大的。最开始是新鲜,后来有些厌倦,再后来就喜欢上了种粮,所以最后决定承包土地种粮。我想着我要把粮食种好,把自己的种粮经验和技术传下去,呵呵,现在可以说还是很满意的。

胡老汉的光荣责任

问:听您这么说,我真的很敬佩您。从您的谈话中,我听得出来您对水稻的热爱和责任,种水稻很累,您妻子应该还是很支持的,您的儿子年轻,他们有没有抱怨过呢?

答:抱怨还是有的,毕竟农忙时真的很累,很多事情都得自己做,我自己是习惯了,觉得在田里一天到晚地干活,干累了坐在田边看看自己的成果还是很高兴的,特别是晚上走在回家的路上,想想一天干的活觉得很满意。妻子呢,和我一样,一辈子的农民,觉得干活理所当然。但儿子们还年轻,要他们整天待在田里还是不高兴的,并且一开始他们对我也不是很理解,种田是很累的活,还不挣钱,为什么还坚持拼命地干?对我来说,种田不只是为了挣钱,种田还是我的乐趣,种了几十年地了,如果哪天不干了,还真会整天浑身不自在。

问:听您这么说,我可不可以理解成种田就是您的娱乐?您想过什么时候退休吗?

答：呵呵，可以这么说，每天干自己喜欢的事情，还能挣钱，所以每天都很开心。做了一辈子的农民，没干过别的，也没想过干别的，种田、种果树，很快自己也近六十了，想着自己还能干什么。现在就是把440亩地种好，把我的经验、技术传下去。退休吗？还没想过，我会一直干，直到干不动了，还是会每天去田里看看的。

问：现在种地的大多是四五十岁的人，年轻人大多吃不了这个苦，对此，您的看法呢？你对大学生到农村从事农业创业有什么看法？

答：现在年轻人是吃不了种田的苦，他们和我们这一代人不同，接触的东西多了，爱好也很多，让他们一天到晚都在田里是不可能的，所以这也是我要买机器的原因之一。年轻人不喜欢种地，你再怎么逼他们也是没用的，时代不同了，我们这一辈人也要看开点，毕竟像我们这样蛮干是不行的，要用高科技。如果大学生能到农村从事农业创业，那就太好了。大学生学历高、懂高科技、想法多、思路活，所以我是非常赞同大学生来农村的，我想农村的未来还应该靠这些大学生们，我们老一辈人是不行了，有了这些大学生，我想以后农村一定会大变样，我希望能早一点看到这一天，看到农村的变化。

两个小时的谈话不知不觉就结束了，我很开心也很庆幸能与这么一位有着丰富经历、淳朴勤劳、热爱种粮、热心中国农业的农民交谈，从胡老汉的谈话中可以看出他的坚持与梦想，在这里祝愿胡老汉的梦想早日实现。

傅献军的种粮之路

■ 文/钟王黎

创业者档案

　　傅献军,男,浙江省龙游县小南海镇圩塘朱村人,是该县最大的种粮大户。1991年起到工商业较为发达的龙游镇西门村承包大田从事粮食生产,承包面积逐年扩大,1998年起承包面积均在200亩以上。2005年,大胆创新扩大粮食生产规模的新路子,开创了"以服务换经营权"的方法。在此基础上,傅献军牵头组建了龙游献军种粮合作社,合作社现有136户农户、4家种粮大户和5家相关企业参加,每年为周边农户提供代耕、代种、代收服务面积近4000亩。11年,傅献军自己的种粮面积从2010年的600多亩又增加到了2011年的800多亩。

所在地情况

　　龙游县,位于浙江省西部,金衢盆地中部,北靠建德,东临金华市区、兰溪,南接遂昌,西连衢江区,是浙江省历史上最早建县的13个县之一,是浙江东、中部地区连接江西、安徽和福建三省的重要交通枢纽,素有"四省通衢汇龙游"之称;历史悠久,英才辈出,素有"儒风甲于一郡"之誉;是传统农业大县,土地资源充沛,享有"中国竹子之乡"的美誉。龙游县是我省的传统农业大县,也是国务院首批命名的国家商品粮基地县之一。全县耕地34万余亩,水田31万余亩,粮食年产20万吨左右。

创业项目

粮食种植

创业感言

种粮要靠规模化、机械化、科技化、合作化和品牌化。

创业故事

2011年3月1日，在龙游县农办工作人员的陪同下，我们很快就来到了傅献军的家。一到大门口，就可以看到一块大牌子，上面赫然写着几个字：龙游县献军种粮合作社。再往里一些，就可以看到一幅巨大的广告牌，上面清晰地介绍了合作社的概况、组织结构图等。随即，我们便看到了这位大名鼎鼎的种粮大户。他与网上的照片相比似乎差不多，但却显得更加年轻、硬朗。他非常热情，我们刚到，他就站在门口笑脸相迎，并急忙招呼我们进去坐。我们一进门，就被那金晃晃的奖牌给吸引住了，全国粮食生产大户标兵、浙江省优秀种粮大户、浙江五四青年奖章，浙江省优秀农民专业合作社、衢州市优秀农民专业合作社、龙游县优秀农民专业合作社……随后，在简要地介绍本次来意之后，我们开始了访谈，并在此基础上产生了如下报告。

偶然机会　开始创业

傅献军，1987年初中毕业，当时他只有17岁。毕业后，他就在龙游的一家钢铁厂做小工。当时，他发现龙游西门村的粮田年年都有抛荒，那里的农民已经不太愿意种田了，一般都出去经商、打工了。后来，他在西门村的哥哥先承包了多亩土地，开始了粮食种植。傅献军说，当时在钢铁厂里是三天上班、两天休息，于是他也萌生了包田种粮的念头。1991年，经过协商，他以每年每亩无偿上缴75公斤晚稻谷的代价，从该村农户手中转包了30亩粮田。傅献军笑称，当时根本谈不上什么机械化，兄弟俩只有一台拖拉机、一台打稻的电动机。当时的他，只是把这30亩粮田当成是一种兼工，并没有一心放在这个上面，他也想不到有一天种粮会成为他的事业，成为他生命中最重要的一部分。

后来，傅献军所在的钢铁厂效益越来越不好，而且当时西门村也有越来越多的土地抛荒了。所以，渐渐地，傅献军把工作的重心完全转向了粮田种植，并且在西门村承包了越来越多的土地。到1997年，土地承包面积达到100多亩，他当时已经是衢州市最大的种粮大户了。随后，他和哥哥开始大规模投资购买机械。他自豪地说，龙游的第一台收割机就是我们兄弟俩买的，还买了拖拉机等。可以说，那个时候，粮食种植已经是半机械化了。也正是从那时候开始，才算是真正走上了规模粮食生产的道路。

2005年，西门的土地在城市建设的过程中，由于征迁问题，土地面积减少。于是，傅献军想出了一个新办法。当时的农户，基本上还是离不开土地的，而且那些农户基本上是种单季的，早稻是不种的。针对这些农民边打工、边种田的情况，傅献军创造性地想出了一个新模式，并创建了种粮合作社。他和

这些农户达成协议，这些粮田的早稻归傅献军来种植；晚稻呢，仍然由农户自己种植，而傅献军要给这些农户提供三项免费服务，即秧苗免费、耕田免费、收割免费。相当于说，合作社用三项免费服务换取农户粮田的早稻经营权。这一模式，茅临生副省长称之为"献军模式"，现在，这一模式作为"十大模式"之一正在广泛推广中。

2005年4月，傅献军牵头成立了"龙游县献军种粮专业合作社"，这是衢州市首家农民种粮专业合作社。合作社以减少土地季节性抛荒，实现规模化、机械化、科技化生产，降低种粮成本，达到农业增产增效为宗旨。合作社首批吸纳了13名粮农入社，注册资金5.2万元。2008年，合作社发展为由136家农户、4家种粮大户和5家相关企业构成，被确定为省级示范性农民专业合作社，承包耕地面积达1880亩，其个人承包耕地面积620亩。现有烘干机1台，联合收割机2台，田间作业拖拉机4台，机动喷雾机2台。

2006年，在龙游县政府的帮助下，合作社流转了400多亩富硒基地，生产龙硒牌富硒大米。在这块富硒基地上，主要是种单季稻，后来又套种蔬菜，相当于也是种了两季。在那个时候，傅献军开始了他的品牌之路。现在，傅献军个人投资已经高达300多万元，包括100多万元的机械、100多万元的仓库等。

面对困难　勇于创新

傅献军提到,现在种粮食和原来种粮食完全不一样了,如果像原来那样种粮食,肯定是要亏本的,最主要的就是现在的人工费用越来越高了。而现在,种粮大户普遍面临的问题主要有三个。

第一,土地流转资金高。一般而言,现在流转资金需要每亩 400 斤晚稻谷,相当于市场价为每亩 500 元。刚开始的时候,傅献军说那时的土地流转资金只要 150 斤稻谷就可以,但是现在翻了一番还多。第二,人工工资高。刚开始的时候,粮食种植主要靠人工,人工费也不高。大概在 2004 年的时候,人工费只要每天 15 元,而且那时候的稻谷价格是每 100 斤 80 元。但是,现在呢,稻谷价格是每 100 斤 120 元,而去年的小工价格就要每天 70 元,而有技术的小工要每天 100 元,另外还要包饭。所以,在这个方面节约成本很重要。第三,农资价格高。农资价格里,特别是柴油这块。虽然种子、化肥、农药这些农资价格每年都在上涨,但是柴油的价格由于包括了养路费、税费,所以成本更高。但是这些种粮大户的柴油都是用在收割机、插秧机等种粮机械上的,没有养路费一说,但也只能从市场上去购买柴油。

傅献军说,像他每年花在柴油上的费用大概有十几万元,有两万多升。农用柴油的费用问题,要解决这个问题比较困难。他说,县里面也多次开过座谈会,但是由于操作性难等问题,尚未找到切实可行的解决办法。但是他也提出了自己的看法和意见,他觉得可以参考部分其他县市的做法,按照大型机械补贴、小型机械不补贴的方式,即针对大户进行柴油补贴,这样操作起来更简单一点,更切实可行一些。

针对劳工成本上升的问题,也是最主要的问题,傅献军说,总结起来,在节省人工方面,主要就是依靠两个办法:机械化和科技化。机械化方面,傅献军已经实现了全程机械化,大幅度地降低了人工成本。他现在已经拥有十几台拖拉机,还有插秧机、烘干机、育秧流水线等,单自己在机械方面的投资就高达 100 多万元。科技化方面,主要包括两方面:一方面是,通过"水稻双机双抛双千斤"种植模式,提升粮食生产科技水平。这个主要是指早、晚稻两季进行塑盘抛栽,即机械不能去的地方,采用抛栽这种方法。一般情况下,每亩农田需要一到两个人工进行抛栽,但是塑盘抛栽的话,一个人工每天可以抛栽5亩土地。另一方面,测土配方、统防统治、化学除草,这些措施都大大节省了人工成本。合作社现在是统一时间播种、统一时间施肥、统一时间除虫。而农户自己是看哪个时间有空就去除虫,这样会把虫赶来赶去,而且会耗费较多的时间。所以,这就是统防统治的优势,相应地也节省了人工成本。

傅献军根据自己多年的粮食规模种植经验,总结了五个方面,其中两个方面就是上面提及的机械化和科技化,而另外三个方面就是适度规模化、合作化和品牌化。傅献军说,种粮食需要适度规模化,一般大户种粮食至少需要300亩,否则投资机械和仓库会不划算;当然像他这样,最好也是要控制在2000亩之内,否则管理上会出现问题。合作化,就是指一定要创办合作社,面积大、产量多,品牌可以做大;同时,很多企业会与合作社进行订单贸易,使得晚稻谷的收购价格高于其他种粮大户。品牌化,主要就是打造富硒品牌,另外也在做有机大米。

创新土地流转方式　促进粮食规模种植

多年的粮食规模种植经历,让傅献军总结出了现有的土地流转模式,一共有五种。聊到这些的时候,他非常高兴,也非常自豪。接下来,他开始滔滔不绝地向我们讲述他的五种土地流转模式。这五种模式,主要包括季节性流转模式、一女二嫁模式、全年流转模式、反租倒包模式、服务性流转模式。

第一种,季节性流转模式。这也是最原始的"傅献军模式"。其实,傅献军的这个创新点子,说得通俗一点,就是"用服务换土地(经营权)"。傅献军和农民签下协议:春季抛荒的农田,归傅献军免费种早稻,7月20日前归还给农户种晚稻,傅献军免费耕作、育秧,成熟后优惠价回收。"献军种粮模式"一经推出,农民纷纷把田交给了他。原因很简单,因为与傅献军合作种一亩晚稻可节省成本155元。同样的,傅献军也不吃亏,现在农村大面积连片承包土地很困难,而用农机农技服务换取早稻田连片转租,机械化操作,节约了大笔费用。看到"傅献军模式"利人利己利社会,县里的粮食规模种植户们纷纷仿效,推广面积已达到1.5万亩以上,为龙游县连年获得省和全

　　第二种，一女二嫁模式。2008 年，献军种粮专业合作社与建光蔬菜专业合作社配合，利用种粮与种菜的农事季节差，做起了地尽其用的文章，实现了种粮种菜两不误，探索土地流转新机制，深化和丰富了"献军种粮模式"。

　　建光蔬菜合作社的 300 亩基地让给献军种粮合作社种一季早稻，收割后还给蔬菜合作社种蔬菜，献军种粮合作社为建光蔬菜合作社承担三分之一的土地年租金。而献军种粮合作社的 700 亩基地原来冬种以种油菜为主，现改为种蒿菜、萝卜等蔬菜，由建光蔬菜合作社提供种子、技术服务并包收购。这样两家合作社的土地得到了充分利用，既防止了土地季节性抛荒，又增加了效益，实现了双赢。

　　第三种，全年流转模式。这种模式的操作方式比较简单，即傅献军将农户土地全部承包，给他们每年每亩 400 斤粮食，农户可外出打工。

　　第四种，反租倒包模式。即通过村集体统一收土地，然后租给傅献军。傅献军再聘农田户主来帮助种粮，农田户主拿到租金又能有工钱。

　　第五种，服务型流转模式。刚开始的时候，连片土地中有部分土地的农民不愿意流转，这些农民不舍得把土地交给合作社承包，尤其是五六十岁的农民。这就造成土地不能连片，不利于统一品种进行规模化种植和机械化生产。傅献军仍有办法，他给这些农户提供育秧、插秧、机耕、机灌、收割等服务，农户依然拥有土地经营权和受益权，而只向农户收取服务费，并优惠 30％。这受到了农户的欢迎，合作社虽然让利不少，但依然有利润。

富硒大米　品牌之路

　　龙游县横山镇土壤富含微量元素硒，为浙江省富硒区之一。2004 年年底经浙江省地质调查院调查确认，龙游县内有龙北、龙南两条拥有富硒土壤的高效农业经济带，面积达 98 平方公里。我国是一个缺硒大国，有 22 个省市的部分地区，约 7 亿人生活在低硒地区。龙游富硒地带土层松厚，质地适中，矿质营养元素多，水源充足，在富硒土壤上种的农产品可以当保健品卖。龙游人意识到，打响富硒特色品牌，开发富硒农产品，可以大大提高农产品附加值，提高农业效益和农民收入。

　　于是，在当地政府的支持下，通过反租倒包模式，傅献军在横山镇卸厅村建立了 400 多亩无公害富硒稻米生产基地。基地实行统一机耕、统一品种、统一育秧、统一插秧、统一配方肥、统一病虫防治、统一机割、统一栽培的

"八统一"田间管理方式，并采用测土配方等植保技术。该基地种植水稻的同时，套养鲤鱼和水鸭，实现了富硒基地的立体种养结构。傅献军说，富硒大米的销售形势看好，而且县里和镇里出台了扶持政策，帮我把基地的道路、机埠、引水渠道等基础设施都建好了。

对于富硒米的运作模式，合作社现在主要是负责生产，其他部分的运作由一家加工企业、一家龙游的龙头企业和农业局推广中心负责。农业局推广中心负责宣传商标——"龙硒"牌商标，另外，品种、选地也都是由推广中心来敲定的。合作社只负责生产部分，好的时候，富硒米可以达到 4 元一公斤，有时候产量高的话就是 3 元一公斤。然后，把这些生产出来的富硒米卖给龙游县金谷富硒农产品粗加工专业合作社，实际上，这是一个龙头企业，叫浙江金谷食品有限公司。当龙头企业收购之后，然后进行加工包装，之后运输到杭州、上海等地进行销售。

对于傅献军来说，他的种粮事业正在蒸蒸日上。但是，也许很多人都不会了解，原来种粮食也可以创业，也可以致富，也可以是一份充满生机和希望的事业。但是，傅献军看到了，凭着自己的眼光、努力和创新，他抓住了这个机遇，并且在多年的种粮道路上创新了多种模式，在龙游的农田上创造着属于他的一个又一个奇迹。希望他的种粮之路越走越好！

葡萄成就的"夏"天

■ 文/吴丹萍

创业者档案

夏寿明,男,1956 年生,出生于海盐县富亭村普通的农民家庭,受过九年教育。他初中毕业后在村里大队工作,1988 年进入村委会,不久便开始种植葡萄,并在葡萄种植领域取得了巨大成果。

1999—2001 年被评为年度省级农村科技示范户以及武原镇农业带头致富村干部;2001 年欧亚种葡萄引种和早期栽培技术试验研究获县科技进步三等奖;2003 年被评为嘉兴市优秀共产党员;2007 年被评为第七批省级农村科技示范户;2008 年被评为海盐县十佳"党员创业先锋"。

值得一提的是,2000 年他研究小弓棚加避雨栽培的新技术,使当年葡萄提早上市,并以优良的品质和较高的产量获得了很好的经济效益。他积极组建海盐县富亭葡萄专业合作社,现在,"纯元"葡萄通过中国绿色食品发展中心认定为绿色食品,多次获省农博会金奖。海盐县富亭葡萄专业合作社 2006 年被评为嘉兴市示范合作社,2007 年被评为嘉兴市五化合作社。

所在地情况

海盐县位于浙江省北部富庶的杭嘉湖平原,东濒杭州湾,西南与海宁市毗邻,北与嘉兴秀洲区、平湖市接壤。南离省会杭州 98 公里,北距上海 118 公里。地图上那个小喇叭口就是海盐的所在。海盐置县于秦,历史悠久,素以"鱼米之乡、丝绸之府、礼仪之邦、旅游之地"著称,下辖武原、澉浦、秦山等

8个镇。全县陆地面积534.73平方公里,江口海湾面积537.90平方公里,总人口近37万。富亭村属城郊结合部,全村共有9个承包组,农户528户,总人口1830人,劳动力1168人。全村区域面积230.2公顷,耕地面积1383亩,其中葡萄种植面积就有750亩。

说到夏天不得不提的就是海盐特色"葡萄节",届时,各位农户使出看家本领,从园中挑选最出色的葡萄前去参加比赛。吃葡萄、品葡萄,大家玩得尽兴,农户们也乐呵呵。其中最受关注的当然是"纯元"合作社的社员们,他们的产品个个优质。

创业项目

"纯元"葡萄种植

创业感言

只要有一颗巧心,加上不怕苦的态度,创新加改革,成功就会到来!

创业故事

坐在汽车上,望着窗外,看见印有"纯元"的广告牌从我身边飞过,思绪也不禁游离开了……

有人说,看到他,才明白什么人是共产党员。"你说,若是以资本主义自私又利己的原则,有谁会手把手地教大家,分享他的致富成果?"

有人说,他就是万能老人。只要跟着他走,他会为你扫平前方一切障碍,包你腰间荷包鼓鼓。"他们开连锁加盟店,收益不一定能抵得过加盟费吧?还不如跟着老夏走,不用任何加盟费,照样一条龙服务,为你做指导,收成全是自己的!"

有人更是编了首打油诗:种植跟上夏书记,生产吃了定心丸;技术营销他全管,口袋中钱满又满……

于是,怀着一丝好奇、一丝崇拜,我前往那位被村里誉为支柱的夏寿明家中,在那里,我似乎看到一个普通农民辛勤创业的过程。

积攒经验　蓄势待发

夏寿明出生于普通的农民家庭,家里条件一般,说不上富裕,但也不至于饿肚子。他学历不高,初中毕业之后就不再继续求学,而是到村里的小队做事。虽然在村里只是一位小职员，但是在那里工作他觉得很开心，因为工作稳定，让他觉得心里踏实。而且，他喜欢和人交流，年轻的夏寿明热情、朴实，又待人和善，所以很多人也都喜欢跟他交朋友，其中就包括许多农科所的员工。也许这只是他亲和力强的本性使然，但不得不说这为他今后的创业之路做了很大的铺垫。

慢慢地，看多了市场变化的夏寿明会想，单靠种植水稻和棉花，农民一年到头苦干下来也收益甚微，只能解决温饱，很难发家致富。如何能让农民富起来呢？

1984 年的时候，热情澎湃的夏寿明觉得食用菌的市场挺不错，便下定决心养殖食用菌。当时很多人劝他，虽说目前市场价值高，但很不稳定，达到高峰值后，跌下来也会很快，但固执的老夏就是不听。果然，没过几年，食用菌的价格一跌再跌，老夏被这风云变幻的市场弄得有点不知所措。还好，为了减少损失，夏寿明当机立断，停止养殖食用菌。那接下来该怎么办呢？

耐心摸索　大胆前进

正当老夏不知从哪里重新开始时，农科所的朋友为他带来了福音。当时县里已经有几家农户开始种植葡萄，种植面积很少，但效益不错。老夏知道后，吸取了上次创业的教训，特地去农技站了解具体情况。在清楚了葡萄种植前景很大的基础上，学乖了的老夏知道种植葡萄对自己来说是一个陌生领域，无法完全把控，所以，这次他不敢一下子就大面积地进行种植，而是从县农业技术推广站拿来一亩葡萄苗试种。老夏小心翼翼地管理着自己的田地，时不时记录葡萄苗的生长情况。但是老夏确实是生手，由于生产经验和技术原因，第一年收益较差。但是夏寿明是一个乐观的人，他告诉自己：没有人一开始就成功的，由于之前的谨慎，现在自己的损失已经降低了很多，所以这也算是进步。

老夏没有被困难吓退，反而更加钟情于这一领域，觉得这不光是为了赚钱，更是为了自己的兴趣。

第二年，夏寿明在原有的葡萄种植基础上增加了一些面积。在下定决心之后，他知道自己的学识不多，所以更加努力地去钻研种植葡萄的技巧。利用之前建立起来的交际关系，他经常主动去农业技术推广站学习葡萄种植管理的先进技术，并向当地的种植能手请教。为了时刻关注了解葡萄苗的生长情况，每天早上 5 点，别人还在梦乡的时候，他就来到田间，边观察边记录,掌握葡萄管理的每一环节。不仅如此,他还深知,"山外有山,人外有人",眼界不能永远局限于身边。于是,一旦农科所提供外出学习参观的机会,他都会积极参与。同时,他自己也会不断打听遍布各地的葡萄种植能手,然后前去拜访请教。夏寿明不断用知识来武装自己,取人之长,补己之短,学用结合。在坚持不懈的努力下,老夏终于慢慢掌握了葡萄种植的技术。

老夏还记得,那还是在他没有扩大种植面积的时候,葡萄在他的管理下已经生长得非常好了,由于种植量不多,所以在销售方面,他只能靠自己采下葡萄,然后用自行车带到城里的街道旁卖。老夏很感慨地说,当时的葡萄供不应求,又没有城管之类的来赶人,所以他每天从早上开始,采了葡萄运去卖,卖完再回来采……这样,有时候运气好的话,甚至一天能卖掉一百多斤。来来回回,苦是苦了点,但丰厚的收益却让老夏尝到了成功的甜头。

但是夏寿明并不止步于当前的成功,他从小成功中看到了更大的前景。于是,他考虑再三后,开始逐渐扩大葡萄种植面积。不过,他知道自己精力有限,也知道"一口吃不成一个胖子",能管理好几亩不代表能管理好几十亩,所以,老夏一开始也只是几亩几亩扩大,所谓"小心驶得万年船"!

因材施教　开拓市场

这时候,同村的其他农民们看到夏寿明种葡萄效益那么好,每亩收益都在1万元以上,都很心动。老夏的成功,无疑给农户们上了一堂生动的课。榜样的力量是无穷的,农户们从中看到了农业的希望,农民的希望! 老夏热情和善,不少同村人都前去请教葡萄种植窍门,他都一一耐心讲解,甚至有时请他们到自己的基地手把手示范。在老夏的带动下,本组和邻组的农户都陆续种上了藤捻葡萄,没过几年全村的葡萄种植面积就达40多亩。

但是,正如市场发展的一般规律,葡萄种植户越来越多,种植面积在全县范围内迅速扩大,市场竞争越来越激烈,葡萄价格也越来越低,农户收益开始下跌,此时,该如何是好?

这次,夏寿明意识到如果不采取措施,这一"致富路"必将成"亏本路",所以他必须把眼光放得更远。他得到消息,农科所引进了葡萄新品种"无核白鸡心"。随后,他又去宁波等该品种的种植地进行考察,经分析后,认为"无核白鸡心"是一个非常有市场前景的品种。但是种植"无核白鸡心"投入大,每亩将达1.5万元,风险很大,万一这里的民众吃不惯呢? 那亏起来可不是一个小数目！但是，当时一般葡萄的价格已经不高了，而且大家种的基本都一样，竞争更加激烈。他想，农户看干部，而自己是村党支部书记，这个风险应该冒！

于是，在1997年的时候，夏寿明用了半亩田地进行试种。果然，成果在第一年只收入了3000多元。但这也在他的预料之中，老夏并不灰心，反而更加积极地研究种植技术。他打比喻说：种葡萄就像教育，每个品种都有不同的特性，所以要"因材施教"。针对第一年的情况，他又去了江苏等地学习考察，得知江苏有葡萄新品种十余种，而且当地人告诉他："无核白鸡心"是很有前途的一种。于是，当夏寿明学习考察完，心里就有了底，也坚定了走下去的信心。

他回来后第一件事，就是扩大种植面积，再增加试种二亩半。试种期间，夏寿明积极参加县葡萄协会组织的理论培训，并多次去技术培训师杨士元家里，询问、请教，探讨"无核白鸡心"的种植管理技术，有时还会请老杨前来现场指导。皇天不负有心人，在他的不懈坚持下，葡萄在第二年竟达到两万多元一亩的高效益！看到这样的成果，夏寿明心里别提有多高兴了！他也不再犹豫，马上大面积扩种。不光自己的田地，他还在华星村和两个志同道合的人一起承包了50多亩田地种植葡萄。

分享成果　助人为乐

当然，巨大的经济效益，又吸引了广大农户踊跃参与，到2001年，全村的葡萄种植面积飞速增长到500多亩！

面对这样的跟风现象，夏寿明很理解。他知道，一花独放不是春，万紫千红春满园。老夏致了富，但时刻牢记自己是一个共产党员，自己是村党支部书记。因此，尽管工作时间要到村里处理公务，业余时间要在葡萄园里忙活，但他还是抽出一定的时间主动到农户种植的葡萄大棚中去做指导。村里的葡萄种植面积扩大了，种植户增加了，绝大多数种植户的技术跟不上。于是，农户上门请教的，电话咨询的，多得数不胜数。热情的老夏总是有求必应，不厌其烦地讲解，直到农户满意为止。农户们都能愁眉不展而来，眉开眼笑而去。

在夏寿明的帮助、指导、带动下，他所在的富亭村的葡萄种植获得了巨大成功。但是葡萄丰产，在当地市场再次出现供求矛盾突出的问题。农户的葡萄卖不出去，又不甘心贱卖，难道眼睁睁看着上好的葡萄都烂掉吗？夏寿明看在眼里，急在心里。于是，他四处寻找市场出路，利用各种场合进行宣传、营销，或邀请外地商贩来实地参观，或组织有关部门领导前来品尝……终于，在他的努力下，农户们的葡萄都卖了个好价钱，产值都超 10 万元。

独具慧眼　创立品牌

随着葡萄种植越来越引起关注，县里为了推动葡萄产业发展，2001 年，县农科所注册了"纯元"牌商标作为葡萄品牌。2002 年的时候，还特别邀请著名专家到夏寿明所在村的基地参观品尝，农户们种植的葡萄得到了专家们的高度赞赏，确立了品牌形象。同时，"纯元"牌"无核白鸡心"葡萄在 2001 年到 2005 年陆续获得省、市农业博览会金奖、银奖和"优质产品"的称号。但是，夏寿明面对成绩不骄傲，基地在他的带领下，也在不断开拓葡萄种植道路，不断尝试扩大新品种：从原来的藤捻、无核白鸡心，到后来的黄提、树玫瑰、醉金香、美人指等。2005 年时，"纯元"牌"美人指"葡萄获得了省精品展示会金奖的荣誉称号，在市场上产生了极大的反响，在上海、福建等地都深受消费者青睐。这些荣誉无疑给夏寿明及追随他的农户打了强心剂，大家都更有盼头、更有热情地管理让自己致富的葡萄园了。

另外，为了更好地组织村民进行葡萄管理与销售，夏寿明站在更高的起点上分析市场动态。于是，2004 年，经他建议，在县主管局及当地政府的大力支持下，老夏本着"提升葡萄产业，增加农户收入"的目的，以"自愿、互利、互助"为原则，成立了"海盐县富亭葡萄专业合作社"，以农民入股的形式合作，并亲自担任理事长，制定各种规章制度。

老夏在合作社成立之后，将"纯元"商标申请专门使用，这样一来，富亭村的 200 多户农户的葡萄通过合作社统一品牌、统一包装、统一销售。每到葡萄收获季节，合作社都会请上海、南京、无锡等各大市场的老总及营销大户召开销售洽谈会，分析市场行情，探讨销售路径。如此一来，便解决了葡萄种植户与千变万化大市场之间的矛盾。而且，夏寿明还建立了"民办、民营、民受益"的机制，他专门请县农科所的专业教授前来指导，加强对合作社社员的种植管理技术培训，提高社员素质。

之后，夏寿明仍一如既往地开拓，新品种"紫地球"在实验基地试种成功，并进一步推广。老夏时时跟着大市场的步伐，不断更新经营理念，开拓领域以确保市场畅通。

在夏寿明以及各农户的共同努力下，合作社基地的葡萄种植面积已达850亩，年产量1620吨，年销售额850多万元。并且，该产业辐射至县里多个村，葡萄种植已成为县里的一个新兴产业。而这一致富之路的带头人，就是这位平凡而又有着传奇色彩的人——夏寿明。

与很多创业者不同的是，夏寿明一开始并没有雄心壮志地想要创业。走上这条路，只是他的勤恳，只是他热爱劳动的心。他心心念念都在田园里，没什么野心，淡泊名利。作为村里领头人的他一直以高标准要求自己，把大家的富当成自己的富，也正由于此，在他的带领下，富亭村各农户一片和谐，更不可能出现像某些村里致富人家遭妒忌，被砍掉葡萄藤的这种情况。对此，我觉得有时候做一件事，并不能完全以利益来衡量它的价值，也许夏寿明并不是农户中最富裕的人，可他一定是精神上富有的人！

矮子和他的矮子果业

■ 文/李　垚

创业者档案

何建强，男，1965 年生，他是一个有高中学历的现代化农民，种过田，下过地，肩膀曾经挑过箩筐卖过桃，当过十多年的村干部，自己办过企业。现在他仍然是一个农民，但他一年的收入就有一百三四十万元。他就是浙江省富阳市新登镇九二村的农民，现在是富阳市矮子果业的总经理何建强。个子虽然矮，可是他干出了其他人不能干出的

事业。他出生在一个地地道道的农民家庭，家里面有四口人，自己一个人现在承包的土地有 400 多亩，他创办的富阳市新登矮子鲜桃专业合作社获得了浙江省百强农民专业合作社、杭州市十佳农民专业合作社、富阳市十佳农民专业合作社、富阳市新登镇优秀农民专业合作社等称号。2004 年成功注册"矮子"牌商标，"矮子"牌鲜桃在 2007 年的时候就已经在浙江农业博览会上获得了金奖，之后"矮子"牌鲜桃先后被评为富阳名牌产品、杭州名牌产品和浙江名牌产品、浙江省吉尼斯最大油桃奖等。

所在地情况

富阳市新登镇九儿村位于新登镇的西面，地形主要以丘陵和盆地为主。这里处于浙江省的中东部，受海洋的影响较大，全年气温相对较高，气候温和，日照充足，土壤肥沃，降水丰富。受到地形的影响，这里主要以种植水

稻、果树为主,果树种植面积很大。九儿村作为浙江省富阳市发展较快的一个农村,农民的年均收入较高,在 2010 年,全村人均收入在 1.4 万元左右。九儿村处于富阳的西面,和杭州、上海等大城市距离较近,交通便捷。

创业项目

桃子种植

创业感言

知识是创业的重要条件,特别是现在这个社会,只有拥有了技术,才能获得真正的成功!

创业故事

浙江省富阳市新登镇九儿村位于新登镇的西面,东靠新登镇,南邻渌渚镇,西邻桐庐,北至胥口镇,地理位置独特,环境优美,土地肥沃,阳光充足。这里山清水秀,地形以丘陵和山间盆地为主,气候温和。在几年之前,九儿村只是一个相当普通的村庄,和新登镇的其他村庄相比没有什么不同。2006 年之后,这里却发生了翻天覆地的变化:洋房变多了,人们的生活水平提高了,来这里做研究的学者变多了,到这里求致富经的农民更是络绎不绝。这些变化的发生都离不开一个人,他就是富阳市矮子果业的总经理,富阳市新登矮子鲜桃专业合作社的创建者——何建强。他做了什么,竟然能带动整个村都发家致富呢?

为了探究他发家致富的原因,2010 年 2 月 18 日,在朋友的介绍之下,通过一番波折,我终于见到了他。在访谈的基础上,我整理了相关的资料,并形成了这份报告。

2 月 18 日上午,我按约去拜访何建强,这位传说中的油桃大王。由于自己家和新登镇相距较远,何建强说他开车来接我。到 9 点左右,我站在马路上等他的时候,看到一辆本田轿车在我的对面停下了,一位穿着夹克衫、面容和蔼的叔叔从车窗里向我招手。我知道,那就是老何了。坐在车上的时候,他向我解释说,他刚从新登镇政府办完事出来,说完还拿出了一张纸,上面满满当当地写了今年的安排和各种关于果林种植讲座的时间。

他说他现在很忙，尤其是自己的果业办得这么好，每天要开各种会，要办很多的培训班，每天要忙的事确实很多。

不一会儿，我们就到了矮子鲜桃专业合作社的基地，这里也是矮子鲜桃专业合作社的人才培养基地。在这里，老何有自己的一间专门办公室。刚进门，便看到墙上密密麻麻地挂着合作社和产品的各种荣誉证书，让人眼花缭乱。坐下之后，老何问清了我的来意，便向我叙述了他的成长历史和创造矮子鲜桃专业合作社的过程。

高学历有大理想　南方男儿走北方

老何 1965 年 11 月 5 日出生于浙江省富阳市新登镇九儿村的一户普通的农户家庭。从小在同龄人之中，老何就显得格外聪明和成熟。老何的父母知道学习与知识的重要性，虽然当时的条件很苦，生活条件很差，有时候甚至会吃不饱饭，但他们还是送老何去上了高中。读书不但开阔了老何的视野，也让他明白了知识的重要性。这无疑对于老何之后的创业起着至关重要的作用。当时家里面还很穷，年轻时候的老何就已经暗暗在自己的心里面下了决心：自己要用知识来改变生活，摆脱这种吃不饱饭的苦日子！

在高中毕业后，由于条件限制，老何回到了自己的家乡，在家里面务农，承担起了照顾整个家庭的重任。农村的生活很苦，尤其是在那个吃不饱饭的年代。一年之中，老何总是在田间忙碌着，育苗、插秧、收割、晒稻谷、割猪草……每天早上老何很早就起床，很晚才汗流浃背、全身疲惫地回来，务农的生活让老何感到很辛苦，但更加坚定了他自己创业，摆脱这种生活的决心。在二十五年前，当时农村的条件还很艰苦，万元户还很少见到。几年之后，老何家通过务农的方式积攒了一点成本，心思活跃的老何便想到了自己创业。可是做什么好呢？受过高中教育的老何结合自己家地理位置、气候条件的特点，一下子便想到了种桃树，种桃树经济效益高。当时，家里人也对老何的想法很支持。但是，传统的桃树在九儿村乃至整个新登镇都有，但带来的收益不是很高。针对这种情况，老何明白想要发家致富，就需要让自己种出来的桃子与众不同，于是他决定到北京等地考察，了解桃树的新品种及栽培管理技术。

老何带上自己家里仅有的一些钱，怀揣着自己的梦想上路了。到北方不是一件简单的事情，去考察学习更不是一件简单的事。历经周折，老何去了北京、山东等地区，吃了很多的苦，也终于学到了很多种植果树的技术。

几个月后,到北方地区转了一圈的老何真的带来了几株桃树苗,开始种在自己家被分配到的 5 亩地之中。当时村里的村民都笑话老何,认为他是在浪费自己的时间。但老何却依然没有放弃,认为自己种的桃树一定会结出果子来,一定可以挣钱!

几年辛苦却成空　艰难困苦不低头

老何用学来的技术种植自己家的桃树,每天都要到自己家的果园去看上一遍,桃树的长势确实喜人,枝干很快就长大变粗了。村里的人虽然还是在不断嘲笑老何,但老何却依然没有放弃。汗水终于换来了收获,桃树开花结果了。桃树开花结果成熟之后,兴冲冲的老何跑去采摘桃子,可是,现实却给老何当头一棒。兴奋的老何摘下桃子之后,顾不得洗,擦了两下之后直接放在了嘴里,然后他又摘下另外一个,咬一口,又摘下另外一个……老何越吃心越凉,他发现所有成熟的果子似乎都有些酸涩,之后他突然意识到,他引进的品种不对!对于老何来说,这无疑是一个晴天霹雳,自己几年的努力在几天之内全部白费,谁都会受不了。村子里面的嘲笑又如潮水一般向老何涌来。但是,老何并没有放弃,他相信,自己的努力一定会有结果,自己一定会靠着种桃子获得成功,即使现在遇到了一些问题。再次鼓起信心的老何在吸取了教训之后,又重新改进新品种,这次现实并没有让他失望,他的果园丰收了。老何当初的付出终于得到了回报。

银行借款又碰壁　细心发现大商机

这个时候,老何种桃子已经有五六年了,心思活跃的老何看到了自己可以挣大钱的希望,想要扩大自己果园的规模。但是,自己几年下来挣的钱虽然有一些,但是对于扩大规模来说无疑是九牛一毛。最后,老何还是下定了决心:去银行贷款。可是,在那个年代,贷款又何尝容易呢?为了贷到款,老何仔细地做了一番准备,但是银行里面的人一听到老何是要贷款种桃树,马上就拒绝了老何的要求。老何一连跑了几家银行,都是这样,万般无奈的老何只能放弃向银行贷款的想法,最后,老何还是拿出了自己的全部的积蓄来扩大规模。谈到这里时,老何感叹了一句:"唉,要是当时银行肯借钱的话,我们发展的过程还要快几年呢!"

老何的油桃是在 2001 年开始种植的，刚开始的时候和其他的农户一样，油桃不是个太小就是果味发酸，不是很有市场。但是有一次，老何却发现有一株桃树结出的油桃个头大、味甜，而且水分充足。聪明的老何将这种桃树大面积种植，结出的果子供不应求，大受市场的欢迎。之后老何当机立断，在 2004 年，又将这株桃树结出的油桃注册了"矮子"商标。在省农产品博览会上，"矮子"油桃获得金奖，挑战浙江省吉尼斯获得"最大油桃奖"。最后，经过浙江大学有关专家的研究，发现这株桃树是一个变种。细心的老何，通过自己的研究观察，终于挣了大钱。

发家致富不忘本 建合作社受称赞

随着老何果园面积的逐渐扩大，产品销售量的逐渐提升，老何的果园也逐渐打出了一些名气。周围的街坊邻居看到老何依靠种桃树挣了大钱，也都想跟着发家致富，于是来向老何询问技术的、讨要种苗的村里人越来越多，老何实在是有些忙不过来。终于，在

2006 年，以"矮子"商标为名的富阳市新登矮子鲜桃专业合作社成立了。专业合作社成立之后，老何投入进了相当大的精力，矮子鲜桃专业合作社的规模也逐渐扩大，到现在，矮子鲜桃专业合作社拥有社员 153 户，承包土地有四千多亩，在 2010 年，销售产值达到了 3780 万元。同时，老何也通过专业的技术人员在网上建立了专门的网站，开拓了自己的新销路，让更多的人了解了"矮子"鲜桃这一品牌。现在，老何的鲜桃、梨、李子都有不错的销路，大量在杭州、上海等大城市进行销售。尤其是老何新种的蓝莓，竟然卖出了 500 元

一斤的天价。专业合作社打出了名气之后,富阳市农业局、浙江大学、清华大学、印度农业部都派人到专业合作社来考察过,合作社也和浙江省农科院、浙江农林大学建立了技术依托关系。

为了能够一直保持品种的优良,使自己的合作社不断发展,有着忧患意识的老何在合作社之中还建了一个"桃博园",这个园子里面栽种的全部都是从外地引进的各种不同的桃、李、梨品种。老何说:"这些品种是试种,只有搞清了哪个品种的产量高、利润大,我们才能去栽种这种品种,而且每年我们都会从外地包括国外引进新的品种,这样才能保证我们的果园能够经久不衰啊!"

除了创办矮子鲜桃专业合作社,让合作社社员的生活有了很大的提高之外,老何还在合作社成立了"纠纷调解委员会",这个委员会最大的作用就是来调节合作社社员之间的纠纷。"我们挣的钱虽然提高了,但只有各户人家安居乐业,生活和睦,这样才能算是生活水平真正提高嘛。"老何乐呵呵地说道。

矮子鲜桃专业合作社的建立,给老何的生活也带来了很大的变化。最大的一点变化就是老何在村里面的威信提高了,自己更加受到村里人的尊重。他的专业合作社带动了一大批的村民发家致富,让村子里的村民更加感激他、尊敬他。"和你说一句心里话,现在我觉得,自己办这个合作社还是相当有价值的。过个年,村里的人去打年糕,总会给我送两斤。家里面有什么好吃的,也会给我送一点。他们送来的时候我总是收下。难道我贪图他们给我送的东西?没有!我自己每年挣的就可以让我全家人都过得很好!我是感到窝心啊!他们送的东西可能值不了多少钱,可是真的让我感到心里面暖洋洋的啊。这是村里面的人对你的肯定和感激啊!"说到这里,老何显得有些激动。

发展又遇新问题　准备反映护利益

当然,合作社的发展也不是一帆风顺的,在发展的过程之中也有很多的问题出现。村子里面虽然大部分都是农用地,但是还是有一些地方被用作建造工厂。而这些工厂的出现,无疑给老何的专业合作社带来了巨大的损失。

"你看那些红砖厂,实际上现在富阳市早就有行政命令下来,不准再建造这种红砖厂了,因为它们的污染实在太大。可是村子里面总是有这么一些人,为了自己的利益不顾大局。而村里的那些村干部更是目光短浅,为了小小的一点承包款，就允许红砖厂建在这里，让红砖厂几里地之内的土地都没有办法种植果树，我们离得远一点的果树也受到了这些东西的影响，一年下来，仅仅是损失，大概就有几百万元啊！"老何指着远处冒着灰烟的两个大烟囱，一脸的惋惜。据老何说，实际上这个红砖厂也有人去举报过，可是检查的人来之前，就有人给这个红砖厂的老板通风报信，于是红砖厂就会停两三天。等那些检查的人走了，烟囱里又开始冒滚滚的灰烟。"也有人和这个红砖厂打过官司的，哝，那户地的主人，"老何指着离烟囱不远的一片光秃秃的地说道，"可是，我们到底是农民啊，会有多少钱来打官司呢？最后那户人家还是被塞了几千块钱了事。"说到这里，老何一脸的愤懑。对于这件事情，老何正准备向省里面反映情况，彻底消除这个给人们的生活和生产带来巨大损失的祸害。

除此之外，鲜果的冷冻保鲜技术也给老何带来了很大的困扰，"上次有一车的油桃要运到上海去，可是半路堵车了，堵了一晚上，一车的油桃全都烂了，唉，那可是几十万元呢"。老何说道。对于这方面，老何也打算向政府的有关技术部门求助。

结束了采访之后，老何开着车送我到车站。在村里的马路上看到有一对夫妻站在那里好像在等车，老何就停下车，让他们上车，说他可以顺道载他们一程。这对夫妻似乎和老何很熟，一进了车就说道："阿强，谢谢你啊，我们都已经好几次坐你的车了。"他们谈了一会村子里面的事情之后，又讨论起了村子里面将要进行的村委换届选举。这对夫妻似乎很想让老何去竞选村长，可老何一直在推脱。直到这对夫妻下了车，老何才转过头对我说："我也是当过十几年村干部的人，当村干部虽然权力大，可是要忙的事也很多，还有很多的利益纠葛。倒不如我自己好好地办好农民专业合作社，没有那么多的烦恼，自己挣点钱，还可以带动村民发家致富，这样不是蛮好的嘛。"说完，对我憨厚地笑了一笑。

一位地地道道的农民，靠着几亩地、一些钱，能够建立如此大的一个专业合作社，本来就是一件相当困难的事情。他向我们展示了当代农民踏实、乐观的精神品质，也向我们展示了浙江人敢于挑战、敢于拼搏、勇于创业的大气魄、大勇气，更向我们展示了技术在现代创业过程之中的重要作用。有技术，才可能成功！相信老何一定会在自己的道路上越走越远，做得越来越好！

果树大王的追梦路

■ 文/王大河

创业者档案

王德法,男,1953年出生,山东一个普通农村里的一位普通农民。跟那时候农村里大多数的贫苦孩子一样,在自己最美好的青春时期经历了"文化大革命"。家境贫穷的王德法是家里的老大,那时候自己的两个弟弟年幼无知。家徒四壁的王德法不得不放弃学业赚钱养家。他1969年休学,跟着父母一起去生产队,重复着一年又一年的机械生活:修水库,铺马路……然而,勤劳能干的王德法并没能通过自己的勤劳改

变贫穷的命运。相反,他家里"日子越过越穷"。直到改革开放的春风吹过之后,王德法才有机会开始鲤鱼跃龙门……

所在地情况

莱西,是王德法深爱着的故乡。他是在这里开始的果树种植,受到了家乡得天独厚的自然条件的影响,莱西的经济发展也给王德法带来了许许多多的机会。莱西市位于青岛、烟台、威海三大沿海开放城市之间,居山东省正在建设的半岛城市群和半岛制造业基地的中心,距青岛港90公里,距青岛国际机场60公里,是国务院确定的沿海地区对外开放县市。而王德法所在的院里村一直是种植果树的最佳地理位置。院里村一直支持村民种植果树致富,为此,院里村委会特意将靠近小沽河的最佳地理位置改造成村子的果树基地。这里

交通方便，与小沽河隔岸相望的就是平度市，而往东就是远近闻名的莱阳梨的产地——莱阳县。果树基地靠近小沽河，水资源丰富，灌溉方便，交通发达，便于产销。莱西最大的两家肉食品加工公司：万福集团与九联集团，一直是王德法的合作伙伴。每年的生猪大部分都是销往这两家公司的。随着全国百强县——莱西的经济腾飞，王德法的果树与生猪养殖也得到了政府的大力支持，他的发展也越来越好。

创业项目

果树基地和养猪大棚

创业感言

年轻人，就是要有自己的想法，有自己的胆量和闯劲，要不然肯定会和别人一样平平庸庸地过一辈子。

创业故事

现在农村的年轻人都向往着城里的生活，他们不想跟他们的父辈一样面朝黄土背朝天地劳累一辈子。然而，即便是在二十多年前我们的父辈祖辈勤勤恳恳地耕种自己田地的时候，不甘一辈子平平庸庸种地的王德法也有自己想法，开始了自己创业的艰辛之路。

谈到果树，村里人首先想到的就是村子的"果树大王"王德法。出生在农村的王德法，跟果树打了一辈子交道。虽然只有小学文化水平，但他却"很有想法，并且能坚持不懈地干下去"。村子里的人都这样评价他，大家也都很佩服他的认真与坚持。"要不是他，咱们村的果树估计早就没人种了。""也就他能干这么长时间。"每次大人们谈论王德法的时候，眼睛里总是不自觉地流露出佩服和崇敬，这次回家认真听大人们的谈话之后，我对他的崇敬之情也油然而生。为了更好地了解这位传奇人物，在老同学的介绍下，我有幸于 2011 年 2 月份拜访了他，在几次的访谈和通过对村民的了解基础上，形成了本报告。

艰难的岁月

1953 年出生的王德法，由于家里贫穷，以及那时候的"文化大革命"，1969 年休学后就没有机会继续上学了。他的家庭背景也不允许他和别人一样去当兵。无奈之下，他只能和农村的大多数人一样，一放学就到生产队里工作。

"修水库，修路……一天三毛钱，日子越过越穷。"回想起那段艰苦的日子，王德法的眼睛里总是充满无奈与痛苦。在那十年左右的时间里，王德法就像是被囚禁在笼子里的鸟儿一样，永远也见不到自己想要的蓝天。他小学毕业，没有什么技能，也只能日复一日、年复一年地在生产队里做着机械的工作。"要不是家庭背景不好，我一定会去当兵的，现在过的日子也会完全不一样。"虽然，现在的日子过得好了，自己也有了两个有出息的孩子，但对自己当年不能去当兵的遗憾，他还是耿耿于怀。

"当然，现在也挺好的，只要自己勤劳，靠自己的双手过日子，什么日子都能过出滋味来。"看着自己现在的果树、养猪场，回想自己的一路艰辛，王德法总会露出甜蜜的微笑。

希望的开始

当问他怎么会想到自己种果树，怎么不和别人一样老老实实地种庄稼呢，他总是朴实地回答："当时年轻，除了种地什么也不会，但是我不想和别人一样，我想干点别的，干得大点……"

"真是皇天不负有心人呐，要不是邓小平同志的改革开放，我这辈子就只能守着那块地了。"

不甘心一辈子种庄稼的王德法终于等来了自己的机会，在生产队里艰难的十年熬到头了。1978 年十一届三中全会给他带来了希望。"1980 年开始，咱们村有了自己的生产地，当时是包产到户，村里统一种苹果。可惜，那时穷得哪有钱包地啊！""当时穷得能吃饱肚子就不错了，哪有闲钱干别的！"就这样，改革开放后第一次的大好机会就这样错过了。那时的王德法刚结婚，妻子也支持他种果树，赚大钱。但是，一没钱、二没技术的他们不得不继续种地，他们决心努力攒钱，等到第二期包产到户的时候再干。

时间一年一年过去，他们省吃俭用攒的钱也多了起来。时间飞逝，转眼到了 1986 年，第一期的土地承包已经到期了。他们夫妻二人拿着这几年攒下的钱承包下了村里的 20 亩果树地。

承包地到手了，可是，还有更让他们担心的，只有小学文化的夫妻俩以前从来没有碰过果树。"会种苹果吗？""承包这多，自己又不会种，等着喝西北风吧。"当初，村里的人都没有看好他们承包果树。"不会种，我自己慢慢学！"王德法总是这么铿锵有力地回应那些质疑他的人。于是，他开始读报纸，看书，向别人学技术。他还在自家果园的地头盖了两间小平房，一来可以看果地,二来在这方便自己研究技术。就这样,也许是老天也喜欢勤劳的人吧,承包果树的第一年,一切都风调雨顺。凭着他们的辛勤,终于换来了可喜的收获。"第一年算是没有白忙活,比种地赚得多啊。"回想第一年的成功,他仍然记忆犹新。

致富路上的坎坷

第一年也许是天道酬勤吧,这一年的顺利似乎让人出乎意料。"我自己都没想到会这么顺利,上一期承包果树的那几家很少这么顺利。"的确如此,村里的人对王德法的成功也表示惊讶。因为他是第一次种果树,而且没有技术,也没有文化。

"当时真是昏了头了。"第一年的成功让王德法高兴得沾沾自喜,他当时天真地以为自己天生就是种果树的专家。只要自己这么干下去,早晚有一天会发财的。"人要是变懒了,连老天都要惩罚你。"不错,这是现在王德法发自内心的感受。当时得意忘形的王德法早就把当初的热情和勤劳忘到了九霄云外,当初下决心仔细研究果树种植技术的强烈愿望也被抛在了脑后。以为自己已经是一位专家的王德法开始变得游手好闲,果树地也很长时间才去一次。"人要是自以为是了,别人的话怎么也听不进去。"当时的王德法怎么也听不进妻子、家人的劝说。

终于天有不测风云,刚开花结果的果树,就开始大量地落果。一棵果树刚长出几个幼果,基本上就全部落光了。"这下我可傻眼了,这是怎么回事?"急坏了的王德法开始请教别人,查书,翻资料……可是,一切都晚了。

"苹果的早期落果主要是生理落果,一般发生在花后一两个月内,其原因主要是营养不良造成的。这一方面与贮藏营养的多少有关,如有的果园花量很大,又不进行疏花,在开花坐果过程中消耗掉了大量的贮藏营养,谢花后幼果发育时出现营养亏缺,使正在发育的幼果凋落;另一方面与新梢旺长争夺养分有关,多数是在新梢旺长期后发生的,主要原因是大量的营养被新梢旺长消耗掉,特别是在树势旺、修剪时疏枝短截过多、过重的情况下,刺激新梢旺长,树体营养被旺长的新梢大量消耗,使正在发育的果实营养不足而脱落。另外,还包括天气原因和用药不当等原因造成的。"王德法当年查资料留下的笔记至今还保存着。这是一直提醒他的警钟,每当自己大意或者懒惰的时候他就会拿出来看两眼,回想当年的教训……

不出意料,第二年王德法就栽了个大跟头,第一年的收入,还有在生产队几年攒下的钱全部赔光了。此时的王德法欲哭无泪……

柳暗花明又一村

"把果树地转让了，咱们还是老老实实地种地吧"，连自己的妻子现在也敲起了退堂鼓。"当时真是无路可走了"，王德法回忆说。

他当时差点就把果树卖了，然而，天无绝人之路。1988年，村里的政策开始好了。村里也开始鼓励果树种植，他们开始向邻县莱阳学习，希望通过种植果树致富。村大队组织果农去莱阳学习种植技术，还贷款给果农搞种植。看到希望的王德法，此时他那不认输的精神立刻被激发了出来。他去村里申请了贷款，"哪里跌倒的哪里站起来！"王德法吸取了教训，他也明白了一分耕耘一分收获的道理。谦虚好学的他又开始积极地研究种植技术，他一天到晚泡在果树地里，认认真真地研究每一棵果树，了解它们的习性……年复一年，果树的收成越来越好，王德法的日子越过越富裕。

另觅致富路

日子越来越好的王德法引来了村里越来越多的人的羡慕，村里的果树地全部种上了苹果。几年之间，苹果就从供不应求变得供大于求，苹果的价格也越来越低，基本上不再赚钱……"6毛钱一斤"，卖苹果的钱都不够买化肥、农药的成本。当初的果地一望无际的全部是苹果，基本上没有别的水果。现在许多苹果都卖不出去，只能送人或者自己吃，有的甚至就这样烂掉了。

种苹果不能赚钱了，王德法心里开始发愁。自己辛辛苦苦种的果树就像自己的孩子一样。现在不赚钱怎么办？

"办法总是有的。"王德法四处打听其他出路，就在他一筹莫展的时候，他从报纸上看到莱阳的黄金梨市场正热，一斤黄金梨的价格是15元。这是种苹果树想都不敢想的价格。王德法脑子灵光一闪，他顿时明白了：要想继续种果树必须马上战略转移。他查阅相关资料，阅读报纸，向明白人请教……决心下了，他只能狠心把苹果树砍掉，第二年开始种植梨树！1992年，王德法的苹果树全部变成了梨树。

"一切好像是从头开始一样"，王德法知道自己这几年的心血没有白费。自己种植苹果树的经验不会浪费，他深刻地记着自己种植苹果树的每一点的经验教训，凭着这些，他满怀自信地踏上了另一条成功之路。

这次他的经验告诉他，单凭自己种植梨树成功的机会不是很大，而且会很累。于是，他主动找到了村委会，向村委会说明用意，希望得到村里的支持。村委会觉得王德法的想法很好，便积极组织村里人，号召大家一起干！但是大家干了几年的苹果树不舍得放手，一共有十几家打算跟着王德法一起干的。但是，万事开头难。王德法相信自己的选择没有错！

此时，村委会对王德法也是相当支持的。他们帮助王德法联系莱阳那边的种植梨树的专家，还邀请莱阳农学院的教授亲自到果树地对果农进行指导。村委会免费为大家提供种植梨树的书籍、资料，为大家提供免费培训。不仅如此，村委会还为大家种植的梨树找好了销路，他们主动联系超市、商人、小贩……为大家的种植消除了后顾之忧。这样，大家的热情高涨，种植的积极性也得到提高。在王德法的带领下，经过大家一起的努力，经历了一年的辛苦劳动，第一年的黄金梨卖出了 8 元一斤的好价钱。

和苹果一样，大家看到种植梨树的好处之后，都想挤上这条发财船。这样，黄金梨的价钱在第二年只能卖到 4 元每斤。久而久之，黄金梨的命运也只能和苹果一样慢慢地萧条下来……

经过两次种植果树的大起大落，王德法似乎明白了一个道理：世界上没有摇钱树，要赚钱就得多想办法，多找路子。

正是在这样的思想的引领下，王德法开始了他的第二次战略转移——养猪。想到养猪绝不是他的灵光一闪，而是他对种植养殖的深入研究产生的想法。他想大家都种梨树，市场肯定被挤爆，想赚钱就不容易了……而且，养猪产生的猪粪刚好是种果树的最好的肥料。有想法就要付诸行动，这是王德法取得成功的法宝。做事从不犹豫的他，这次也不例外，想好就马上行动。1999年，原本二十几亩的果树地被他从地头开发出一片空地，在那里，他找人盖了12个养猪大棚，开始了他的又一次冒险。

有了经验的王德法明白，自己养猪必须要先找好销路，他主动联系当时有名的九联肉食品公司并签订合同。王德法大部分的销路已经解决，剩下的只要再联系几家肉食店或者超市就能马上解决。就这样，销路找好之后，王德法就一门心思地开始研究养猪技术。年近五十的王德法此时仍然有着一颗刻苦钻研的心，他主动研究，从来不等猪生病之后才学习。王德法的积极、主动、好学给他带来了巨大的收益。几年的经验使他对市场的行情摸得也比较准，2008 年，王德法养了 100 多头猪，而这一年正是猪肉价格最高的一年。"那年光养猪就赚了近 20 万元"，回忆那年，王德法总是美滋滋的，因为自己的劳动得到了回报。

充满希望的明天

　　从开始种果树到现在的养猪大户，王德法经历了许许多多的失败与挫折。当然，正是这些挫折也让王德法深深地体会到成功的喜悦。经历了许多，也就明白了许多。王德法虽然成功了，但是他没有忘记村民。和他一起种植果树与养猪的农户很多得到过他的帮助，在他的指引下，也都迅速富裕了起来。

　　但是，正如王德法自己体会到的：只有变才能生存发展，不能死守一份家业永不创新。只有多动脑子，想法子，开路子，才能持续发展。

　　正如王德法预料的，没有永远的摇钱树。今年的猪不好养，基本上都得病。在我采访王德法的时候，他的猪圈已经空空如也，一头猪不剩。因为，村里的猪都得了病，没有人能治疗了，再不卖就会死，他只能廉价卖掉。

　　但是，王德法没有放弃。他说，过了这段时间肯定会有更好的明天。他希望自己的事业能够越做越大，希望能够得到更大的帮助和支持。他会坚持不懈地走下去，让自己年轻时候的梦想飞得更高……虽然知道自己只是一条小鲤鱼，但是他自己心里也明白自己有着一颗敢于跃龙门的心，这颗心会一直追求下去……

百果园里的梦想家

■ 文/吴莎莉

创业者档案

汪国武,男,1966年2月出生。汪国武年少时家境并不是很好,父母都是农民,家里的收入都要靠庄稼地里的那点收成,供他读书十分困难。所以,在读了一年高中后他毅然决定辍学外出打工。创业之前,他在离家不远的余姚市临山镇砖瓦厂当技术工,烧制红砖。经

过他的艰苦创业,现在的他已经是一位拥有200多亩土地的水果大户,还创办了自己的企业——梁弄镇天乐水果专业合作社。他在成功之后也没有忘记当年不得已而放弃的学业,继续完成了大专学习。汪国武的辛勤劳动得到了社会的认可,使他获得宁波市劳模、宁波市十大杰出青年代表、梁弄镇十大创业之星等多个荣誉称号。

所在地情况

汪巷村隶属于浙江省余姚市梁弄镇,是一个风景秀丽,物产丰富的村庄。汪巷村并不是很大,可以说是"阡陌交通,鸡犬相闻"。村里的家家户户也基本上都是老相识,祖上有许多还是亲戚。村民们亲如一家,过着平淡而安详的日子。长久以来,村里的大多数人都是以农业为生。近些年,由于国家对农民问题的关注,村里经济也有了突飞猛进的发展。村里的建设好了,村民的生活质

量也改善了不少。不少村民还干起了农活之外的事业,有些到大城市去淘金,有些则在本地做起了生意……全村是一派欣欣向荣的景象。

创业项目

水果种植

创业感言

用自己的兴趣改变自己的一生!

创业故事

在美丽的四明湖畔,在苍翠的狮子山下,有一个叫做梁弄的小镇。梁弄是一个人杰地灵、风景秀丽的小镇,肥沃的土地孕育了一代又一代淳朴的居民,同时也为小镇的人们提供了无限创造财富的机会。当然并不是每一个人都能领悟到自然母亲的良苦用心,有些人坐拥丰富的物资却不知珍惜,只知因循守旧,跟其他普通农民一样靠天靠地来获得仅有的收入;而有些人却能够领悟大地母亲的一片用心,利用当地的各种条件,及时抓住机遇,使自己发家致富,摆脱贫困,同时还带领着周围的百姓过上安居乐业的生活。现任浙江省余姚市梁弄镇汪巷村村委会主任的汪国武就属于后者。

带着对这位靠农业走上发家致富之路农民的好奇,于2011年2月1日,我对他进行了采访,并在访谈的基础上,渐渐了解了他的创业之路。

年轻的梦想家

汪国武出生于浙江省余姚市梁弄镇汪巷村,在他年幼时,村里的经济状况并不是很好,即使从全镇范围来讲,也没有多少富裕的家庭。他还记得,小时候,祖辈和父辈们守着村子四面那苍翠的青山,平坦的农田,日出而作,日落而息,但是他们并没有收获多大的财富,家里的日子还是过得紧巴巴的,甚至连供他上学的钱都没有。所以,在汪国武高一那年,由于家里实在没钱支付他的学费,他就辍学了。起先,他在家里帮着父亲干些农活。虽然,当时自己重复着和祖祖辈辈一样的生活,但汪国武并没有绝望。梦想的种子早已悄无声息地在他几近干涸的心田里萌了芽。他相信有朝一日他一定可以摆脱贫困,过上幸福的小康生活。所以,他一直默默地为这个目标奋斗着。

1987年,汪国武到离家不远的余姚市临山镇打工——在当地的砖窑厂当技术工。在那里，爱吃水果的汪国武可乐坏了，临山镇水果种植业发展势头迅猛，大片的葡萄园和桃园装点平坦的田野。每当果子成熟的时候，累累果实挂满树梢，非常诱人。但他想到的并不仅仅只有吃，当听农民说种水果的经济效益很好时，汪国武想到了自己家乡那片肥沃的土地。于是，他萌生了在家乡投资水果种植的想法。为此，汪国武购买和订阅了许多农业科技书刊，每天烧窑回来，他就躲进简陋的宿舍里看书看报，一点都不觉得疲倦。平时只要一有空，他就往田头果园跑，向当地的老果农学习果树的栽培管理技术，探讨水果发展趋向，了解市场行情。为着自己的梦想而不断奋斗的每一天都是充实快乐的。这位年轻的梦想家始终坚信有朝一日可以把梦想变成现实。

百果园里初尝收获

在一番充分准备之后，汪国武开始付诸行动。1992 年春，他专程到杭州引进 100 株早熟水蜜桃新品种，种在自家 1.5 亩的山地上。在他的精心培育下，第三年夏末秋初，桃树开始结果了。汪国武将桃子运到梁弄和余姚市场上去卖，由于他种植的桃子果形大口味好，很快就卖完了。一个季节下来，汪国武就收入了 6000 多元。这更加坚定了汪国武发展水果种植的决心。于是他毅然辞掉了在砖窑厂的工作，回到家乡专心搞起水果种植来。

1996 年年底，他向村里承包了 36 亩土地，打算大展拳脚。但是首先摆在汪国武面前的问题就是，这 36 亩土地中有很大一部分都长满了没膝的野草。为此，汪国武不得不"晨兴理荒秽，戴月荷锄归"，硬是把一大片荒山开辟成了平整的优质地。此外，他还从省

农科院和浙农大引进"翠冠"蜜梨、"红艳露"水蜜桃等多个水果名优新品种，套种在承包地里。两年过后，这些水果开始投产，给汪国武带来了巨大的经济利益。他摆脱贫困的梦想终于在短短几年的时间里实现了。但汪国武并没有对此感到满足，他依旧努力探寻着使自己的果园增产增值的方法。

1999 年汪国武又承包了 108 亩土地,并且引进种植了"西子乐"、"清香"、"翠观"等优质早熟蜜梨品种和"大江三号"、"红艳露"等优质水蜜桃品种,这些都是高利润、高回报的水果。此外,汪国武根据在书上学到的知识以及自己的经验,根据水果的生长特性,在不影响主栽果树生长的情况下,又在水果林套种了短、平、快的经济作物和花卉苗木,如他在有的地方套种了西瓜和时令蔬菜,在有的地方又套种了红栌、石榴等花卉苗木,光这一项,每年也给他带来了不少收入。

凭借着自己的辛勤劳动,汪国武将自己的百果园打理得井井有条,因此为他带来了不菲的经济收入。到目前为止,汪国武已发展种植水果 200 多亩,成为当地小有名气的水果种植大户和致富先锋。

发家致富不忘他人

从十几年前的贫困户到现在靠自己劳动的致富者,汪国武理所当然成了当地群众的羡慕对象。但汪国武绝对不是那种只顾自己不管他人的人,在自己富起来的同时,他也没有忘记当地的农民。

早在 1998 年,汪国武的 30 多亩贫瘠荒山变得硕果累累,他刚开始尝到胜利果实的时候,乡亲们就看到了希望,他们纷纷要求引种水果新品种,汪国武毫不犹豫地就答应了。但是,有些农民赚钱心切,常常不经过深思熟虑就盲目引进新水果品种,这样不仅不能带来可观的经济效益,而且一不小心还会导致亏损,把那些农民辛辛苦苦赚来的血汗钱都搭进去。汪国武很早就考虑到了这一点,于是为了有效避免农户盲目引种带来的损失,减少生产成本,在 1999 年,汪国武自筹资金大约 30 万元,引进了先进的电脑育苗设备,还建立了将近 50 亩的良种苗木基地,专门培育和嫁接一些优质的果苗等,将它们引种给本村和周边的农民。汪国武同时也认识到,广大农户并不是很精通水果的管理技术,如果大家只是单纯地种植果树,收获果实,并不可能有比较高的经济效益。为此,他四处奔波,寻求各种帮助,争取到了各级部门的支持,帮助广大果农在最短的时间内熟练掌握各种生产和管理水果的技术。

1999 年年底,余姚市第一个村级科技协会——汪巷村水果专业科技协会成立了,汪国武在众多村民的支持下担任了协会的会长。同时,汪巷村农民科技图书阅览室也挂了牌。在汪国武的大力支持和积极推动下,协会经常组织会员开展经验交流、信息发布、良种推广等活动,他们还不定期邀请上级水果专家来进行技术讲座和现场指导,为广大果农提供技术支持。这样一来,汪国武的任务就更加重了，他不仅要顾好自己的百果园，还要兼顾当地的其他果农。但是当看到当地广大农户的科技素质和组织化程度有了大幅提高，同时，汪巷村的水果产业也得到了飞速发展时，汪国武觉得自己就算再苦再累也值了，他感觉自己的所有付出都有了相应的回报，就连劳动的汗水也是甜滋滋的。

成功路上亦有荆棘

很多人都以为汪国武的致富道路是一帆风顺的，大家都十分羡慕他，但是创业过程中的辛酸历程也只有他自己才能够体会到。水果不像其他产品，它对生长条件的要求很高，而且保存时间也十分短暂，这对果农来说是一项十分艰巨的挑战。汪国武也和其他千千万万的果农一样，在不断探索的过程中，摔过跟头，得到过惨痛的教训。远的不说，就在 2010 年的二、三月份，一场"倒春寒"来势汹汹，严重影响了四明山地区，天气温度比想象的要低好几度。尽管汪国武想到会有寒流来袭，事先做了一定的准备工作。但是，他万万没有想到这一场冷空气会来得如此迅猛，让他措手不及。他也试图通过一些补救措施来挽回损失，如他投资了大约 3 万元来做防冻措施，给一些果树包上袋子，也在果树根部包上了厚厚的稻草，还试图用烟熏来使土地温度上升，但是这样做却收效甚微。寒流带来的冷空气实在是太强了，靠人为补救根本是无济于事的。许多果树在开花时就遭遇了这场灾难，而其产生的后果也是可想而知的。这一年，汪国武果园里的樱桃颗粒无收，百分之百减产，而桑葚等其他水果也有百分之二十到百分之百不等的减产，仅仅汪国武个人的经济损失就达到了50 多万元。这也给汪国武好好上了一课，让他知道自己今后在果树防冻措施上还要加强，而他现在也正在朝这方面努力。

除了气候问题，水果保鲜也是困扰果农的难题。大家都知道水果的保鲜时间十分短，往往没过几天就会烂掉，没有价值。所以，一定要提前确定水果的销路，保证水果一摘下来就有地方可去。这样不仅可以保证卖出去的水果状态最好，提高水果售价，还可以建立良好的企业形象，为以后的生意打好基础。汪国武记得早些年由于自己对管理经营不是很在行，导致水果即将成熟，却一笔订单也没收到的情形，他只得望着那些鲜甜甘醇的水果一个个烂在枝头却无能为力。那时不仅没有赚到钱，还损失了大量幼苗钱、肥料钱，同时还白白浪费了自己的心血，每天的起早贪黑得不到应有的回报。现在，汪国武早已有了固定的客户，水果一到成熟时间就会有客户来下订单，他再也不用愁水果卖不出去了。由于汪国武的水果品质好,许多客户都下很大的订单,有时还会出现供不应求的情况。

憧憬幸福美好未来

现在的汪国武似乎什么都有了,生活幸福,安居乐业。但是他并没有满足于现状,对于未来的生活他有着自己的安排。现在的汪国武已经不再满足于传统农业,他希望通过自己的努力以及政府和社会各界的支持发展新型休闲观光农业,其中包含一个真正意义上的农家乐。在汪国武看来,现在社会上很多所谓的农家乐只是一些可以吃到农家土菜的菜馆,并不是完全意义上的农家乐。在他的构想中,真正的农家乐应该是这样的——来自大城市的人可以在农家乐中充分接近大自然,享受农村的快乐,放松一下早已疲惫不已的身心。他们可以自己在农家菜园里摘菜,可以自己用农家特有的灶来煮菜,饮甘甜的山泉水……他们还可以居住在极具农家特色的民宅里,每天早晨在清脆婉转的鸟鸣声中自然醒来。除此之外,他还希望大力推广新的水果品种,帮助更多的农民摆脱贫困,让更多的人过上幸福快乐的小康生活。为着心中的理想,汪国武还在不断的努力之中。他坚信只要肯付出劳动,他的梦想就一定可以实现。他憧憬着,用自己的双手描绘出一幅美丽的蓝图,创造出一个更加璀璨的未来。

汪国武现在是浙江省"双带"优秀党员,宁波市十大杰出青年代表,宁波市优秀农村信息员,宁波市、余姚市青年星火科技带头人……通过这次采访,对他有了更加深刻的了解,也更加相信他所做的一切对得起这些荣誉称号。愿这位朴实的大山儿子可以在未来的日子里过得更好,早日实现自己心中的梦想。

乡村汉和他的酥梨致富之路

■ 文/廉黎祥

创业者档案

武学良,男,出生于 1961 年。山西省平遥县襄垣乡郝温村人。初中毕业后便开始在政策指引下,在村里从事农业生产活动。1996 年当选为村委主任,1999 年当选为支部书记,2004 年注册成立了"平遥县龙浪果业有限公司"。武学良家中有四口人,两个儿子,武学良曾在 2010 年获得"山西省平遥县优秀共产党员"的称号。

所在地情况

郝温村地处丘陵半丘陵区,位于平遥县的东北部。当地以酥梨作为全村的支柱产业。作为平遥古城的特产的套袋酥梨,1996 年荣获省首届优质水果展评会"银质奖",国际果品及技术设备展览会优质产品奖。1999 年,在"中国国际农业博览会"被认定为名牌产品。郝温村全村种植酥梨,实行以家庭为单位的管理模式,并销往省外各城市。村里人均年收入大约为 1 万元。

创业项目

酥梨种植

创业感言

无论干什么事,信用是最重要的。

创业故事

　　山西省平遥县郝温村,位于平遥县的东北部。全村有 600 多人口,60 多户人家。在这个小村庄里,居住着一位乡村老汉。20 世纪 90 年代,他高瞻远瞩地提出了一个决策。正是这个决策,带领全村人民走向了致富之路。21 世纪初,他又创立了一家注册资金高达 300 万元的果业有限公司,年营业额高达千万元。这就是郝温村的传奇人物:武学良。

　　2011 年正月初十的下午,空中飘起了片片的雪花。虽然外面刺骨的寒冷,但想到将要开始的采访任务,我的心中仍不禁泛起丝丝的欣喜。在朋友的指引下,我去采访这位远近闻名的创业者。当车驶进郝温村的村口时,我被眼前的场景震撼了。并不太宽的乡村水泥路的两旁,密密麻麻的全是树。这些树像是一群鹤,威风凛凛地伫立在一群光秃秃的鸡之中。光秃秃的枝干上,零零散散的分支肆无忌惮地向各个方向生长。有的树枝笔挺挺地向上长着,有的树枝却像一朵花般向四周衍生开来。尽管放眼望去,没有一丝绿意,但我的脑海中却闪现出秋季树上硕果累累的情景,不禁感慨,这是一项多么宏伟的工程啊!

　　车在路上慢慢地前行,时常可以看到有一辆辆的小轿车进进出出。村里几乎家家户户的房子都重新装修过了,从外表看,五彩斑斓的瓷砖在雪花的映衬下,处处金光闪闪,耀得晃眼。走进了武学良的院门,院子特别宽敞,房屋装修得大气而又美观,朴实中透着内涵。武学良已经在门外等候好久了,见到我,非常热情地招待我进屋,为我倒水,并端上了瓜子、花生、糖果等吃的。武学良的家收拾得非常整洁,窗明几净,各式各样的家电应有尽有,可以和城里的生活相媲美。坐下来后,我开始仔细地观察武学良。他看上去有四十几岁,个子挺高,上身穿一件黑色的皮夹克,头上有几丝白发,额头上有几道岁月的痕迹。武学良喜欢将手揣在上衣的口袋里,当不好意思回答时,他会习惯性地将将那偏向一侧的头发。他的笑声非常爽朗,透着农村汉的憨厚、直爽、热情与豁达。整个访谈期间,他言行亲切,因此此次访谈进行得非常顺利。

政策指引　致富之路起步

　　小时候,武学良家里比较贫困。武学良 16 岁初中毕业,开始去地里干活。两年以后,邓小平同志提出了改革开放,村里开始逐步发展经济。我不经意间问大爷,在国家恢复高考制度之后,有没有想过去参加高考。大爷笑笑,很无奈地说:"作为一个普通的农民,家里也很贫困,我从来没有想过参加高考,根本没有产生过这种想法。"

改革开放以后,在国家的政策指引下,村里便开始分地。村里的老百姓,人人平等地分到了自己的一块土地。到 1981 年,土地基本上都下放到了个人手中,基本上是按照人人平等的原则。起初,为了保证基本的温饱问题,大家都只种植粮食。一两年以后,家家户户基本上已经满足了温饱需求,情况好点的已经开始自己囤积粮食。为了过上更好的衣食无忧的日子,村里的干部们开始带领大家搞经济。武学良说,当时老百姓的思维非常活跃,上层领导提出发展经济以后,大家纷纷支持。

村里的致富之路便这样开始了!

逐渐摸索　探索致富历程

最初,村里的领导为了探索致富之路,带领大家种起了棉花。收获之后,统一卖到平遥县洪善镇的棉麻站。当时国家有政策,棉花不得个人私卖,所以大家只能将收获的棉花统一卖到国家统一管理的棉麻站。

1986 年,村里人开始转向种植西瓜。

在问到当时为什么要从种植棉花转到西瓜时,大爷感到很为难。他笑笑说:"这个问题还真不好回答。这本身是一个自然而然的过程。有一个人开始种,而且获益了,其他的人便都跟着种。搞经济,就看胆量。有的人胆小,只敢种两亩,但有的人就胆大,20 亩也敢全部种西瓜。现在市场上做生意的,也有大、小生意之分,就看你的胆量有多大,有没有眼光和远见,能不能看到市场的发展方向。就这样,带动村里的人们开始种植西瓜。"

1987 年,村里种植西瓜的热潮达到的前所未有的境地,村里几乎没有一寸土地不是在种植西瓜的。同时,为了充分利用阳光、土壤等资源,村民们在西瓜的间隙开始种植果树。但一两年后,西瓜的产量便开始下降,村民们果断地放弃了种植西瓜,开始以种植果树为主。

当时人们普遍种植的是梨树和苹果树,但当收获时,人们发现梨的价格比苹果的高,而且人们在种植的过程中也感觉到梨树比苹果树更容易管理,所以慢慢地村民们都放弃了苹果,全部种成了梨树。武学良发表感慨:"效益是发展的第一位,什么效益高,人们就发展什么。"再比如桃子或者葡萄,在收获以后必须马上卖掉,否则很容易腐烂。但梨成熟以后,可以储存在冷库里,慢慢地卖,不用担心坏掉。所以,为了储存收获的梨,家家户户都有自己的储存室。

有的是在屋子的旁边修建一个恒温库,有的则储存在一个非常大的地窖里。

村民们在果树的间隙种植一些芝麻、棉花等经济作物,有的种植小麦等庄稼。种植果树五六年以后,村民们便开始慢慢获益。武学良将对果树的培养过程形象地比喻为抚养一个小孩。在精心培育十几年以后,孩子慢慢地长大,开始有了自力更生的能力。果树也一样,精心照料五六年,树根扎稳实了,树干也慢慢粗壮了,产量也就提高了。到1993年,村民们基本上都已经开始获益。当时,由于每年得上交国家公粮,人均土地为一亩,其余的土地仍然在种粮食。武学良说:"老百姓们,只有让他们感觉到可以收益,可以赚钱,他们才会有干的激情。"

种植酥梨　致富之路渐宽

1996年,武学良当上了村里的村委主任。据武学良称,之前村里的领导们思想还是比较保守的,不敢放开胆子进行大规模种植梨树,始终都没有放弃最根本的粮食种植。但武学良当上村领导之后,正当年盛的他充分地查阅各地发展的情况,并对将来的形势、国家的政策和市场的导向等进行了充分考量。1997年,他组织村领导开会,宣布村里的1850多亩土地全部种植梨树。根据当时的人口情况,人均分到3亩土地,基本上人人有土地,家家种梨树。

之后,村里的人们便开始大规模地种植梨树,也不再套种一些其他的作物。收成好的时候,村里的年总产量可以达到300万公斤,人均5000多公斤。

对于武学良的二十几亩地,除了在授粉套袋时,需要雇佣一些临时劳动力之外,都是靠他们一家人进行管理和栽培。他们在梨的生长时期,将每个梨都套上袋子,以保证果面的干净,同时也防止阳光的暴晒和风吹雨打,等到收获的时候,便将套在袋子里的梨摘下来一并卖给收购的人。

由于村里做买卖的人非常多,尤其是村里的小伙子们,大多都是做买卖。当梨开始下树的时候,这些人便向村民们收购,当然也有其他地方的人专门在梨收获的时候,赶到郝温村,进行收购,然后储存在自家的冷库里,让梨增值。到第二年的春天,就可以卖一个好价钱。再者,由于北方的气候因素,一到来年的春天,气候便开始转好,五六月份之前,几乎是不会收获任何的水果的。所以北方的水果在秋季收获以后便开始储存起来,到来年的四月份开始销售,一直持续到六月份。郝温村的梨在刚开始时,由于产量比较低,主要是销往一些小市场,比如太原等。但1995年以后,随着产量的增加,郝温村的酥梨也逐渐有了名气,开始销往南方,尤其是广东省、广西壮族自治区等沿海地区,甚至不少南方的销售商慕名而来。收成好的时候,梨一下树,全国各地的一张张订单便像雪片似的飞来,梨马上便被抢购一空,根本不用担心销路。谈到这里,武学良脸上显出自豪的神情。

为了使梨的销售合法化,武学良在 2004 年自己投资注册了一家公司,全称是"平遥县龙浪果业有限公司"。武学良当时是公司最大的股东。注册资金刚开始时是 30 万元,后来随着业务的扩大,变成了 300 万元。武学良借着平日里的资金积累,同时也向农村信用社、民间借贷机构进行贷款,最终自己创立了这样一家公司。武学良的家人对于武学良的创业都非常支持,而且政府在这期间也投资了十几万元,如此宽松积极的创业环境,让这家公司的业务蒸蒸日上。武学良作为一名普通的农民,从来没有学过经营管理,但他凭借着自己的睿智和经验,摸索着带领这家公司在市场中前行。他也成功地从一名乡村老汉转型为一名成功的企业家。并不是只有从学府的高墙之中走出来的才能成为社会精英,在这样一个偏僻的小山村,黄土地加上乡村人的勤劳、大胆、热忱,永远有着一颗追求上进的心,成就了这样一位成功的创业者。

成立公司以后,2004 年 8 月,公司有了出口权,开始和一些西欧国家做生意,比如荷兰、德国等。2005 年,公司曾和西欧国家做了 1000 多万元的业务,产品同时也销售到泰国、越南、马来西亚、新加坡等南亚、东南亚地区。当地产的梨基本上不会在当地销售,而是将销售目光放到省外,甚至是国外。

在运输方面,有专门的运输公司,而且在运输和联系方面,又有专门的信息部,负责联系用车和开车的人,并从中获利。"现在社会,做什么都可以赚钱,只要你有经济头脑。而且人和人是不同的,你得会做这个业务,而且你能拿得下它,那才行!"武学良感慨道。

但之后,由于路程太远,周转时太费事,而且西欧国家对水果的要求很高,再加上中国市场上物价的上涨,而西欧国家的物价却相对来说没有什么太大的变化,结果梨卖到西欧反而赚得很少。再加上汇率的变化,大家发现欧洲市场并没有使他们获利。而国内市场循环比较快,销量比较大,又有很高的灵活性,所以便以国内市场作为销售主渠道。

武学良说,只要是做正经的生意,走到什么地方都不怕。我们有什么可怕的呢? 只要是在社会主义的制度下,什么样的商业活动都是受保护的。再加上南方人的经济头脑非常好,他们会抓住机会和我们进行联营。村里的小伙子非常胆大,托运、市场等方面的问题都不用操心。这里的酥梨到了春天非常抢手。谈到在运输、销售等方面是否存在风险时,武学良很果断地说:有,风险肯定是不可避免的,但只要找对客户,就没什么大问题了。因为大家都是为了赚钱,只要谈对价钱,没有人会故意坑别人的。做生意,赚大钱就不能害怕承担风险。何况法治社会,我们的合法权益是受到法律保障的。无论干什么事,信用是最重要的。

后来为了做生意方便,武学良从这个公司里撤股,开始自己干。现在虽然武学良已经和这个公司没有什么关系了,但当初武学良的丰功伟绩,却是不可磨灭的。"只要有能力,任何人都可以自己创业。"

谈话中,武学良举了个例子。比如今年秋天收了5000公斤梨,假如投资了100万元,这100万元放到第二年的春天,就会变成150万元。武学良说销售市场非常大,只要有胆量,想去哪儿,就能去哪儿销售。假如今年想去昆明,几个人在一块商量一下,坐上飞机,到了昆明,先了解一下市场,联系一下市场上发货的人,谈论好以后,我们负责供货,他们负责销售。在商量好双方的各得利益后,这笔生意就做成了。

勇度困境　致富路也坎坷

在交易的过程中,也会遇到一些困难。比如有一次,村里的一个小伙子在广东潮州时,那位收购的人接到货之后却说拿不出十几万块钱,最后只能重新找代销商。尽管过程中几经周折,但是没有造成很大的损失。有一次,有个运货的人,没有按照之前约定好的将货运到指定的地点,而是在中途将这批梨给卖掉了。这对于这些农村的汉子来说,是多么大的打击啊,辛辛苦苦一年的劳作,最终毁于一个商业贩子手中,怎么能心甘?他们不甘心就这么受骗,就这么任凭命运的捉弄,于是开始了将近几个月的侦探路程。为了维护自己的合法利益,这群乡村汉俨然已经成为了一群私家侦探,他们调查,走访,取证。最后,通过广州的公安局,将那人抓回了平遥,判了两三年刑。武学良的眼中透露着无奈,十几万元的损失,只能自认倒霉。

谈到自然灾害,在1997年,遇到过一次大的冰雹,梨上都是伤痕,变得不值钱。2002年,遇到过一场冻灾,花不能授粉,也无法结果,损失当然也是可想而知的。2006年4月12日,当提到这个日子时,武学良显得非常激动,这个日子他记得非常清楚。当时梨花都已经授粉完毕了,但是天有不测风云,半夜里却下了一场厚厚的大雪,梨花全部都冻死了。昨天还开得旺盛的梨花,怎么一夜之间就全都没了呢?本来丰收在望了,怎么会就这样毁于一旦?那年一个梨都没有收获,全村的人都白忙活一场。大爷感叹道:和自然打交道就一定会遇到自然灾害,这也是不可避免的。

经过采访，我总结出郝温村的酥梨之所以这么有名：一是土壤的区别。这里的土壤比较适合种植果树。二是地形特征。郝温村的海拔大约是 800 米，而梨最适合在海拔 700 米到 1100 米的环境中生存。三是气候的优势。这里气候温和，光照充足，昼夜温差比较大，所以有利于果品养分的积累。四是成熟的技术。技术管理，在修剪、防治病虫害方面非常重要。在刚开始种植梨树时，由于村里的人们有的什么都不懂，武学良作为村里的支部书记，组织祁县等地方的专家来村里授课，村民们也都很积极地参加培训。郝温村的村民们思想都非常灵活，人人追求上进，各自管理经营各自的土地。遇到疑难问题，他们积极地上网了解，并向邻居询问，整个村的人们都在互相交流，共同致富。

梨树的大规模种植，使郝温村的名声渐渐传到临近的村庄，带动附近的村民们也开始零零星星地种植梨树，但都没有出现郝温村这样大规模的种植。梨树使郝温村逐步走向致富之路。武学良说，村里现在居住的都是一些上了年纪的人，年轻人大都已经自己在城里买了房，也有自己的私家车。白天，开车回到村里从事梨树的相关工作，到了晚上，就回到城里。郝温村变成了这些人的工作场所。在谈到对将来有什么打算时，武学良说，随着市场需求的变化，可能会考虑改变经销对象。但就目前来讲，在短期内，不会改变销售模式。

是啊，就是这样一个乡村汉，改变了整个村的命运！就是这样一个乡村汉，在这样一块平凡的土地上，继续谱写着属于武学良、属于郝温村的传奇！

走科技致富之路的茭农张永根

■ 文/周　佳

创业者档案

　　张永根,男,生于 1961 年 2 月,是桐乡市董家村立旗桥村民组的一位农民,也是远近闻名的董家茭白的创始人、种植能手和营销大户。他是中共党员,今年 51 岁,小学文化,农民技师职称,现为桐乡市董家茭白专业合作社理事长。自 1987 年至今,张永根由于发展董家茭白成绩显著,多次得到党和政府的表彰,1999—2002 年荣获省、市"农村科技示范户",其间多次被龙翔街道评为"优秀村组长",2002 年和 2003 年被授予"桐乡市十佳农民"称号,2003 年和 2008 年被评为"嘉兴市优秀共产党员",2005 年荣获"桐乡市劳动模范"称号。

所在地情况

　　龙翔街道(原炉头镇)是浙江省桐乡市的新市区,街区交通便利,距沪杭高速公路屠甸出口处 10 公里,距 320 国道 3 公里。全街道总面积 40.15 平方公里,辖 10 个行政村、1 个居委会、183 个村民小组,农村常住人口 25860 人。2009 年实现农业总产值 1.69 亿元,实现农民人均收入 12445 元,较上年增长9.07％。龙翔街道发展农业的自然条件优越,地处杭嘉湖平原,气候适宜、降水丰富、河网密布、地势平坦、土壤肥沃,是传统的粮食、蚕桑、杭白菊、榨菜、晒红烟生产基地。现有 13200 亩茭白种植基地、7000 亩杭白菊基地、18000 亩出口蔬菜、1500 亩晒红烟五大特色农业基地,并与不断发展壮大的农民专业合作组织、农业企业建立了企业联基地、基地联农户的产业化经营模式。

创业项目

茭白种植

创业感言

要致富,一靠科学,二靠勤劳。

创业故事

在桐乡市龙翔街道董家村,没有几家农户不种茭白,也没有一户茭农不知道张永根。张永根是董家茭白创始人、种植大户、浙江省农村科技示范户。自 1987 年,他引进"梭子茭"茭白种苗开始,董家茭白走到今天已有 25 年历史了。2010 年龙翔街道茭白种植面积已有 13200 亩,年销售总收入达 8000 万元。现在董家茭白的产值收入已经占了龙翔街道农业经济总产值的 45% 以上。

我最早知道张永根是在中考的试卷上,有一道材料分析题就是有关董家茭白的。为了探究他致富的秘密,在朋友的介绍下,我于 2011 年 2 月 8 日拜访了他,在访谈的基础上,形成了本报告。

创业起步　初尝喜果

1987 年张永根从杭州郊区崇贤引进"梭子茭"种苗,试种了 0.4 亩,喜获丰收,一年两季茭白收入达 1200 元,比常规农产品高出 4 倍多。说起当时为什么想到种茭白,张永根介绍当时主要是由于自己的资源"优势"——烂水田多,不适合种其他经济作物,考虑到效益问题,他选择了种茭白。当初的资金、土地都是自己的,劳动力都是家人,技术靠自己一点一点摸索,产品销售也要靠自己。因为只是小面积种植,政府等相关部门并没有支持的政策。

张永根逐渐扩大茭白种植规模,2004 年与他人合伙承包了金牛村、龙泾村的 300 亩水田,打算规模种植茭白。但遇到了资金不足的问题,正当一筹莫展的时候,龙翔街道信用社主任计炳坤与信贷员一起为他安排了 5 万元的农业贷款,解了他的燃眉之急。

茭白良好的经济效益吸引了邻近农户也来种植,全街道种植面积从起初的 0.4 亩发展到目前的 13200 亩,董家茭白已成为桐乡市的一大特色产业和当地农民致富的一条捷径。

注重科技　高效发展

科学技术是第一生产力,董家茭白能有今天的成就很大程度上依靠先进的种植技术。虽然生活在农村,但张永根深知技术对发展经济的重要性。在种植初期,他自己摸索管理方法和种植技术,后来虚心向省、市有关农技专家请教,并多次到余姚、黄岩等地的茭白老产区取经。

经过多年的学习和实践,张永根积累了一套包括品种提纯复壮、新品种引进、早熟促成栽培技术、茭田放养青萍护茭、分次培土保茭、结合耘田删除黄老叶片防治螟虫物理防治以及"二浅二深"水浆管理等种植技术和方法。经过几年的实验改进,由他总结出来的种植技术得到了广泛应用,成为董家茭白优质高产的核心技术。

农副产品一旦进入市场就要受到经济规律的影响。有一年春季茭白上市时,由于出茭集中,市场趋于饱和,茭农辛辛苦苦采摘的茭白从起初的每公斤 2.6 元跌到了 0.8 元,甚至更低,有的茭农干脆把它烂在了田间地头。

茭农们认识到只有发展大棚茭白种植和兴建茭白保鲜冷库,才能有效保护自己的利益。2004 年起张永根多方联系周边地区冷藏库,使得茭白旺季不滞销、不压价,缓解了旺季销售压力,维护了茭农利益。在龙翔街道信用社的资金援助下,董家茭白合作社一方面大力发展茭白大棚种植,拉开茭白上市周期,使春茭上市的时间提早 20 天左右,经济效益可增加 30% 以上;另一方面兴建茭白保鲜冷库,在上市高峰期予以保鲜储存,缓解市场压力,董家茭白合作社现有保鲜冷库 32 座,总容量达到了 7500 吨,保鲜期可达 100 天。

董家茭白在张永根的带动下逐步走出了一条科学高效、优质生态的可持续发展道路。

质量品牌　稳步发展

随着茭白规模种植经济效益的显现,茭农的扩张意识日趋增强,董家茭白种植面积一年比一年大,产量一年比一年多,但由于是分散的一家一户生产经营模式,有时很难保证质量。有时因个别营销户的无序竞争,既影响了产品的市场竞争力,又导致难以稳定占领市场,实现规模化、产业化生产经营,限制了董家茭白产业的进一步发展。如何来引导农户理性发展,保护好全体茭农的利益成了最头疼的问题。

2002年在市、街道等有关部门的支持和指导下,按照市场经济发展和茭白产业化经营的要求,张永根带头联系该村几位茭白生产经营能人,组建由118户茭农参加的董家茭白专业合作社,张永根担任合作社副社长。这个以"民办、民管、民受益"为出发点的合作社,为茭农提供了产、供、销一条龙服务。专业合作社的建立,为董家茭白的健康发展提供了保障。通过专业合作社加强市场管理,完善市场运行机制,严格按照操作规程组织生产,建立健全田间档案制度,实行统一收购,按标准分级后统一品牌、包装、批发,鼓励批发商进场交易,确保了交易程序和产品质量。

董家茭白以其过硬的质量和良好的市场信誉赢得了很多荣誉。2002年获浙江省农博会优质产品金奖,2003年先后通过浙江省绿色农产品和国家无公害农产品质量认证,2004年荣获国家级绿色食品称号,还成功打入国际市场,远销日本。2008年"董家"牌茭白被认定为嘉兴市、桐乡市级知名商品,2009年被认证为嘉兴市著名商标。

几年来,张永根与杭州、上海、无锡、常熟、苏州等地客商保持良好的关系,由他直接营销的茭白占总产量的50%以上,外地客商对他的诚信服务十分称赞,无锡客商王忠全说:"永根师傅我们信得过。"正是走以质取胜之路,提高了董家茭白的知名度和市场占有份额。

2010年春季,董家优质大棚茭白一上市,行情就十分火爆,而上海市更成了"董家"茭白的主销售区,当时街道70%的大棚茭白都销往上海市的漕安市场、江桥市场和奉贤区南桥镇农贸市场,销售量翻了一番,售价也涨了一倍。借着这么好的势头,董家茭白专业合作社将目光瞄向了上海世博会。经过多次努力,合作社与上海市金山区的一家世博会农产品供应商取得联系,通过该供应商,董家茭白以配菜的形式供应上海世博会。龙翔街道董家村的茭农可是比以往任何时候都要忙碌和自豪,因为自从他们的董家茭白通过上海世博会这个平台,每天的销量增加了3500公斤以上,当时预计平均每户茭农年纯收入将达到3.5万元。

扶贫帮困　共同发展

致富不忘他人的张永根,经常在物资、技术等方面帮助有需要的农民。

1997 年他主动把价值 500 多元的茭白种苗无偿送给同村贫困户高全娜,并把种植经验毫无保留地传授给她,使高全娜走上了致富之路。1999 年,帮助同村残疾农民朱金龙搭建大棚,并多次帮忙管理大棚,使 3.2 亩大棚茭白获得丰收,增收 7000 元。茭农不仅能从张永根那里获得技术指导,还能了解市场行情。

多年来,张永根总是主动为茭农做示范,把自己的茭白田办成优质高效的示范田,负责茭白生产基地的常年技术辅导工作,同时尽心尽责把市场营销工作搞好。

担任合作社社长后,他把大部分精力花在市场营销和产品质量管理上。张永根经常思索着:"作为一名共产党员和茭白产业发展带头人,要为茭农多着想,要多为茭农排忧解难。"2002 年茭白市场行情曾一度低落,张永根就主动出击。10 月的一天,他把装有 4500 公斤茭白的货车直接开到无锡蔬菜市场,进行产品质量宣传和营销,引来了众多客商,因过硬的质量,这车茭白被一抢而空,成了无锡市场畅销货。第二天,无锡客商的货车一清早就在董家茭白专业市场门口等候。以后全村 30 万公斤秋茭以平均每公斤 1.2 元的价格销售一空,并打开了董家茭白在无锡等地的市场。

在访问期间,有一位茭农亲自到张永根家里询问茭白的管理方法。张永根还接了一个关于茭白大棚的电话,他叮嘱农民现在天气热起来了,要把大棚的塑料膜掀起来。

说起种茭白给农民带来的财富,张永根形象地说:"现在龙翔街道上吃羊肉面最多的就是种茭白的人。"一碗羊肉面可是要十二三元的,可见种茭白的效益是可观的。张永根还说:"茭白产业带动了当地农民的就业,在茭白管理的忙季,一工有 100 多元,增加了农民的收入,有利于家庭和睦,缩小城乡差别。"

在与张永根联系的时候,我发现连他的手机铃声都是介绍董家茭白的语音广告,张永根为了董家茭白的发展真是煞费苦心!在采访过程中,张永根是一位平易近人的师傅,他认真地回答我问题,虽然自己很忙,但仍然很详细地介绍董家茭白的发展历程。

谋划发展　憧憬明天

2011 年 1 月 21 日,桐乡市董家茭白专业合作社在龙翔街道董家茭白市场召开代表大会,共有 60 余人参加会议。

会上,社长张永根回顾总结了合作社2010年主要工作及成效:一是注重新品种、新技术、新设施的引进、培训与推广;二是注重合作社自身建设,增强合作社服务能力;三是积极探索运行机制的创新,提高服务效率;四是加强合作社宣传,进一步提高知名度。

在谈到2011年工作打算时,他结合合作社实际提出了四项重点工作,包括引种、示范、推广新品种,提高大棚茭白管理技术水平,改良种植模式及扩大营销人员队伍,为做大做强董家茭白打下坚实的基础。在接受访谈时,张永根也提到打算局部发展,不能盲目,一哄而上,要结合市场,有计划地发展,既要保证质量又要为茭农增收。在保证质量的基础上增加茭白附加值,使茭白进超市。

张永根希望政府能多出台有利茭农的优惠政策,比如提供产业化补助资金和大棚建设项目资金,建立行销大户奖励制度等。

相信凭借先进的种植技术、茭农们踏实勤劳的品质以及政府的扶持政策,董家茭白会发展得越来越好,董家茭白的名号也将越来越响。

滴尽辛勤汗　幸福满茶园

■ 文/汤亚萍

创业者档案

　　叶永明,男,1976 年 2 月出生。"勤勤恳恳"这四个字完整地概括了叶永明这个中年男子。叶永明出生在一个世代务农的家庭里,家里的经济条件不是很好,初中毕业叶永明就辍学在家,帮助缓解家庭的经济压力。他尝试了多种工作,包括种田、炒茶、上班甚至开黄鱼车等。艰辛的生活重担他勇敢地同时无法逃避地扛了起来。目前,家里有 5口人。叶永明现在专心在家经营着小片的水稻田和 7 亩茶园。

所在地情况

　　富阳市位于浙江省西部。东接杭州市萧山区,南连诸暨市、西邻桐庐县,北与临安市、余杭区、西湖区毗邻,总面积 1831.2 平方千米。"天下佳山水,古今推富春。"富阳山清水秀,天下独绝的富春江横贯全境,既富山城之美,又具江城之秀,是典型的江南山水城市。改革开放以来,富阳经济活力迸发,逐渐形成了造纸、通信器材、医药化工、机械电子、新型建材、轻纺、体育用品等特色产业和"国家(富阳)光纤光缆产业园"、"中国白板纸基地"、"中国球拍之乡"三大产业品牌,经济社会综合发展指数列全国发达县(市)第 30 位。总体来说,富阳是一个重工业、轻农业的地级市。想要在这样一个地方,用农业来换取一片天地,可以说是天方夜谭,但也正是对农业的忽视,给了叶永明通过农业创业的机会。

创业项目

龙井茶种植

创业感言

不要怕苦,不要怕累,路都是人走出来的!

创业故事

受降镇位于富阳市东北部,东临西湖区转塘镇,南与富阳市新民村和西湖区周浦乡相连,北接余杭市闲林镇,西靠高桥镇坑西片,离杭州 25 公里,距富阳市中心 8 公里,320 国道杭新公路穿镇而过,该镇工商业繁荣,经济发达,地属以产茶为主的半山区,有名特产东坞山豆腐皮,是杭州市小康乡镇、新农村乡镇。而我的采访对象——叶永明就是这样一个充分利用受降镇自然和经济优势开展自己茶业项目的农民。他充分利用受降镇适合种茶的自然优势和交通方便的社会经济优势,红红火火地发展了自己的种茶事业。

2010 年 2 月 2 日上午,我经过一番周折终于找到了这位朴实的茶农。叶永明家在一个小村子里,房子是一幢两层楼的小洋房,外面停着一辆五菱的面包车,两个儿子在大门前嬉戏打闹,一派其乐融融的景象。我到了之后,受到了热情的接待。然后,我要求去他的茶山看一下,他当即就答应了,并且亲自带我来到了他的 7 亩茶山地。正直冬天即将过去,春天即将来临,茶地里是一派生机勃勃的景象。一排排茶井然有序地立在那里,像是在接受检阅,又似乎是在夸耀主人勤劳致富的智慧与能力。另外,我发现一排排茶之间又间或种着一些其他农产品。

之后,我们下了山,在他家的客厅里,一边喝茶,一边闲聊,这也让我更加透彻地了解到这个中年男子坎坷的经历,也深深被他所具有的品质折服。现在将访谈整理如下。

从小贫穷无书读　承担重任无怨言

叶永明 1976 年 2 月出生在一个世代务农的家庭里。叶永明在同龄人之中显得格外聪明和懂事。在念完初中之后,叶永明的父母把他叫去,说道:"孩子,你几个哥哥姐姐上完了初中就不读书了,爸妈知道你学习成绩好,可是家里实在供不起你上学了,咱不去上学了,行不?"叶永明没说什么,只点了点头。那个时候,能上高中或者专科的人寥寥无几,叶永明也想早点为家里赚点钱,减轻父母的压力,所以也愿意辍学在家。但是,叶永明现在回忆起来说:"当时不懂事,不知道知识的重要性,现在也没后悔药可以吃了。现在我已经深深感受到了没有知识做很多事情都束手束脚的,因为自己不懂。如今只希望自己的两个儿子能够好好学习,掌握好科学文化知识,不要像我这样,处处吃没文化的亏。"

叶永明辍学在家之后,想尽各种办法赚钱。开始的时候跟着爸爸妈妈去种田,保证家里可以揭得开锅,不要有了上顿没下顿的。可是渐渐的,叶永明说,他不再满足于仅仅有饭吃,于是他开始跟着一位老师傅学炒茶。炒茶很苦很累,尤其到了茶叶的收获期,天热,你还要在滚烫的炉子边炒茶。叶永明说:"那个时候,没有机器,只能自己手工炒茶。你不知道啊,热的时候外面有 35 度以上,炉子边就更热了,几把电风扇根本起不了作用,就一直流汗,背脊上全是汗。戴着手套,伸到锅子里面去炒茶叶,那真是烫啊。刚开始的时候,根本就没法炒茶叶,手上全是水泡。咬咬牙,坚持过来了,发现自己不戴手套都能炒茶叶了。现在想想,真的佩服自己当时的决心和毅力。如果不是当时的那份坚持,我想我现在还住在泥房子里,天天在怨天尤人呢。"

当时茶叶少,懂炒茶的人少,能炒一手好茶的人就更少,而且当时的茶叶价格高,于是叶永明也成了当时的稀缺人才,茶叶收获期帮别人炒茶叶,也能获得一笔不错的收入。叶永明说:"炒茶叶虽然辛苦,但当时的确帮家里减轻了不少负担,也为现在的这份事业积累了一定的经验。"

褪去最后一丝幼稚　成为两个孩子的依靠

叶永明说:"没结婚之前感觉不到自己身上的重担,当我身边多了一个人的时候,我努力想要给她幸福生活,因此我不得不努力去思考,应该怎么去赚钱,也正是这样我才逐渐走上了自己创业的道路。在以前,是无论如何也不会产生自己创业的想法的。"

是的,婚姻真的是人生的一次洗礼。只有经过了这神圣的仪式,孩子才能最终褪去稚气,真正成为一名能承担责任的成人。

为了结婚,叶永明借钱盖了一栋两层的新房。可以说,刚结婚的时候,家里穷的一分钱都没有。转眼,第二年,叶永明做了父亲。任谁都想不到,竟然是双胞胎。望着可爱的双胞胎,叶永明发了愁。一下子两个孩子,从奶粉、尿布到以后上学,甚至结婚,这一路的成长都需要钱啊。可是,现在他的经济条件根本无法同时负担两个孩子,而且家里还有老母亲要赡养。生活的重担一下子变得千斤重、万斤重,压在叶永明身上,让他喘不过气来。他说:"那段日子,现在想想都觉得害怕。"每天晚上,他都躺在床上,左思右想,翻来覆去,想的就是如何把这两个孩子养大,让这两个孩子有出息。夜晚,每每听着孩子的哭声,他的心里都在淌血。他只知道,现在他是两个孩子和妻子唯一的依靠,他必须要更努力给他们创造一个幸福的生活。

在这样的情况下,叶永明跟妻子提出了自己想要开茶庄的想法,这一方面可以发挥他的技术特长,因为叶永明炒得一手好茶;另一方面也可以赚钱,让两个孩子能够健康成长。本以为妻子会说,家里已经没几个钱了,如果还要自己投资茶庄,这样日子怎么维持下去。但是出乎意料的是,妻子很赞同,而且马上和自己娘家商量,问娘家要了开茶庄所需要的第一笔投资。就这样,叶永明踏上了他的征途,如一个剑客般,无畏无惧。

茶庄历尽千万苦　幸福初现新芽儿

可以说茶庄的建立很不容易。富阳本来就重工轻农,再加上毗邻杭州,杭州主城区用地已越来越紧张,不断向外扩展,富阳无疑是首选的地方。这样能用于种植的土地就很少了。而且杭州梅家坞的茶叶闻名全国,几乎已经垄断了整个龙井茶的市场。开茶庄赚钱面临着重重困难。叶永明是如何克服这些主观、客观的困难呢?

叶永明说:"当时,岳父拿了钱给我开茶庄,我本想把茶庄规模搞大,把整座山都承包下来,但是出于各种原因,村政府不让我承包这么多土地,最后我只拿到了 7 亩土地的承包权。"另外,我在采访中得知,当时村政府出了一个规定,承包土地最多只能承包 5 年。这下可愁坏了叶永明。因为 5 年,刚刚是茶苗长大,产量最大,可以赚钱的时候,如果在这个节骨眼上丧失承包权,无疑会遭受很大的损失,之前的艰辛,可以说都是为他人作嫁衣裳。这个政策的出台,给了叶永明重大的打击,他甚至产生了放弃开茶庄这一决定。那几个晚上,叶永明夜夜失眠,就想着如何能延长自己的承包期限。

"自己势单力薄,就可以联系那些和自己一样的人,因为我们有共同的利益点。"叶永明最后联系了几个也是在承包期限上存在问题的农民,和村政府进行了一次交涉,最后将 5 年的承包期限改成了 10 年,并且 10 年期满后,如果要继续承包土地,可以优先考虑。

第一个困难算是解决了。叶永明自己也说:"当时就觉得自己松了一口气,担子一下子轻了不少。"可是,大家都知道,前方充满着艰辛困苦。叶永明要走的路还很长,要承担的重担还很多。

土地的确是有了,可是面对长满杂草的土地,该如何下手呢?最终,叶永明说:"反正我是花不起钱雇人来帮我开荒的,我只能靠我自己。"于是就背起了锄头,天天早出晚归,一个人面朝黄土背朝天,默默地开始开荒。当时叶永明心里特别着急,7 亩土地,虽说不是特别多,但是,若完全凭一己之力开荒,也需要花很长的时间,不知道会不会错过种植茶苗的时间。经受着心理和生理的双重考验,叶永明坚持了下来。他通过自己的苦干,终于在种茶苗之前,把整整 7 亩的土地开垦出来了。

接下来就是茶苗的播种,这个过程也充满着不确定。刚开始的时候是茶苗的选择问题。茶苗种类繁多,到底选择哪一种,叶永明也犯了愁。由于没有知识,没有经验,叶永明只能跟随大家,选择种龙井。现在想来,叶永明说,其实当时不应该这样,有更好的选择,比如说,应该选择多支品种一起种植,岔开它们的收获期,这样既可以延长总体收获期,又可以减轻劳动强度。所以,叶永明说了一句:"当时是吃了没文化、没技术的亏啊!"他希望政府能提供技术上的更多支持,为农民多办讲座,普及农业文化知识。

问起叶永明现在最大的困难是什么,叶永明叹了口气说:"眼下最难的问题无疑是销售。上好的新茶炒好了,可是往哪里卖,怎么卖,卖多少,全是未知数。不像粮食,会有政府以合理的价格来收购,茶叶的销售必须靠自己。"可是叶永明根本无法建立起完善的销售渠道,他只能背上晚上炒好的茶叶,第二天一大早就去市区卖茶。可以说,茶叶可以采摘的那两个月,叶永明一天也无法睡觉,晚上炒茶,白天卖茶。

在卖茶的过程中,叶永明也遇到了很多困难。叶永明生长在农村,秉性淳朴,不善言谈。刚开始几天,叶永明的茶叶根本卖不出去。早上背多少出去,晚上就照样拿多少回来。他怎么也无法突破自己心里的那道关卡。最终,心中的责任感战胜了恐惧,叶永明想让自己的家人能过上好日子,他不得不改变自己。于是,他开始叫卖茶叶。由于叶永明种植茶叶的土质好,炒茶技术也好,他的茶叶质量数一数二,所以走出了第一步,接下来就轻松多了。第二年,就有老顾客自己找上门来买叶永明的茶叶。

渐渐的,茶叶的生意走上正轨。每年采茶时节到来时,叶永明都会雇一些短工帮忙采茶,自己和妻子两个人负责炒茶。茶叶的销售,叶永明则委托给了茶叶大户,让其帮忙销售。这样一来,叶永明压力小了很多。每年在茶叶收获的那两个月,叶永明的净利润可以到达七八万元,日子也渐渐走上了正轨。

问及目前叶永明在种茶方面还有哪些困难,叶永明直言不讳地说,困难真的还有很多。经过笔者整理,困难主要体现在以下几个方面:

(1)人工费用的增加。由于人工费用的逐年增加(即雇人采茶的人工费用的增加),叶永明自己的净利润也在逐年减少。

(2)技术支持不够。叶永明自己虽然会买很多书、光碟,自学如何除草、杀虫、施肥,但是他深切地感受到这些只是九牛一毛,他希望能有更多技术方面的帮助。

(3)富阳农业创业氛围不浓。人们创业主要集中在工业上,比如造纸、化工等,进行农业创业的人不多。同时,发达的工业也没有良好地反哺农业,这两者之间的不平衡抑制了农民的创业积极性。

(4)政府的扶持力度不够。现在"三农"问题是国家关注的焦点,可是叶永明并未深切地感受到这一点。他认为政府对于农业创业应给予更多的支持与帮助。

想方设法扩规模　发展遭遇新壁垒

"与时俱进",叶永明说,"就算是农民,这品质也少不了,要不然迟早被社会淘汰。"随着科学技术的进步,叶永明逐渐用机器代替了手工炒茶叶,很大程度上提高了茶叶产量,也减轻了叶永明的压力。

与此同时,他也在思考,他满足于这样的现状吗?他的茶庄只能止步于此吗?思来想去,他给自己制定了两个计划。第一个,可以称之为小计划。茶庄一年仅仅只有在茶叶收获的那两个月忙,其他的时间他除了照顾茶叶的生长,无事可做。于是他计划在空闲的土地上,种植其他季节收获的经济作物,这样不仅自己的时间能充分利用,而且土地也能得到充分利用。最终,他选择种植西瓜和玉米。

毫无疑问,由于缺少经验,第一年,西瓜和玉米的种植是完全失败的。西瓜不甜,瓜瓤也不红。眼看所有收获的西瓜都要烂在地里了,有人给他出了个主意,说是有一种药水,涂在西瓜表面,可以让里面的瓜瓤变红,这样比较容易卖。叶永明听了,开始有些心动,但是仔细揣摩,加了药水的西瓜肯定会对人体有害,与其做这样的亏心生意,愧对自己的良心,一辈子抬不起头来,还不如自己来承担这次的经济损失,就当是经验的累积。虽然这次种西瓜亏了不少钱,但叶永明说:"至少行得正,不管做人还是做生意都要对得起自己的良心。"叶永明的第一个计划现在还在落实中,而且随着经验的累积,已逐步扭亏为盈,走上正轨。

叶永明的第二个计划目前还没有实施,或者可以说,这个计划已被扼杀在了摇篮之中。叶永明花了很长时间给自己的茶庄制定了一个发展的蓝图,主要是模仿那些成功的农业创业人士,建立一个生态农业圈,仅仅将茶叶作为这个圈中的一环。叶永明打算发挥当地豆腐皮产业的特色,建造一个豆腐皮厂,利用豆渣来养鸡养鸭,再用鸡鸭的粪便来浇灌茶庄这样的循环经济。除去资金、土地、人力、技术这些困难,叶永明遇到了他没有办法克服的困难。

在叶永明准备投入到他用毕生心血设计的蓝图中,传来了当地即将拆迁的消息,叶永明无法盖他心中的那座城堡了。拆迁的消息后来被证实,当地已经租给房地产公司,开始建造别墅园和住宅区了。叶永明颤抖着签下了拆迁同意书,这也意味着他的梦想破灭了。

创业脚步永不止　转换方式续事业

可是当那座殿堂倒塌的时候,心中的那种失落感、挫败感、无助感、迷茫感和空虚感,你能体会么?叶永明当时就处于那样一种状态。他有些恨自己,为什么没有能力完成自己的梦想?他想自己的事业没有了,这是不是意味着自己再也无法承担这个家庭的责任了?不行!他必须继续走下去。思索了一阵子,叶永明想开了,豁达了。用我们经常说的一句话:上帝关上一扇门的时候,肯定也会为你打开一扇窗的。叶永明也这么觉得,这条路走不通,并不代表所有的路都走不通,他要更加努力地去发现　上帝为他打开的那扇窗。目前,他的初步想法是走工商创业这条路。"人总是自己做老板,为自己干活的好。"叶永明这样说,他不想去打工,因为觉得那样自己的人生价值没办法充分体现。

叶永明,一个将家庭责任、社会责任牢牢记在心上的人,因为生活压力,他走上了自己创业的道路,并且在这条路上,用自己辛勤的劳作换来了一路美丽的风景。这条路上,叶永明走得并不轻松,到处可见他的汗水,可见他的泪水。虽然那条通往茶园的路断了,通往自己心中城堡的路断了,我们仍衷心祝福,希望他能开辟一条新的道路,一条通往幸福的富裕之路。

采访完叶永明,心中充满了感动。他的那份责任、那份执著、那份忍耐,给了我太多太多的触动。他是一名普通的农民,但他也是一名真正的创业者。他身上兼具农民的朴实和创业者该有的素质。我相信,如果能够坚定不移朝着自己的目标走下去,他的成功只是时间问题。衷心祝福他,也衷心祝福他的家庭。同时,我也希望能有更多的人从事农业创业,为我们国家的第一产业作出自己的贡献。

茶园里的多元化创业之路

■ 文/艾 缘

创业者档案

盛善学,男,1966 年 11 月 8 日出生在一个小山村的一户普通农民家庭。他自幼家庭贫困,只接受过小学教育。现一家三口居住于安吉县溪龙乡白茶街。现种植和经营优质茶园 500 余亩,同时经营着一个投资 1200 万元的休闲山庄。曾在 2006 年受邀为中国茶友会特邀嘉宾,并多次受到各级有关部门的表彰。他在农民创业多元化之路上走在了前列,已成为村里人学习的典范。

所在地情况

溪龙乡位于浙江省安吉县东北部,区域面积 32.25 平方公里,辖 6 个行政村,76 个村民小组,0.86 万人口,是一个半山区半平原的小乡。11 省道和西苕溪穿境而过。物产资源丰富,盛产安吉白茶和建筑砂石。经过多年努力,已成为安吉工业经济强乡、湖州效益农业大乡和中国著名的白茶之乡。随着规模的扩大,溪龙乡的农业产业化进一步加速,积极打造了万亩白茶、千亩花卉苗木高效生态农产品基地,其中以安吉白茶经济发展最为引人注目,实现了农民致富和农业的快速发展。

创业项目

安吉白茶、休闲农庄

创业感言

做自己喜欢做的事。人活着不仅仅为了吃饭穿衣,更要去承担应尽的社会责任,献一份爱心,这样人生才会充实有意义!

农民创业不能局限于第一产业而不思进取,只有走多元化之路,才能使企业走上快速发展的道路!

创业故事

浙江省安吉县溪龙乡,地处浙江北部,地理位置比不上沿海的很多地区,铁路和高速公路都还没落成,但是当地农民却凭借一棵白茶苗而纷纷走上致富的道路。然而盛善学不仅仅满足于从事农业,在种植经营白茶而获得了第一桶金之后,又大手笔转投休闲农庄。在 2008 年,盛善学投资 1200 万元兴建了休闲农庄,主打餐饮和观光休闲。一位农民何以有这样的举动,在这种转型背后又有着怎样的考量?怀着这样的疑惑,我走进了盛善学的生活,探究其创业背后的故事。通过亲友的介绍,我预约盛善学进行了一次访谈,并完成了本报告。

命途坎坷　磨砺了他坚韧的品格

盛善学出生于一个普通的农户家庭,只接受过小学教育,从小家里非常贫困,生活历尽艰辛。他至今还清楚地记得 10 岁那年上山打柴而砍断了一根手指的经历。小学毕业后,他就开始从事繁重的农活,却因为气力小和文化程度低而在求职的过程中屡遭拒绝。1985 年,年仅 19 岁的盛善学去了南京的一家建筑工地干活,每天的生活费只有一元。那时还没有建立劳动保障制度,他受尽包工头的苛刻。在结算工资的那天,包工头竟然跑了,一年的辛勤劳动也就泡了汤。那时的他正值血气方刚之时,一想到包工头这种可耻的行径,恨不得将他找出来痛打一顿。从此以后他便立下志向,以后要是自己做了老板,说什么也决不能克扣员工的工资。回家后,盛善学开始喂养母猪。母猪临产前需要大量的饲料来增加营养,盛善学因为没钱买饲料而导致母猪越棚,最终致使小猪死亡,一年的希望又落了空。在接二连三的打击之后,盛善学身心俱疲。但是生活还得继续,于是他又借钱做起了贩卖西瓜的生意。他观察到苏南地区对于西瓜的需求,就收购本地的西瓜到苏州、常熟等地贩卖,终于赚到了第一笔钱,生活开始好转。然而天有不测风云,由于父母病重,盛善学借了高利贷数千元,又回到了负债累累的境地。回忆起当年的这段时光,虽然没能挽留住父母的生命,但是他觉得自己尽到了一个儿子应尽的责任。

困难重重　提升了他的创业能力

2004 年溪龙乡黄杜村村委班子改选,盛善学进入了村委会并担任治保调解工作。在 2004 年至 2008 年这段时间是他学习的最佳时机。正是在走访和调解的过程中,盛善学得以更加深入群众当中。在接近群众、了解群众的过程中,盛善学对于农村经济又有了进一步的认识,掌握了很多有用的讯息,对于政府制定的相关支农政策有了更进一步的学习和体会,为后来创业融资提供了便利。

80 年代,农科所的一名普通技术员盛振乾在安吉大溪的深山发现了一株数百年的老茶树,并剪取了数十支进行无性繁殖。在繁殖成功后,盛振乾开始带头种植白茶。当时由于对白茶知之甚少,村民都不敢投入资金,盛善学也保持了足够的谨慎。随着白茶的知名度日益提高,白茶产业开始蓬勃发展。看到白茶市场份额日益增长,已经步入良性发展的轨道,盛善学于 2005 年在黄杜村承包了 327 亩荒山,一次性付清 45 年的经营权款共计 48 万元。当问及资金的来源,盛善学开始道出当年四处借钱的苦水。资金自己出了少量,更多的是向村民高息借的,为此他不知费了多少次嘴皮子,找了多少熟人筹集款项。他提出,农民的一些财产和土地不能作为银行抵押的依据,这也成为农民致富的巨大瓶颈。为此,农民只能够去借高利贷,从而要承担巨大的资金风险,最终的结果是将很多志在创业的农民挡在了门外。他甚至提出如果银行真的要为农村服务,要进行创新,就应该首先去了解和熟悉"三农"。真正能够服务"三农"的融资合作不是单一的物产抵押,而是需要根据创业者的思想成熟度、项目可行性分析,以及创业者过往的信用记录来进行综合的评估,从而为更多有潜力的项目提供机会。从这样一个只有小学文化的农民口中,竟能听到如此多的真知灼见,我不禁深感佩服。这正是善于思考、善于分析的特质的流露,而正是这些特质带领他一步一步走向事业的高峰。

在借到钱之后,盛善学马不停蹄开始购买茶苗、雇佣工人。由于刚刚迈入白茶种植经营这个领域,对于如何管理茶山、如何进行加工,以及如何开拓市场,他都知之甚少,遇到了很大的阻力,也承受了很大的压力,特别是由于投入较大,遭到了家人和亲戚的反对。盛善学排除一切阻力,开始苦心经营自己的白茶园。但是由于缺乏相关的经验,第一年的经营情况并不是很好。此时家人的反对又开始升温。但是盛善学总结了经验,得出不能赚钱的原因并不是这个产业发展前景不好,而是自己还未入门。之后的一年,盛善学对于白茶的种植加工和销售积累了很多宝贵经验,如果这个时候放弃,就等于之前的努力全部付诸东流。由于能够正确地总结经验,认识到自己的不足之处和问题的根源,盛善学作出了正确的决定——不是削减而是扩大种植规模!第二年,盛善学压缩一切不必要的生产成本,向一些普通的农户学习种植经验,并请来了品茶专家对自己茶叶加工进行指导。同时他的斗志比以前更加昂扬了,总是带着极大的热情倾力经营自己的茶厂。结果在那年年底,盛善学的茶厂销售收入就达到了 800 万元。

多元发展　拓宽了他的致富之路

是应该继续种植茶叶,扩大种植规模还是为资金寻找一些其他的出路?此时的盛善学已经不满足于固有的第一产业。而且经过分析和调查,他发现茶叶种植和经营存在一些瓶颈。首先,茶叶易受天气的影响,特别是霜冻和干旱,容易造成茶叶的减产,甚至会出现"颗粒无收"的境况,因此茶叶在带来高收益的同时也意味着高风险。第二,随着白茶种植规模的扩大,市场对于劳动力产生了巨大的需求,这也直接导致了茶叶采摘成本的直线上升。第三,很多县市的农户在安吉白茶产业快速发展的带动下也纷纷开始将白茶列为重点扶植的产业。这也直接导致了市场上白茶供应的急剧上升,而同时在市场开拓方面的步伐却没有跟上,从而导致了市场上供需的不平衡。考虑到种种的制约因素,盛善学开始寻求新的商机。通过对市场的观察,盛善学发现目前休闲农庄发展非常迅速,越来越多的城里人开始走出城市,到休闲农庄体验农家生活。盛善学想到,如果在充分利用白茶产业资源的基础上,开展餐饮业和休闲观光产业,利用休闲农庄的形式将二者加以整合,使更多的城里人能够体验农家风味,感受农家生活,就可以最大限度地利用现有资源,使企业能够得到快速发展。说干就干,2008 年,盛善学利用原有的企业厂房和茶园作为抵押,融资 1200 余万元,投资开办了旭升山庄。由于他之前从事的一直是农业，现在进入餐饮业，没有经验，摸不着门道。餐饮业不像农业，需要综合考量服务质量，从每一个可能的细节中提升服务品质。客户注重的是餐饮的口味和服务质量，这就对管理的模式提出了新的考验。对此盛善学提出了自己的见解，他认为管理者心要细，肚量要大，引导团队加强凝聚力，遇到问题时，能够在第一时间通过沟通达成一致意见。

在山庄开办之初，盛善学的生意并不是很好，山庄里人迹寥寥，顾客并不是很多。盛善学仔细进行了分析，认为这与宣传力度不够有关。事实上，很多潜在客户缺乏了解山庄的途径，他们也许有这个需求，但是企业仍然需要将这种需求引导过来。盛善学想到了打广告，而这又是一笔不菲的费用，但是盛善学心中深知这是能够拓展客源的唯一途径。他将客源定位在对于农家风味有体验需求的城里人，同时他看到很多城里人会自驾游安吉，而自己的山庄在很多上海游客的必经之路上，为何不将自己的山庄发展成为一个中转站呢？于是他在上海游客的必经道路上竖起了大型的广告牌。同时他也积极与多家旅行社展开合作，争取一些组团客。此外，他还费尽心思为游客提供更多高附加值的服务。山庄本身优美的自然风光是一个方面，同时他还为很多有需要的游客提供参观茶园体验农家生活情趣的增值服务。果然，在他多管齐下的举措之后，山庄的客源逐渐增多，销售额也稳步提升。更令他欣喜的是，通过客人之间的口耳相传，他吸引了很多老客户介绍的新客户，这也为山庄的优质服务提供了明证。

当问及接下来的打算时，盛善学激动地描绘起未来的蓝图。他说2011年将新增土地250亩，进行旭升生态园（茶博园）的建设，分二期实施，计划一期投资3000万元人民币，用于农业设施、休闲观光、农耕文化体验、茶食茶艺、现代服务为一体的农业多功能综合园。而多元化一直是他贯穿始终的一个思路。在他看来，农业受天气因素的影响较大，而多元化正是能够抵御风险的绝佳办法。通过多元化，可以分散风险，使本来单一因素变化造成的影响降到最低。同时多元化可以集中资源，为客户提供高质量的增值服务，使原来分散的客源集中起来。通过打造餐饮观光体验于一体的产业链，使企业的综合效益得到质的提升。

这就是一位普通农民盛善学的创业之路。总的来说，我在他身上看到的最关键的特质就是勤于思考，善于分析。他在当村官的这段时间内深入地了解到农民小富即安的心理。但是他自己并不满足，他要做的不仅是提升自己的生活水平，更要探索一条农民创业的多元化之路。

与此同时，盛善学的创业也给周围的农民兄弟带来越来越多的影响。首先，他的企业为很多农民提供了直接的就业机会。其次他在基础设施上投入了很多，投资修了道路、水利和供电设施，供大家公用，并在茶园管理、技术指导、市场信息等方面给农户们提供了很多的指导。

这就是盛善学，一位善于思考，敢于挑战自我的农民创业者，相信他，也祝愿他能一直追随自己的理想，在农业创业的多元化之路上越走越好！

粒粒黄金豆　脉脉乡土情

■ 文/国　辉

创业者档案

　　姚加顺，1966 年生，从事农业种地已经 30 余年。每年经营土地约 300 亩，其中主要种植作物为大豆，同时种植少量毛葱、大葱、土豆等经济作物。在种植大豆的这些年中，自行研究并创造了适合黑龙江土质的播种、除草、收割等一系列种粮体系，并通过多年的妥善经营，获得了相当高的经济效益，在改善家庭生活条件的同时，也在一定程度上为家乡的大豆产业作出了相应的贡献。

所在地情况

　　齐齐哈尔市克山县素有"北国明珠"之称，位于黑龙江省西部、齐齐哈尔地区东北部，是国家级生态示范县、全国双拥模范县、首批国家级食品安全示范县、国家重点商品粮基地县、国家重点大豆基地县、国家重点马铃薯基地县。全县辖区面积 3320 平方公里，耕地面积 302 万亩，辖 6 镇 9 乡、122 个行政村和 9 个农林牧渔场，总人口 50 万，其中农业人口 38 万。

创业项目

　　非转基因精品大豆种植。

创业感言

踏踏实实做事，老老实实做人，为家乡造福！

创业故事

大豆作为我国加入世界贸易组织之初最早全线开放的农产品，其整个产业正遭遇国际企业和国外大豆生产垄断的危机。有关专家认为，我国大豆产业已处于不安全状态，国家应关注大豆产业战略安全，尽快采取有力措施。

据了解，目前已进入我国市场的美国 ADM 公司收购了华农集团湛江油脂厂；美国邦基公司收购了山东日照油脂厂、菏泽油脂厂等企业；美国嘉吉公司收购了华农集团东莞油脂厂、广东阳江丰缘集团等企业，还在南通新建了年处理 300 万吨大豆的油脂厂；新加坡来宝集团收购了广西钦州大洋油脂厂；新加坡丰益集团分别在山海关和青岛新建了年加工 150 万吨和 120 万吨大豆的油脂厂。中国工程院院士、国家大豆改良中心主任、南京农业大学大豆研究所首席教授盖钧镒说，我国大豆加工业正在遭遇外资"控盘"危机。

这次寒假，我受浙江大学中国农村发展研究院委托做一个关于农业创业的国家课题调查，调查总结将为国家制定有关支持农业创业的政策提供帮助。因此，我于 2011 年 1 月 25 日至 2011 年 2 月 20 日期间，在我的家乡黑龙江省齐齐哈尔市克山县发展乡做了相关的调查。其中，以种粮大户姚加顺为例，对黑龙江目前大豆产业发展提出相应看法。

艰辛路上　有你有我

齐齐哈尔市克山县素有"北国明珠"之称，位于黑龙江省西部、齐齐哈尔地区东北部，是国家级生态示范县、全国双拥模范县、首批国家级食品安全示范县、国家重点商品粮基地县、国家重点大豆基地县、国家重点马铃薯基地县。全县辖区面积 3320 平方公里，耕地面积 302 万亩，辖 6 镇 9 乡、122 个行政村和 9 个农林牧渔场，总人口 50 万，其中农业人口 38 万。

克山县地处世界三大黑土带之一的腹地，境内环境良好，资源丰富。天然苏打水、冷矿泉质优量沛，风力资源和蘑菇、蕨菜、黄芪等数百种野生食用、药用植物具有很高的开发利用价值，盛产的大豆、马铃薯、亚麻、杂粮闻名遐迩。滨北铁路和碾北、拉宝、克拜、讷五、克农公路横穿克山县境，全县公路硬化率达到 85％，全部乡镇、新农村试点村和农产品基地公路水泥硬化率达到 100％，交通便利；网络、邮电、通信全县覆盖，信息快捷；中国工商银行、中国农业银行、中国农业发展银行、中国建设银行、中国银行、联社等金融机构在克山都设有网点，服务齐全。

本文主人公，姚加顺，是一个土生土长的克山人。他从 13 岁开始就跟随父母种植并经营政府给家里分配的 30 亩田地。结婚以后，先后生育了 4 个子女。为了改善家里的经济条件，他不甘于只耕种政府分配的少量土地，因而独自一人与当地政府协商，在克山农场承包了 100 亩地。当地政府为了促进地区的经济发展和改善农民生活条件，应允了姚加顺的要求，并在资金上给予了一定的支持。

最初的几年，姚加顺就用这 100 亩地所赚的资金，逐步扩大经营范围，生活条件也随之改善，成为了家乡走在前列的致富之人。但是他在自己富裕了以后，并没有忘记身边的亲人，他将自己未来的发展放在一边，先帮助身边的人富裕起来。他先后为两个弟弟提供资金，在耕种及收割时，给予他们一定程度上的技术支持。同时，姚加顺也加紧扩大自己承包土地的范围，现在三兄弟每年在农场承包土地近千亩，成为当地数一数二的种地大户。三兄弟的成绩，使当地群众感到由衷的羡慕，当地政府也为他们感到骄傲。同时，随着国家取消农业税，并给予一定程度上的粮食补贴和大型农机具补贴，当地政府积极鼓励农民大量承包土地，将土地大面积集中，运用大型农机具统一作业，大大提高了生产效率和经济效益。

在调查中我们发现，在姚加顺取得可喜成绩的同时，也付出了许多辛劳和汗水。姚加顺曾说，农民是体力劳动者，不同于公务员或者坐办公室的白领，是脑力劳动者。农民没有工资，没有福利，没有劳保，只能靠自己的双手去劳动，劳动一天才能有一天的报酬，要是不劳动就什么都没有了。现在农民穷，并不是因为农民懒，怕劳动，而是农民干什么都不好挣钱，多了砍，少了赶。农产品多了，卖不出价钱，只有赔钱；农产品少了，那就更是赔钱了。

"当初自己要承包土地的时候，家里人并不是很同意，母亲甚至还十分反对。虽说当初母亲的想法有些小农意识，但以当时的环境来说也是无可厚非的。母亲是怕我万一赔了怎么办？本来家境就不是很好，完全是靠天吃饭，靠地挣钱。当时连承包土地的钱都没有，还需要向政府贷款，如果赔了就无法翻身了。说实话，我当时真的有些动摇了，毕竟是自己的母亲，她也是为了我好。做儿女的怎么能让父母为自己操心呢？可是，另一方面，我的父亲却是非常支持我的，认为男子汉大丈夫，不用害怕赔钱，想做什么就做什么，如果钱实在不够，家里砸锅卖铁也支持你！家里的争论一直都在持续，那段时间现在回想起来都难受。父母的不同意见对我的影响无疑是巨大的。为了让二老都满意，我本想承包 200 亩土地，后来改为 100 亩地。一年后，证明父亲的看法是正确的，我的坚持也是对的。第一年，我挣到了 1 万块钱，母亲也由衷地为我高兴。看着家里的日子一天天好起来，我的心里也是喜滋滋的。"

政府向姚加顺提供的贷款无疑是最重要的，但是如果没有姚加顺一直以来对自己想法的坚持，也不可能成功迈出走向富裕康庄大道的第一步。虽说这对促进当地经济发展影响甚微，但对于姚加顺这个代代贫困的农民来说却是意义重大的。取得的成功坚定了他扩大土地规模的决心，更增强了他对未来能过上好日子的信心！

但是，通往富裕的道路并不总是一帆风顺的，就像孟子说的"天将降大任于斯人也，必先苦其心志，劳其筋骨，饿其体肤，空乏其身，行拂乱其所为，所以动心忍性，增益其所不能"。

有一年，天气一直阴雨连绵，对于普通的农民来说，这就是灭顶之灾。姚加顺承包的地，虽说有一部分是旱岗地，不怕这些雨水天气，但减产是一定的了。在那一年中，姚加顺承包的 300 亩地，产生的经济效益不容乐观，综合算起来，亩产才 110 公斤左右。按照当时的大豆价格来算，再除去种子、化肥、农药，以及播种、收割等一系列人事费用，入不敷出。政府得知这个情况之后，马上找到了姚加顺，给予他亲切的慰问，并承诺如果他在下一年仍想承包土地，可以让他优先挑选土地，并在承包土地的价格上给予一定的优惠。姚加顺也没有被这一次的灾难所打倒，因为他不是一个人，他还有亲人的关怀，政府的支持。自从那以后的几年中，姚加顺妥善经营，时刻关注天气状况，进而采取相应措施，终于过上了小康生活。

抓住机遇　遍地是宝

当谈到对未来的打算时，姚加顺信心满满！现在仅种植大豆已经不能满足他的需求了，姚加顺打算从事大豆深加工事业。这并不是普通的深加工，而是以黑土地上产出的原大豆为原料自行压榨而出的，没有转基因，没有其他不利于身体健康的因素存在。

几年前，黑龙江省作为大豆主产省，几乎每个县都有油厂，有的县甚至有两三家油厂。这些油厂大多为国有企业，但是这些都是属于"小作坊"类型，压榨能力十分有限。随着国内产油行业的竞争日趋激烈，导致黑龙江省产能过剩，这些油厂由于管理、资金、产品质量等原因无法适应激烈的竞争环境而被淘汰。剩下的油厂或由私人租赁，或改为股份制，目前可以称之为国有，并在国内有影响力的品牌只有"九三油脂"。

在采访中，姚加顺曾说，"黑龙江是产油大省，可是有影响力的企业却没有几家，这太不正常了。其中当然有很大一部分原因是受外国进口大豆的影响。但是，我们也有很大的优势。黑龙江是世界上最大的非转基因大豆种植地区，还有可能成为唯一的非转基因大豆种植区。转基因产品没办法保障安全问题，所以许多人对转基因大豆还是不敢尝试的。即使我们产的豆油价格稍微高一点，消费者还是愿意买我们的豆油，毕竟知根知底。"

说实话，姚加顺的这种分析很有道理。按照黑龙江省的现状，省内目前有油厂 160 家，日压榨能力 3.762 万吨。但自从 2005 年开始，先后有近 100 家油厂处于停产、半停产状态，到目前只有近 60 家维持生产。维持生产的油厂日压榨能力为 1.899 万吨，占总压榨能力的 50.48%。黑龙江省的油厂大多数为 100—400 吨的中小企业，目前该省压榨能力在 1000 吨以上的油厂只有五家，其中"九三油脂"集团独占四家。

黑龙江省豆油销售区域性比较明显。以四家"九三油脂"的企业为代表的区域性企业集团已将黑龙江省的豆油消费市场完全细化分割，使黑龙江刚诞生的豆油市场竞争局限在小区域内，各区域间的竞争相对较少。由于黑龙江省大豆收购价格不统一和这种区域性销售的特点，致使该省豆油价格在省内市场存在较大差异。

款款真情　寄语后辈

姚加顺是个普普通通的农民，甚至连小学都没有念完，他的成功全靠自己一股子不服输的韧劲和不怕困难的精神。踏踏实实种地，本本分分做人，从最初仅有的 30 亩地，一直到目前经营的 300 余亩良田，不仅使家里人过上了好日子，也带领同村人发家致富起来。

在采访中，我也提到，假如大学生在农村或者农业中发展，最需要的品质是什么？将来的出路又在哪里？

姚加顺给了我这样的回答："对于我个人来说，我十分欢迎像你们这样的大学生来农村发展；对于国家来说，更需要你们这些大学生来建设农村，农村以前过的日子实在是太穷了。农民们都穷怕了，很多人都不敢作出创新的举动，都是把钱抓在手里攒着，不愿意撒手。其实农村还是有很多资源的,只是农民不懂得利用。要是你们大学生过来,为农村发展出谋划策,还怕咱农村不富裕,农民不小康吗?"

他又说:"在农村,说实话,确实很苦,但这和以前相比确实好多了。你们首先要有不怕苦不怕累的精神,要发扬流血流汗不流泪、掉皮掉肉不掉队的艰苦奋斗精神。其次,你们要有友爱互助的理念。在农村,大家都是乡里乡亲的,抬头不见低头见,大家应团结一致,互相帮助。再次,你们要有不怕'吃亏'的态度。在农村,尤其是北方的农村。大家都不会斤斤计较,在你做事的时候,大家虽然有些时候嘴上不说,但是心里都有数,不要总想着自己那一点利益,要有'吃亏是福'的想法。最后,就是要充分发挥你们所擅长的,这些都是我们农民所欠缺的,互补长短,才能促进农村的长远发展。"

听了姚加顺的话,我思考良多。的确,人穷志不穷,才是农民创业制胜的关键。我想,不仅仅是创业,无论是谁,无论在哪,从事何种行业,都应该有这样的品质,这样的精神!

阿斌的养猪致富之路

■ 文/吕志鹏

创业者档案

吕国斌,男,1966 年 9 月出生,高中文化水平,在村里这属于比较高的文化水平。他曾从事蘑菇、花木等种植工作,早年还干过几年木工。他是同辈中年龄最小的,现有一子,是比较美满的三口之家。

所在地情况

新林乡王家庄位于浙江省新昌县,当地自然条件较差,山多地少,所谓"八分山二分地"。现所在村拥有 280 多户人家,交通便利,距城约半个小时车程,涉农产业包括花木、水蜜桃、板栗等种植业,另有肉猪、梅花鹿等养殖业,人均收入大约8000 元左右。

创业项目

肉猪养殖

创业感言

想干就好好干,一干就干到底。

创业故事

浙江新昌县山多地少、自然条件差,改革开放初期非常贫穷,90 年代初仍为全省次贫县。吕国斌正是身处这个山区小县下辖的新林乡王家庄村。

吕国斌是个土生土长的农村人,很有想法,并且是个肯实干的人,一直探索着自己的致富之路,经过十多年的摸索,终于走出了自己的养猪致富路。他的猪场现拥有5个猪场房,拥有肉猪500多头,每年给他带来不菲的收入。为了挖掘他的"致富经",我于2011年2月15日按约上门拜访了他,并形成以下报告。

拍板上路 "好,我就建猪场"

　　1999年以前,吕国斌先是种花木,后是种蘑菇,但是由于王家庄地域条件的限制和资金投入上的欠缺,两次种植都收入寥寥。为了找一条新的致富之路,吕国斌积极寻求,正巧在1999年得知邻村的吕师傅养了20头猪挣了一笔钱。于是,在1999年的下半年,吕国斌决定筹集资金办猪场。

　　然而,1999年,国家土地政策还不是非常开放,县土管局给吕国斌出了一道大难题,由于政策问题,在田造屋不予批准。吕国斌左右为难,随即找村里乡里的领导商量。农业副乡长考虑到当时县内养殖业才刚起步,既然吕国斌要搞,自然是全力支持,在对县土管局的几番游说下,终于答应吕国斌建猪场的请求,但是要求其交纳3000元的罚款以及2000元的押金。5000元再加上建猪场、引仔猪的钱可不是一笔小数目,面对这样的状况,吕国斌考虑再三,下定决心干下去,于是拍板说:"好,我就建猪场。"说干就干,在亲友、村干部、乡干部的支持下,吕国斌筹集资金,交了罚款和押金,盖起了6间猪棚,并一次性引进了大批仔猪。

　　到了2000年5月,第一批猪出栏,吕国斌淘到第一桶金1万多元。初尝甜头的吕国斌看到了肉猪养殖业的美好前景,决定继续扩大自己的事业,于是在2001年上半年,拿出自己的积蓄,又扩建了一个猪场房。阿斌的猪场在此次扩建以后,可以容纳肉猪近300头。吕国斌说,那一年,他靠着他的猪场净赚七八万元。

　　吕国斌的精心经营让他的猪场办得红红火火,靠着猪场赚来的钱,吕国斌家的生活得到了极大的改善。然而面对这样的良好局面,生性积极进取的吕国斌并没有止步于此,而是决定进一步地发展自己的事业。

求仔猪却中圈套 "我相信你能干好"

　　2002年,吕国斌又建起了一个新的猪场房,总计有13间猪棚。此时,一个新的问题摆在了吕国斌的面前,猪场的扩建使得当年低产的本地仔猪远远难以满足需要,当时的吕国斌并不拥有自己的母猪,也没有培育仔猪的技术,所有的仔猪都是从县内的一些培育仔猪的猪场和养母猪的人家里引进的。这使吕国斌不得不把目光转移向外县的仔猪市场,经人介绍,吕国斌得知在浙江江山有一个地方的仔猪不错,并且价钱也比较便宜,于是带上 10 多万元前往江山引进 200 头仔猪。然而令他万万没有想到的是,这次竟中了一个致命的圈套。

当吕国斌前往江山的仔猪场里看猪的时候,当地的猪场主向他展示了一批比较优质的仔猪,当面议价也非常爽快,吕国斌和他那天下午便谈妥了数目和价格,并约定第二天交货。然而,当吕国斌第二天去运猪的时候,那人竟使出了"掉包计",给了吕国斌另一批不好的猪。这种不守诚信的行为当即就被吕国斌发现,但是吕国斌提出不要那批猪时,当地的十几个大汉一拥而上,逼着吕国斌留下钱,运走那批猪,处在异乡的吕国斌不得不接受这个无理的要求,从江山把这批猪运回了自家的猪场。

不料祸不单行,起初以为只是品种差的这批猪竟然是一批病猪,不仅自身出现不吃饲料、发高烧的问题,还迅速在整个猪场里传播开来。这下可把吕国斌给吓坏了,整天忙着给猪用药打针,但是仍无法抑制这种病的蔓延。在万般无奈之下,阿斌只能眼睁睁地看着一头头猪发病,每天晚上又要将病猪运出猪场,进行深坑填埋处理。一周下来,阿斌猪场里的猪竟都没了,就剩下空荡荡的猪棚,巨大的损失和一周的劳累让吕国斌一下子憔悴了很多,好几天连饭都吃不下去。刚刚起步的事业遭受如此重创,着实让人难以接受。阿斌说,在那段日子里,他的体重从原来的 150 多斤迅速降到了 130 斤,天天闭上眼睛就是那帮人一拥而上的情景,头发也掉了许多,从他的后脑勺还依稀可见当时掉发的迹象。然而在当时那样的艰难境地下,妻子的安慰给了他莫大的鼓励,他清楚地记得妻子得知整个严重后果后不但没有埋怨他,而且对他说,"我相信你能干好"。

正是这一句"我相信你能干好",吕国斌渐渐意识到为了妻子和这个家庭一定要振作起来,无论多大的困难都要挺过去。于是,吕国斌买来了消毒用的烧碱,每天去猪场消毒,并清洗各个猪棚。平日里因为养猪非常忙碌的吕国斌,这时却有了许多空余的时间。他利用这些时间仔细地回顾了自己养猪的经历,特别是自己遭受挫折的那段经历。他得出一定要科学养殖,懂技术、懂预防的结论,同时给自己提出了"如何养猪,如何养好猪"两个值得思考的问题。在接下来半年的时间里,他参加了县里畜牧总站的专家咨询会和为期一周的培训,同时翻阅了大量肉猪养殖和疾病预防与处理方面的书籍。他说,当时去县里几个养猪户那里"取经"。经过这番努力,吕国斌终于掌握了许多肉猪养殖和疾病预防处理的技术,并决心要改变前几年的养殖方式,走出一条创新之路。

吕国斌说,那段日子给了我许多折磨,同时也让我有诸多的反思。从那以后我知道了面对问题、挫折的唯一出路,就是要认真总结,吸取教训,并且不断地学习。

新起点走出新路子 "这下松了口气了"

经过半年多的休整,2003 年 3 月,吕国斌要开始实干了。于是吕国斌向亲友借钱,向银行贷款,筹集资金 20 万元,新建了一个猪场房,有 10 间猪棚,都用作母猪的培育。特别引进优质母猪 25 头,搞起"自繁自养",即自产部分仔猪补充的新模式。这种模式是从未尝试过的,吕国斌说,当时他自己心里也没底,但是,选择了,就好好干,坚持到底,不断学习、总结,总会好起来的。

吕国斌吸取原来仔猪奇缺的教训,自家搞起仔猪供应,以应对仔猪奇缺时的窘境。然而,事事都是想起来容易做起来难,新的难题又出现了。2003年第一批母猪的产崽率很低,平均只有四五头。面对这种状况,吕国斌赶紧跑到了县里万猪场的高级畜牧师那里讨教,经过一段时间的理论学习和摸索实践,终于攻克了困扰他的"空怀母猪饲料调配及饲养"、"孕期母猪饲料调配及饲养"、"喂乳期母猪饲料调配及饲养"三大难题,同时掌握了母猪的用药和疾病处理技术,大大地提高了母猪的产崽率,在以后的母猪中,每头母猪每年可产崽二十三头。这样一来,猪场的仔猪供应终于有了可靠的保障。

2004 年,随着经营的好转,慢慢地,猪场的空间不够用了。于是,吕国斌又新建了一个猪场房,进一步扩大了猪场的规模。同时还在猪场的后面建了个菜园子,实时给猪补充蔬菜。

2007 年下半年到 2008 年上半年,吕国斌又迎来了新的机遇。这段时间猪肉价格普遍走好,最高的时候,一头猪可以挣到近千元。吕国斌终于把借款贷款都还上了。此时的他长舒一口气:"这下松了口气了。"同年他家也搬进了新盖起的三层小洋楼。现在回忆起当时的情景,吕国斌仍有一丝舒心的感觉。他说:"从那时起,我的猪场算是步入正轨,而我也终于可以稍稍安心了。"

两件事 "现在这样挺好的"

2008 年接近年末的时候,由县能源办公室牵头,带动县内几个猪场搞生态建设,筑起沼气池。吕国斌的猪场也在其中,于是双方共投资十万元改建猪场,筑起了沼气池。次年,沼气池完工。

因为生态建设,吕国斌说,猪场对村里的影响就更小了。虽然猪粪等可以作肥料,但是猪场产生的废物对环境的影响还是比较大的。他坦言,以前关于环保方面的问题是从来没有注意到。村里也有人提起过,但都只是随便说说,他本人也不大注意。现在沼气池建造完成,算是给村里和猪场添富了。虽然花了笔钱,但是是值得的。自己看见猪场周边的小溪都不再有猪粪的污染,变清澈了不少,心里也很舒坦。他说:"现在这样挺好的。"

当问到今后猪场的发展时,吕国斌谈到了另一件事。他说,政策上,他住的地方被划为钦寸水库的库区,这就意味着,以后他要搬离。所以,猪场的扩建就无法进行了,但同时具体的搬迁日子尚未公布,本来打算带动村里的人一起办猪场,现在也没办法了,只能按现在的规模这样做下去。当问他搬迁以后还会不会养猪,他说,看情况吧。

吕国斌的养猪致富之路可谓是走得跌跌撞撞,但最终由于他的坚持,他还是成功了。正如他那句感言:想干就好好干,一干就干到底。

弹指一挥间　养猪二十载

■ 文/朱碧帆

创业者档案

赵宝顺,男,1966年出生于浙江省绍兴县马鞍镇宝善桥,初中文化程度,毕业后赴上海做木工,后以养猪为生,养猪用地约两亩。赵宝顺是一个充满家庭责任感的人,也是一个"干一行爱一行"的人。他认为,养猪其实和做企业一样,最重要是管理。管理得好,一切事情都可以有条不紊地开展;管理得不好,天灾病害也在所难免。

所在地情况

宝善桥村位于马鞍镇中心,东与童家塔村相邻,南与袍江工业区一山之隔,西连寺桥村,北靠萧山区益农镇,镇政府所在地村,地理位置优越,离绍兴市区仅21公里。2003年全县行政村规模调整,宝善桥村由原园驾桥、南周坂、章村、马鞍四个自然村合并而成,全村现有总户数938户,总人口2821人,总面积2.3平方公里,有耕地面积1132亩,山林562亩,水域面积120亩。宝善桥政府以创建小康新农村为目标,以改变村容村貌为主线,以惠民实事工程为载体,以提高农民、富裕农民为前提的总体思路,大力推进社会主义新农村建设,并取得了一定成绩。

创业项目

养猪

创业感言

凭借祖传经验加自己的优质管理，一路走来还算顺利。

创业故事

20世纪90年代，市场经济的春风开始从城市涌起，许多人甚至还未弄懂市场经济是怎么回事，农民更是难以望其项背。这一阵风从城里吹到了乡下，吹到了农村。也许只是微风，却多少荡起了涟漪。那么，农民群体中那些领军人物，究竟是怎样艰难地赶上经济增长的步伐，实现自我突破、自我实现的呢？

邻里称道　朴素热情

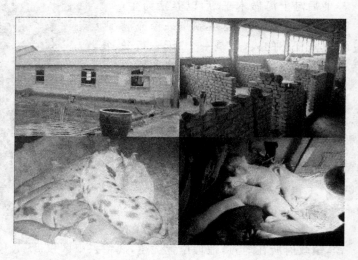

我在当地派出所民警同志的陪同下来到了浙江省绍兴县马鞍镇宝善桥赵宝顺家中。民警同志告诉我，尽管赵宝顺没有获得过荣誉称号，不能美誉为养猪界的领军人物，但却是当地远近闻名的养猪大户。当地的小学参观创业园、社会实践调查都是去他家，而且赵宝顺对待客人都热情诚挚。

赵宝顺的家，无论从占地还是装修都不逊于城市里的别墅，亮堂的客厅，宽敞的庭院，还有自家车库和屋顶花园，生活得有滋有味。

赵宝顺带着派出所民警同志和我参观了他的养猪场。据他介绍，大部分猪已经在年前售出，剩下的都是些个头发展空间尚大的猪。赵宝顺的猪场坐落在农田中央，砖块砌成的平房显得古朴平实，这种布局避免了臭气对居民生活的影响，通风状况较好，猪的排泄物也可以作为肥料直接作用于旁边的农田,不会造成环境污染,可谓一举两得。到了赵宝顺的农场,我们发现农场收拾得很干净,没有想象中的异味和脏乱。小猪仔被昏黄的灯光照着保温,偎依在一起,甚是可爱。大母猪刚生完仔,被铁杆架着以防翻身压到小猪,精心制作的遮风帐子,设计细微,处处彰显人性之光。

选择养猪　安家落户

接着我们来到了赵宝顺的家中,他愉快地和我们聊起了他的创业过程。虽然父亲母亲早年以养猪为生,但初中毕业后,思想独立的赵宝顺没有立刻成为传统的农家子弟——子承父业,而是到上海做了短工,加入了进城打工的行列。两年后,也许是家庭的重担,也许是流浪的无助,也许是大城市给外地人造成的压力和漠视,抑或是对农村勤劳致富观念的重新审视,每次和父亲通话,父亲问儿子过得好不好,他总是噙着泪拿着电话,不忍心说不好。这种缺失的归属感呼唤着赵宝顺心中一直在寻找的东西。他要找个地方,安家落户,用心经营生活。他的心中有个坚定的声音说,回去吧,在老家娶妻生子,好好过日子,赡养父母。就这样,赵宝顺在老家结婚后养起了猪,妻子则在附近小学旁边做小本生意,两人的生活虽平淡却安逸,不用为了一张回程的火车票早起排队,也不必面对曾经大城市高昂的物价而眉头紧锁。这样的生活,他也乐在其中。毕竟,互相有个照应,有个互补,总是好的。那一年是 1990 年。

因为没有地,赵宝顺养猪的规模局限于家中,数量也只是一两只。此时周边人家没有养猪的先例,论开始的时间,赵宝顺是第一家。一年后,赵宝顺承包了大概现在规模一半左右的农田,建起了围墙和养猪场。在当时,田地上造房子是不允许的,因此赵宝顺迎来了他创业史上第一次较大的纠纷。当时有村民举报说他在田里造房子,认为那是违法行为。虽然知道房子的养殖用途可以证明清白,但流言可畏,赵宝顺后来从容地接受了当时政府居委会委派人员的实地考察。监察人员证实了建设用房的养猪用途,风波也就自行停止了,之后赵宝顺进入了创业的稳步发展阶段。由于他原先也有一定的经济实力,没遇到过重大的坎坷。渐渐地,赵宝顺猪场的规模从最初的一两只发展为 100 只左右,到现在的四五百只。在他的带动下,村里人纷纷仿效建起了养猪场,当地的农畜业发展也较为迅速。

据赵宝顺介绍,刚进的小猪一般从 70 斤开始,一年有两个生产周期。由于销售渠道主要为嵊州和诸暨,市场需求为越大越好的猪仔,因此在选择品种上,赵宝顺强调他会选择不断生长的品种,迎合市场需求,而不是江湖上俗称的"短脚趾"。因为这样的选种原则可以不断适应市场经济下价格贵贱的调度,保证利润最大化:当价格上涨时选择及时卖出猪崽,价格下降的时候选择继续饲养,因为可以确信这些猪苗通过继续喂养能够继续长大,而不会造成价格低就忍痛亏本或继续喂养停止生长而造成的成本浪费。

严格把关 成本核算

有别于自产自销,赵宝顺引以为豪地说,由于有稳固而持久的物流体系,他家的猪是不愁卖的,只要他养大肯卖,就会有人来收。包括饲料,也是供应商把饲料送来,质量和售后服务都有保证。良好的运营体系,让销售的烦恼一并解除,对于赵宝顺来说,也可以一心一意地养大肥猪了。赵宝顺说,以今年的形势来看,猪肉价格大致为 7.2 元一斤,刚开始的喂养基本是 4 元一天,随着猪个头的日涨,饲料的增添也是不同的,赵宝顺说他每天基本都要算一笔账,究竟该给猪喂多少饲料呢?怎样才能既省钱又让猪吃得饱、长得好?为了控制成本,赵宝顺还靠着在学校边做小本生意的妻子,与学校沟通,得到食堂剩饭菜的免费拥有权,分担了一部分饲料成本压力。赵宝顺虽然只是得到了更多的饲料,但理论层面上而言是扩大供货渠道和优化组合的精妙运用,其供应链管理十分有效。

养殖业的头等大事是牲畜的病害传染问题,一头猪的感染很可能殃及其他猪,甚至赔上半个家业。赵宝顺自然也不敢怠慢这个问题,对于猪的饮食也是格外的关注。如果这头猪胃口不开,就要做个标记,对比下一顿的胃口,经常出现的情况是病猪躺在地上懒得起来吃东西,如果不及时发现,会误以为它是在睡觉。赵宝顺采取的办法是强迫猪起来吃东西,他说,只有这样才能确保每一头猪都在自己的掌控范围之内,力争不让任何一只出现病症的猪掉队,一旦出现病症马上采取措施隔离治疗。他说,有些养猪场规模变大以后雇佣外地人员看管,那些人多半是没有经验只管完成任务的外行,这就是猪场主必须严格把关的人员管理问题。猪场的长久发展于他们没有直接的利害关系,因而在猪场的经营上有些事还需亲自动手。目前有些养猪场雇佣有科技背景的大学生做监察员,他们只要做好每头猪的档案建立工作,但这很奏效。赵宝顺如是说。

作为养猪大户,笔者对赵宝顺的收入是很关心的,赵宝顺说,每年净利润至少 12 万元,今年虽然猪的价格很好,但饲料的价格也贵。以往好的年份可以达到二三十万元，最好的一年有 40 万元左右。说到这，赵宝顺还略有紧张。估计就是凭借着这些，让赵宝顺家住进了农村里的别墅，买起了小汽车。

不求高收　但求稳当

当笔者问到赵宝顺是否想过放弃养猪，到工厂做一名工人时，他摇了摇头。他说，其一，现在有地，妻子也在这边，那就待在老家配合妻子挺好；其二，养猪的利润是在养殖业中相对稳定的，不像养虾风险与收益并存，养猪可以保证基本的利润，虽然高收入不大可能，但生活能够有所保障。可以看出，赵宝顺对现在所做的事情充满了家庭责任感和"干一行爱一行"的激情，尽管很多人羡慕大城市的绚烂，希望参与大城市的竞争，但赵宝顺求稳当求和睦的心态却是现代浮躁社会所稀缺的。我们的社会需要像赵宝顺一样用平常心做平常事的人，他们是铺脚石，值得我们景仰。今天我们要不断优化养猪的技能，靠管理、靠智慧养猪。

作为当地小有名气的养猪大户，其创业经验自然不能被笔者放过。出乎我意料，赵宝顺像管理学老师一样，一本正经地说："养猪其实和做企业一样，最重要的是管理。管理得好，一切事情都可以有条不紊地开展；管理得不好，天灾病害也在所难免。"对于国家政策，赵宝顺的见解颇为独到。他认为，国家应当建立农业的长久扶助机制，而现有情况是，市场供不应求时，国家补贴鼓励生产；供过于求时，国家却放手不管。这个弊病需要整改，否则资源的浪费和农业的不稳定将长期存在。现在农业对国家宏观政策的依赖度很高，一丝一毫的变动都会影响农业的稳定发展。他的妻子补充说："有一年，猪肉紧缺，国家鼓励农民养猪，各地猪场纷纷大肆养猪，结果第二年很多猪场出现了大量猪仔滞销的现象，严重的还出现了刚出生的小猪仔被放生的悲剧，不少猪场主都损失惨重。如果国家在供过于求的情况下也能采取宏观调控政策，诸如收购猪仔和价格补贴，这样的悲剧估计就不会发生了。"

对于是否进一步扩大规模，赵宝顺表示再扩大的难度较大。目前的猪圈建在田地中央，再扩建不被政策允许，且建房难度较大，故他对现有规模还算满足，暂无继续扩建的想法。当然，赵宝顺补充说，如果国家有政策分给农民更多的田地，他当然愿意继续扩大规模，让日子过得更好。从赵宝顺自信的眼神中，我看到了农民创业家的坚定和真诚。

谈话前后进行了 1 个半小时，赵宝顺热情地留我们吃中饭，他将自己所知毫不保留地与我们分享，农民特有的朴素和真实给我们留下了深刻的印象。

"鸡司令"为麻鸡插翅飞翔

■ 文/周 芬

创业者档案

周国文,男,生于1955 年 12 月。江西省崇仁县孙坊镇人,初中文化,父辈以上几代均为农民,家境贫寒。初中毕业后干过石匠,烧过砖瓦,后从事崇仁麻鸡养殖业,现任江西崇仁县国品麻鸡发展有限公司董事长兼总经理。由于贡献突出,他先后被评为"崇仁县劳动模范"、"县管拔尖人才"、"江西省农村科技致富典型"、"江西省劳动模范"等。

所在地情况

江西省崇仁县位于江西省中部偏东,迄今已有 1400 多年历史,素有"抚郡望县"之称。全县辖 7 个镇、8 个乡。距省会南昌市铁路 125 千米、公路 140 千米,交通较发达。总人口 34.8 万人,其中农业人口 28.5 万人。土地资源丰富,宜农红土壤荒地面积充足,集中连片。崇仁麻鸡为崇仁县特产,以产蛋量高、耐粗饲料、觅食力和适应性强等优点驰名遐迩,属全国十大地方名鸡之一。1997 年,崇仁县被国家农业部命名为"中国麻鸡之乡"、

创业项目

崇仁麻鸡原种及配套品系培育及优质肉鸡生产

创业感言

要抓住机会，抓住商机，脱贫致富需要勇气，更需要坚持。

创业故事

江西省崇仁县，地处赣抚平原，历史悠久，物产丰富，盛产果蔗、棉花、花生和西瓜。崇仁麻鸡是江西省崇仁县地方鸡种，1997 年，崇仁县被国家农业部命名为"中国麻鸡之乡"之后，一批又一批的麻鸡养殖人不断涌现。但是，早在 20 多年前，在崇仁麻鸡还是名不见经传的鸡种时，就有一位农民为了致富翻身，开始从事麻鸡养殖的事业。如今，他身家千万，先后带动了几千户农民散养麻鸡脱贫致富，创立的麻鸡养殖公司已经发展成为江西省最大的麻鸡繁育场，年产值可望上亿。当年一贫如洗的穷小子，现在摇身一变成为大老板，让人不禁好奇在这位养鸡能人身上，发生了什么样的传奇故事？

2011 年春节，通过亲戚的介绍，我联系到了这位地方上声名显赫的养鸡能手，但是因为他工作太忙，联系了两次才最终确定了访谈时间。春寒料峭，在县工业小区的国品麻鸡养殖基地，我见到了这位董事长兼崇仁麻鸡行业协会会长。通过对他以及该公司办公室王主任的访谈，我最终整理形成了此报告。

清早，周国文如往常一样开着私家车来到位于崇仁县工业小区的麻鸡养殖基地上班。宽敞开阔的养殖区内，一幢崭新的办公楼拔地而起，位于办公楼后的是一栋一栋整齐排列的大型笼养种鸡舍。这是 2002 年 5 月，周国文创建的集麻鸡孵化、种鸡饲养于一体"江西崇仁县国品麻鸡发展有限公司"，先后投资 2000 多万元，建成的现代化办公楼和装备有高科技设备的鸡苗孵化大厅和种鸡舍。不巧，在我来拜访之前，有一辆从外地开来的货车要装货，所以他先要处理一下这笔种鸡买卖的单子。于是负责接待的办公室王主任先向我询问访谈要求，然后他简要介绍了公司的情况，把周国文创业的故事概要地讲述了一遍，让我对周国文的创业历史有了基本的了解。

在处理完那单交易之后，这位忙碌的养鸡能手总算有时间坐下来接受我的访谈。这位国品麻鸡老总、崇仁麻鸡行业协会会长，头发微白，饱经风霜的面孔刻满深深的皱纹，眼神锐利而坚毅，谈吐不俗，他稳坐在办公桌前，慢慢地向我讲述了他颇具传奇色彩的创业故事。

贫家有犟子　四顾茅庐苦学艺

周国文出生在江西崇仁县孙坊镇庙上村的一个贫苦家庭。虽自幼家境贫寒,但是父母依然让他坚持读完初中,只因家里实在无力负担高中的学费,他最后只能辍学帮助父母一起耕种,起早贪黑种田养家。之后,他拜师学做石匠,做过一段时间石匠活,还在炎炎夏日里身处酷热难耐的砖瓦窑中烧砖瓦。这个出身贫苦的孩子,在这样艰辛的环境中,锤炼了他不怕苦不怕累的性格,做任何事情都有一股执著的"犟"劲,不达目的誓不罢休。

1990年,周国文35岁,虽然每日起早摸黑地辛苦耕作,但是家庭的境况还是如十几年前一样节衣缩食,清苦度日。他闲暇时候也在苦恼,究竟怎样才能让整个家庭真正脱贫,走向致富之路?

一个偶然的机会,周国文了解到,国家实行扶持发展特色农业的政策,麻鸡散养业开始慢慢在乡镇里兴起,可是那时,养鸡的人虽多,但孵化鸡苗的人只有几户人家,鸡苗严重供应不足。脑筋灵活的周国文马上意识到这其中蕴藏的商机。但是,从来只会养几只鸡鸭的他,怎么会孵化鸡苗这样的技术活呢?

在打听到离家20多公里的沙堤乡有一位肖师傅就是专门搞鸡苗孵化的之后,周国文下定决心,一定要从肖师傅那里学到真本事。于是,他跋山涉水前往肖师傅家,诚心诚意向肖师傅拜师学艺。可是,他和肖师傅非亲非故,别人怎么愿意教他这门技术活呢?最初,这位肖师傅确实有所顾虑,拒绝了周国文拜师的请求。周国文虽然沮丧地打道回府,但是肖师傅的拒绝却激起了他潜在的"犟"劲,他决定不管怎样都要拜肖师傅为师。一次不行,第二次再去,还是不行,第三次还去,但是仍然被拒绝。第四次拜访的时候,肖师傅终于被这个一身"犟"劲、要强的年轻人感动了,他改变主意,决定收下这个徒弟。于是,周国文就立刻投身于孵化鸡苗的艰苦学习中。

严师出高徒　勇于探索艺更高

在跟肖师傅学习了一段时间之后,周国文基本掌握了孵化鸡苗的要领。精力充沛的他决定先进行小规模的试验。揣着到处凑借的1000块钱,他从养鸡户手中购买了3600个鸡蛋,决定在家孵化。但是,当时落后的孵化技术大部分只能依靠"眼看"、"手摸"这样感官的方式,周国文虽然经过一段时间的学习,可是经验累积得不够,技术也不成熟,结果,那批鸡苗因为操作失误,温度太高全部被烧死。

第一次的试验失败给激情高涨的周国文泼了一盆冷水,周围的亲戚朋友也开始劝说他不要再继续折腾下去了。陷入孤立无援的周国文却没有从此灰心下去,这个满身热情、坚忍不拔的年轻人意识到,掌握过硬的技术才是根本,越难的事情越值得去挑战!于是,在肖师傅的指导下,他慢慢寻找试验失败的原因,不断摸索总结经验。同时,为了更好地学习这门技术,他也不局限于肖师傅的指导,家庭经济紧张的他依然坚持订阅多本禽业养殖的专业期刊,通过阅读和研究其他人的经验,提升自己的技术水平。此外,他还经常向县畜牧水产局的技术人员请教,不断攻破在试验中的技术难题。

1991年,在吸取了之前的经验教训之后,周国文决定再次集资搞大规模的孵化。为了申请银行贷款,他说服了家里所有的人,将家中仅有的旧瓦房作抵押,得到了1万元的贷款。然后,用这些钱他购买了种蛋进行孵化,这次,他虽然信心十足,但是也少不了忐忑不安。为了保证这次的孵化顺利,他基本上每天都守在家里的孵化房里,确保每个环节万无一失。终于,这次种蛋如期孵化成鸡苗,紧接着,他又像母鸡一样无微不至地喂养脆弱的鸡苗,等到小鸡能够出笼时,他马不停蹄挑着小鸡到处叫卖。就这样,辛辛苦苦忙了大半年,年终的时候,当周国文看着沉甸甸的8000元收入,他黝黑的脸上终于有了难得的灿烂笑容。这时,原来反对他的家人也改变了最初的想法,决定全力支持他搞麻鸡孵化养殖。

贫农变老板　科技兴农业更大

有人说,穷人最缺少什么?穷人最缺少的,不是金钱,也不是权势,而是"野心"。

经过三年的苦心经营,周国文已经是村里声名显赫的麻鸡养殖专业户。但是,周国文凭借的不仅仅是坚韧,还有一般人所不具备的胆量和"野心"。1994年,他在六家桥乡洪家村创建了"洪家麻鸡孵化场",投资建起了140平方米的鸡苗孵化房,之后,他又开始进行种鸡的养殖。2000年,周国文引进了4套计算机管控的大型孵化机等设备,淘汰了落后的煤孵化技术,替换成先进的电孵化技术,使孵化鸡苗的质量和效率有了极大的提高,从此,洪家麻鸡孵化场发展成为依靠高科技技术进行生产的现代化孵化场。

两年后，眼界开阔的周国文发现麻鸡养殖还有更好的形势和前景。于是，在他的全力操办下，"江西崇仁县国品麻鸡发展有限公司"顺利成立。这是一家集崇仁麻鸡的原种繁育、杂交改良利用和技术咨询服务为一体的公司。公司刚成立就受到政府和相关部门的极大关注和支持。2002年至今，公司总占地面积260亩，先后投资2000多万元，早期完成8栋大型笼养种鸡舍，全部安装了国内先进的水帘降温设施，同时全部采用现代化的孵化机。最近，占地200亩的省一级扩繁场也已竣工，已经部分投产，未来年产值将超亿元。

周国文深知技术在麻鸡繁育和养殖中的重要性。为了增强公司的技术力量，除聘用多个专业技术人员，周国文还高薪聘请了江西省畜牧水产研究所高级畜牧兽医师谢金坊等专家常年坐镇公司，作为公司的技术顾问。正是因为周国文对养殖技术的重视，公司培育了多种优质无公害的新麻鸡品种，产品投入市场后立刻得到了良好的反应。另外，在面对突如其来的禽类疫情，周国文重技术、严管理的思想也使公司能够及时作出反应，并快速采取措施降低风险，减少损失。2006年，公司在遭遇禽流感时，他积极组织所有的技术人员勤消毒、严打疫苗，对鸡场实行封闭式管理，所有出入境的禽类，一律经过严格的检疫手续，以切断疫情传入。周国文这一套对付禽流感的管理方法不仅让公司在疫情中损失降低了90%，同时，这一模式也开始在全县501个养鸡专业户中全面推广，为全县的养鸡专业户带来了福音。

目前，江西崇仁县国品麻鸡有限公司已被评为"农业产业化省级龙头企业""农业产业化市级龙头企业"。2009年，存栏种鸡18万套，生产销售种鸡苗、商品鸡苗200万羽，年销售额达6000万元，获利600万元。产品畅销上海、广东、浙江等国内20多个省市，周国文的国品麻鸡已经飞入了大江南北的寻常百姓家。最近，周国文正在筹划建一座饲料厂，致力于将公司走向集团化、立体化的道路，不断发展和壮大公司的实力，将崇仁麻鸡产业做大做强，全力将崇仁麻鸡这张"名片"推向全国，推向世界。

致富不忘本　你富我富大家富

在崇仁县做养鸡专业户的,都知道周国文这个远近闻名的"鸡司令"会在每年的 10 月份开展一次"麻鸡养殖接待日"。在这一天,很多慕名而来的本县、邻县甚至更远的麻鸡养殖户一大早就来到周国文的办公室,向他请教麻鸡养殖技术及销售渠道方面的问题。周国文会带领他们参观鸡场,慷慨地传授麻鸡的养殖技术,防疫治病的药物和技术,以及进行麻鸡养殖的运作方面的经验总结。这些宝贵的经验和技术让前来取经的人们受益颇多,大家都对周国文扎实的麻鸡养殖技术称赞不已。

而这样的"麻鸡养殖接待日"仅仅是周国文回报乡亲、回报社会的形式之一。江西崇仁县国品麻鸡有限公司采取"龙头＋基地(专业合作组织)＋农户"的运作模式,建立了 16 个紧密型的生产基地,通过国品麻鸡孵化专业合作社带动农户 3940 户,通过合同制方式带动农户 3820 户。周国文建立了一支专门的麻鸡营销及技术服务队伍,为养鸡专业户解决技术、资金、饲料、销售等产中、产后一系列的问题,形成从商品鸡苗供应、技术服务到成鸡销售一条龙服务,帮助大量的农户、城镇居民、待业青年、下岗工人、家庭妇女等解决了再就业的问题。

通过利用公司的优势和各方面资源,周国文将公司与农户结成了真正的利益共同体,为众多的麻鸡散养户建立了通往市场的桥梁,带动了乡邻共同致富。2009 年,合作的农户在周国文的带动下户均获利 25679 元,而当年,江西省城镇居民人均收入只有 15000 元。

伴随着周国文的养殖事业越做越大,周国文突出的个人事迹也被政府嘉奖。他先后获得"省劳动模范"、"省农村科技致富典型"、"抚州市优秀乡土人才"、"县管拔尖人才"、"县劳动模范"等荣誉称号,同时,他还兼任江西省禽业协会常务理事、崇仁麻鸡行业协会会长,并当选市人大代表和县政协委员。

当我坐在回家的汽车上,我脑海中依然不断回想起这个朴素、务实、富有激情的农民企业家所带给我的感动。让我震撼的是,原来在我所生长的土地上也有这样白手起家、富有社会责任感、进取心的创业者,完全颠覆了我对家乡企业家的看法。最后他谈起对大学生的创业的看法,"做什么都要坚持,从一而终",我想,这应该是这位养鸡能手、创业企业家在经历了人生中这么多大风大浪得到的最重要的启示吧。

学然养鸡场的故事

■ 文/王　群

创业者档案

　　王学然,男,1963 年生。王学然是土生土长的沂南人,初中尚未毕业,迫于家庭压力不得不辍学务农。他也曾在外打工,但时间不长。回乡结婚以后,也像村里其他人一样种田务农。1992 年,迫于生活压力,偶然得到一个信息后,开始了他的养鸡事业,"逼上梁山"是他曾经的感言。从没有技术、没有资源、借钱买鸡苗到现在每批(平均 40 天一批)鸡苗逾万只,年收入超过7 万元。同时,他带动周围村民养鸡致富,将十几年摸索的养鸡经验无偿地传授给他们,受到当地村民的敬重。

所在地情况

　　山东省临沂市沂南县辛集镇苗家曲村成立于 2004 年,由原东望仙、西望仙、苗家曲三个行政村合并而成。区域面积 1.1 平方公里,有 600 户,人口1800 人。全村有水田 400 亩,旱地 1200 亩,村设党支部,全村有党员 98 名。苗家曲村交通较为便利,省道 227 穿村而过。村内设有医务站、大型蔬菜批发市场、鸡鸭加工厂。村民勤劳、朴实,一直以农业生产为主,粮食作物和蔬菜是其主要产出,目前已发展到了养殖业、肉类加工业、蔬菜批发及加工、鞋加工等产业。

创业项目

　　肉鸡养殖场

创业感言

　　勤劳、坚持就有出路!

创业故事

2011 年 2 月 4 日是大年初二，这个时间本是家家户户齐聚一堂，吃年货，享受天伦之乐，感受新年带给他们热闹氛围的时候。然而，本文的主人公——王学然，却仍然忙碌在他的养鸡场内，一刻也不停歇。年前的采访计划由于主人公的分身乏术而一拖再拖，只有在这大年初二的晚上，他才能勉强挤出几个小时的空余时间，接受我的采访。

带着对这位农民创业者的敬佩和好奇，我走进了他的家，一个也可以称之为办公地点的地方。这里看起来与周围的农户家庭并没有什么不同，也没有过多华丽的装饰，让我难以想象这是养殖大户的门庭。刚进门，他的妻子便笑盈盈地出来迎接，都是同一个村里的人，大家互相拜年，也没有过多的寒暄，堂屋也并非富丽堂皇。这些年来，王学然和他的家庭通过养殖场积攒了不少积蓄，但却从不大肆宣扬自己的财富，多年来一直普普通通地在这个小村庄里过着简单平凡的日子。

采访主角虽是王理事长，但是他本身并不善言，故而大部分问题都是由他妻子回答的。

逼上梁山　艰难开端

问：您的养鸡场是什么时候开始经营的呢？

答：大概将近 20 年了吧，我记得是女儿小惠两岁左右的时候。如果这样计算，那就应该是 1992 年，差不多是在那个时候。

问：为何当时会想到开办养鸡场？当时家里的状况如何？对于您的创业，家里人是如何看待的，是反对还是支持？

答：有跟风的成分吧，看着别人养鸡赚钱了，心想自己为什么不能养呢？当时真的是穷怕了，没有其他办法。三个孩子还小，一家人吃穿住行都需要钱。家里背着一身债务，菜地里的收成也不好。这时，刚好让我碰上一个机会：县城的畜牧开发公司，有一批"合同鸡"（签订合同，提供鸡苗和饲料等，鸡养成后,有最低的保护价收购)要寻找一批养殖户。我和妻子商量一下,觉得这个工作挺好,只要肯吃苦,用心做,肯定能赚钱。当时一只鸡要交两元的押金,最早一次我们领了 2000 只鸡,虽说四千元的押金不多,但也是东拼西凑,好不容易才攒够的。好在那时家里的亲戚都很支持,自己也怀着极大的信心,认为一定能成功。也就是从那时起,养鸡场的牌子才竖了起来。

问:除此之外,您还得到过其他方面的支持吗,比如来自县、镇政府的?

答:当时村委会给了我很大的支持,因为有了村支书在担保上的签字,我们那一批"合同鸡"才能顺利批下来,对我们养鸡场的开办也起到了极大的作用。所以说,农民在农村创业要想成功,政府和村级组织的支持是少不了的。

问:根据您前面的回答,创业之初的资金和劳动力解决了,那养鸡场的选址呢? 我们知道,开办养鸡场,厂房用地是少不了的,何况是 2000 只鸡呢!另外,关于养鸡方面的技术问题,您是如何解决的?

答:养鸡场的选址就定在现在这个地方,原来是蔬菜大棚,为了养鸡场,我们放弃了原来的蔬菜,稍稍将其改造了一下,增加鸡笼等最简单的设施就变成了现在的养鸡场。另外,说到养鸡场的技术,我们农民没有技术来源,没请过技术人员,也不知道去哪里请。只有刚开始的时候,我们去县城运饲料,那里的工作人员给了一本关于养鸡技术方面的书,这就是我们所有的技术来源了。我和妻子就捧着那本书慢慢地研究,也因为那本书,我们养起第一窝鸡,进而扩大规模,积累经验。刚养殖的时候,村里都误以为我们在县城里有人,为我们派了许多的技术人员,其实没有的,这么多年来都是自己摸索的,其中的困难和辛酸也只有自己知道。

问:您最初饲养的是"合同鸡",通过畜牧开发公司收购,销售不成问题。那现在呢,还是一样的模式吗?

答:是啊,最初的"合同鸡"是畜牧开发公司收购的,但是,养了几年,那家公司就倒闭了……现在养的都是"社会鸡"。要说这两种鸡的不同之处,就不能不说一下养鸡的饲料了。开始养"合同鸡"的时候,饲料是畜牧开发公司统一配给的,要自己磨料,用自家的小粉碎机磨玉米,磨一百斤要大半天时间,还要自己出门去买麻山(粗糙的花生饼),回来做成混合饲料。所以在后来养"社会鸡"的时候,养的数量少了,都是喂成品饲料,省去了许多时间,现在这些饲料都是从中间商直接拿的,中间商提供饲料和鸡苗。再说这"社会鸡"的销路,有自己联系销售地点的,也有通过各种渠道进行销售的,当然也有出口的,不过最主要还是通过各个加工厂进行销售。鸡长成时可以找他们联系买家,合适就卖,不合适就再去找其他的收购厂家。比如说,

克服挫折 用心做事

问:在养鸡这十几年过程中,有没有遇到过什么不顺心的事?

答:说来话长,这些年来,我们什么亏没吃过!刚开始的时候不知道,以为新玉米刚成熟,价钱便宜,就进了一批饲料,结果水分大,鸡吃了不长肉,赔了不少钱。还有一年出口日本,遇上闭关,无法出口,这时国内行情也不好,卖4块钱才能保本的鸡最后都只能以一块九的价钱卖了,一次性赔了十几万元,一年的努力打了水漂,别提多心痛了!市场行情极难捉摸,有时候到处联系好了也是赔。

问:遇到这些困难的时候,有没有想过放弃?是如何坚持过来的?

答:很简单,为了还债,赔的钱我们要还啊。我们知道,各行各业都是有风险的,唯一没有风险的事情就是自己的坚持。养鸡事业中经历了许多风雨,好不容易对这个行业熟悉了,我们没有理由放弃。

问:说到这,那您在养鸡期间是否与其他养鸡专业户或者地方组织产生过矛盾或是任何利益冲突吗?

答:没有利益冲突,大家都不容易,有机会就会互相帮助。养鸡市场不比卖菜,主要是厂家收购,行情好大家都赚,不好大家都赔,价钱一般都是厂家说了算。

问:原来如此,那您觉得现在整个养鸡市场的环境如何?有前景吗?

答:说到底就是行情,行情是永远捉摸不透的,行情好我们就养鸡,行情不好就暂停观察一下。最近行情就不太好,从9月份到现在一直没有下雨,鸡也容易生病,需要下场雨进行杀菌。近几年来,鸡生病的种类也越来越多,大家都知道禽流感影响很大,近期附近的一些鸡鸭养殖场就因此赔了很多钱,所以我们上一批鸡苗的数量就缩减了。

问:既然有那么多的状况和困难,您对自己的养鸡事业还有信心吗?

答:状况时时有,我们还是要见招拆招,随行就市。不过还是很有信心的,毕竟这么多年积累了不少经验,处理紧急情况时也从容不少!

问:据我了解,附近其他村子也有很多大的养殖场,您养了这么多年,咱们村或者附近村子有没有看你们养鸡赚钱也效仿的?

答:养鸡并不是一个轻松活。曾经也有人羡慕我们干得好而效仿的,但是养了没几年就放弃了……主要是觉得太累,每天晚上睡不好觉,差不多每两个小时就起来一次,看看鸡棚里的炉火如何、检查一下温度,等等,所以养殖这一行也不是每个人都干得来的。

问:目前市场上有许多温控设备,有些养殖企业也已经引进,您有想过进行相关的革新吗?

答:现在许多大型养鸡场都是全空调控温的,还有一些自动加料设备,可以节省不少人力物力。但是我们现在最大的问题是欠缺资金,如果进行改造,需要至少100万元的资金投入。现代化设备的一次性投入很大,目前也没有那么多流动资金。贷款又需要抵押,养鸡风险性大,没有可用来抵押的资产。所以,现在我们最希望的是县里、镇里的政府给些实质性的资助。当然,如果有养殖一类的农业合作社可以寻求帮助,是最好的了。养鸡场要办下去,改进是迟早的事。

问:您养了这么多年,在这附近也算是小有名气,您的创业给家里的生活、人际关系带来什么变化吗?

答:说实话,没什么太大的变化,生活上自然是变好了,不过改革开放后谁家的生活不是变好了呢!在农村,大家都很淳朴,穷的时候没嫌弃你,现在富了也还是跟以前一样。养了这么多年鸡,最需要感谢的就是身边的这些村里人,饲养的时候,大家会过来帮忙,等到鸡出售的时候,大家也会过来帮忙。

柳暗花明　信心满满

问:这么多年的养殖工作,您对将来有什么打算呢?

答:其他我不敢保证,总之这个养殖场会一直办下去,我们也会瞅准时机扩大规模。当然还是一句话,要随行就市,紧跟市场,根据附近的养鸡场、加工厂调查的行情,制定自己的养鸡计划。要通盘灵活把握,把握不好就要赔钱。我还记得有一年,美国向中国出口了大量鸡腿,造成国内一整年的行情都不好。我相信,只要肯吃苦,好好劳动,就会有个好的发展前景。总之,坚持是关键。

问:目前国家鼓励大学生到农村来,进行农业创业,您是怎么看待这个问题的?

答:现在大学生的就业前景不好,创业是条很好的出路,当然是十分赞成的。然而,农村的条件不比城市,虽说这几年农村的生活条件好了,但只有那些真正吃得起苦的大学生才会获得成功,我们也最欢迎这样的大学生。

他们有技术、有知识,加上吃苦耐劳,肯定能带动我们农民,为新农村建设作出贡献。这也是一件大好事! 与此同时,大学生农村创业,政府的政策支持是少不了的,比如建立一个无公害蔬菜基地,所产作物价值高、销路也好,同时,国家也支持无公害蔬菜。所以说,大学生来农村创业实际上是有很多优势的!

问:那么从您自己的创业经历来看,什么是决定农业创业致富最主要的原因,是个人的、家庭的,还是社会环境方面的? 您觉得目前最需要哪些方面的帮助,是政府政策、资金,还是土地等?

答:就我们自身的经历来看,还是个人方面的原因更大一些,干哪一行都是自己选择的,做什么都需要有毅力,能吃苦,特别是创业。你看,技术是自己摸索的,销售渠道是自己联系的,最重要的就是自己要花时间和精力在这份事业上。此外,家里人的支持也是必不可少的。就我而言,刚开始那段时间,如果没有家里的支持,一步都迈不出去。至于说现在最需要哪方面的帮助,归根到底还是资金问题。有了资金,我们可以收购流转的土地,扩大养殖场规模,更新机器设备,因此希望可以得到有关方面的政策支持。

离去前,我们对养殖场参观了一番。目前,养殖场的规模能够容纳 1 万多只鸡,但是由于行情不好,规模相应缩减,在养的只有 4000 多只。但是,对于一个农民来说,这个规模已经相当可观了。希望在不远的将来,王学然能够实现他的梦想,他的养鸡场也能越办越好,成为大家学习的榜样!

养殖珍禽闯富路

■ 文/俞薇珊

创业者档案

金钱土,男,于 1963 年 9 月出生于浙江省台州市三门县沿赤乡罗石村,初中文化。

所在地情况

三门县位于浙江省台州市东北部沿海,西枕天台山,东濒三门湾,北接宁海县,南毗临海市。地势西北高,东南低;中、西部为低山丘陵地区,间有小块河谷平地,东部为滨海平原,河道纵横,土壤肥沃。三门县区位优势明显,交通条件便捷。近年来,三门县充分发挥资源优势,认真实施"龙头、品牌、园区"三大战略,扎实推进效益农业发展,经济建设取得了快速发展。而沿赤乡是三门县的农业大乡,农业人口达 1.5 万人,发展效益农业是当地农民增收的关键。该乡建立了许多合作社,有沿赤乡荣丰果蔬专业合作社、三门县丰安粮油专业合作社等。

创业项目

珍禽养殖

创业感言

只要心中有决心、信心、恒心,瞄准市场,创业一定能成功!

创业故事

金钱土是一个土生土长的农民,来自沿赤乡罗石村。在同学的陪同下,我终于找到了他居住的地方。他在当地已有了一定的名气,只要一提他的名字,当地农民就知道,所以寻找他的居住地还是比较容易的。不过我们只是采访了他,非常遗憾没有参观饲养基地。虽然没有能够参观饲养基地,但是这并不影响我们倾听他所讲的亲身经历。

在当地农民的带领下,我们来到了金钱土家,可是不巧的是他不在家。听他妻子说他干农活去了,他妻子热情地招待了我们。我们首先介绍了自己的访谈计划,他妻子面带微笑地说:"那是好事啊,我们当农民的赚钱不容易,能帮大家致富我们求之不得,我打电话给他,让他马上回来向你们讲讲他的经验,待会儿有什么问题尽管问。"

就这样,在妻子催促下,金钱土赶了回来。我们坐在他家门口,只见他扛着锄头,锄头上还挂着一畚箕的青菜,那菜绿油油的,每一株都很大的,不难看出他种的菜非常好,也就是说他的农活应该干得很不错,我在猜想着。再把目光投向他的手,只见那双手又粗又大,还有几道伤疤,最明显的是他手上的白胶布。有一位同学问了一下原因,原来是在冬天天气干燥,又很冷,手都裂开了,只能贴胶布来保护双手,这是劳动的象征。

等他放下锄头之后,我们介绍了自己的访谈计划,他说:"我很愿意接受你们的采访,有什么问题你们尽管问,我会配合你们的,我们开始吧。"因为他的直爽,我们很开心,不约而同地说:"谢谢您接受我们的采访,您不用担心,我们只是想分享一下您的经验。"接着,我们按照计划,每个人都提出了自己最想知道的问题,然后认真地听他的回答。

盼望富裕生活　养鸡初试创业

2002 年,金钱土开始养殖土鸡,当时的规模并不大。为什么要养土鸡呢?因为当时收入不怎么好,他就琢磨着饲养家禽,但养什么呢?他认为鸡蛋的价格在上涨,而且饭店需要鸡做原料。养鸡会怎么样呢?以前家里养过鸡,不会有什么大问题。他也问了一些以养鸡为业的村民,得知他们的收入很可观。于是,他默默盘算,终于,有一天晚上,他对妻子说:"我们养鸡好吗?"并将情况分析给妻子听,可是立刻遭到了妻子的反对:"我们以前是养过鸡的,不过只有几只,你现在养几百只,没有技术是不行的,而且你不清楚市场的行情……"总之,妻子是不赞同的。虽然妻子不赞同,但他并没有打消这个念头,他把自己的想法告诉了一些亲戚,有些赞同,有些反对。他知道不可能让每个人都赞同,至少还有亲戚同意,还是有希望的。他磨破了嘴皮,终于说服妻子,就这样夫妻终于达成共识。

说干就干，金钱土拿出家里的积蓄，也向亲戚朋友借了一些钱，作为投资的成本。他买了一些建筑材料，在自家地里搭建鸡棚，买了几百只鸡苗，夫妻二人齐心协力共同饲养土鸡。对小鸡，他们小心翼翼地照料着，生怕被黄鼠狼叼走，每到要下雨时，就早早赶到养鸡场，将小鸡赶进窝并把它们安置好，而自己却被淋成了落汤鸡。总之，他们就像照顾自己的孩子一样照料着他们的鸡，因为他们把大部分资金都投入当中，就怕他们的一个疏忽，这一切都没了，而他们的生活也会因此变得更贫苦。看着小鸡一天天地长大，他们也越发紧张。可是，万事开头难，对于禽流感的袭击，他们完全没有准备，而且对于这方面的知识很生疏。面对禽流感，他损失惨重，虽然后来请了兽医为那些鸡接种疫苗，但由于太迟，鸡死了几十只，他很伤心，不过并没有灰心，还安慰妻子说："没事的，虽然死了这么多鸡，我也和你一样难过，可是我相信只要我们找到原因，解决问题，以后一定不会赔本的。这次也说明我们有很多知识不懂，我会买一些书来看，也会问问那些养过鸡的人，向他们讨经验。"当他向我们讲述这件事时，他的声音变轻了，想来当时真的很不容易。听他说，那一年他瘦了整整8斤，有特殊情况时半夜还要待在养鸡场，连觉也睡不好。他说，他当时就是不服输，不甘心就因为禽流感而亏本。

吸取之前教训　成功牢牢在握

第二年，他吸取上一年的教训，但在禽流感时期还是损失了一部分土鸡，当然相对第一年的损失是明显减少了。他没有放弃，认为不可能所有事刚开始就成功，必定会遇到不顺利的事，那些不顺利的事就当为自己积累经验，所以他还是继续养鸡。而且他有信心，因为自己的经验值增加了，有些事不用人家帮忙，自己也会处理了。

第三年，他有时间就看一些与养鸡相关的技术书，并不断向别人学习，终于在经验和知识的装备下，他打了漂亮的一战。同样是禽流感，但是他提早做好了预防工作，所以那年损失的鸡与第一年相比少多了，然后通过自己不断努力以及亲戚朋友的推销，终于鸡的销售有了出路。这一年不但没有亏本，而且还赚了一些钱。就这样，他养土鸡越来越有经验，不过有一些技术问题仍需要请人帮忙，赚的钱也不是很多，但与以前相比已好多了。归纳起来就是，开始没有技术，只能向别人学，利用相关的书和资料，自己一边养一边看资料，总结经验；时间长了，有两批鸡养下来，一般性知识就知道了。

客户推荐门路　自己成功入门

　　当然成功也需要机遇的眷顾,2005年有个杭州人得知金钱土饲养土鸡,于是找他收购土鸡,看到他土鸡养得好,就问他对山鸡有没有兴趣。金钱土认为如果有市场,可以试试,那个杭州人说他养多少就收多少,他半信半疑,不过听人说山鸡不但好吃,而且很有营养。他还通过网络查找了相关资料,了解到山鸡有很多价值,包括经济价值、食用价值、药用价值和观赏价值,而且山鸡是送人的高档礼品,待客的珍稀野味。总之,如果饲养山鸡,一定会有很好的市场销路,金钱土心里暗自高兴,也记得特别清楚。不过他当时不是很相信网络,又去向有关专家咨询,得知七彩山鸡肉质细嫩,滋味鲜美,野味浓郁,风味独特,是世界久负盛誉的山珍佳肴,也是一种高蛋白、低脂肪的野味珍品和优良的滋补保健食品;鸡血、鸡胆、鸡肠经过提炼可制成医药制剂,有极高的滋补、药用、保健、美容价值,雄性山鸡毛可制作毛工艺品,还可织成缎、锦制作礼服,鸡皮可制成各种精美的皮具。它是集食用、药用、毛用于一体的珍禽动物,有极高综合利用价值的"特养"珍禽,可以说它浑身是宝。农民根据"市民们爱吃什么,农民就种什么",把目光盯紧城里人的"嘴巴",进酒店、跑餐馆、上饭店,从菜单和客人口味中觅得市场先机。金钱土就是这样通过琢磨酒店的菜单意外发现,在大城市畅销的山鸡,在县内市场上却"少有踪迹"。

　　经过调查,他终于松了一口气,明白山鸡销售前景很好,而且自己的销路也有了保障,于是决定将饲养土鸡为主改为同时饲养山鸡。然而养殖土鸡多年的他凭借经验,知道养土鸡和山鸡是不一样的,目前最大的难题就是养殖技术问题。他认为解决问题的办法还是有的,所以很乐观,心想投资是有风险的,不冒险怎么会有收益。

　　于是2005年3月金钱土在沿江和方山村租5亩土地,投资5万多元,建起养鸡场,从外地引进了4000只七彩山鸡苗种,同时饲养5000只土鸡,并与县内10多家饭店签订了购销合同,为销售做好准备。由于养殖技术好,第一年年收入45万多元,其中净收入达到了29万多元。他发现在全球严重的禽流感的冲击下,其他禽类全部亏损,唯独山鸡价格居高不下,几个城市基本上供不应求,饲养山鸡收益一定会比较好。于是,他养了第一批后决定改为全部饲养山鸡,也就说他瞄准了珍禽饲养业。

带领共同致富　期待再创佳绩

2006 年金钱土与赤坎村方加军等几个七彩山鸡养殖专业户成立了三门海城禽业养殖专业合作社,并聘请了有一定专业知识的技术员,通过商量,大家决定选他担任该社理事长。该社实行七彩山鸡、灰天鹅、贵妃鸡、绿壳蛋鸡等珍禽综合养殖,集禽业养殖和销售为一体。当时有社员 32 户,房屋 18 间,土地面积 100 多亩。基地位于沿赤乡东南沿江村大山和佳岙村方山山脚边。

2010 年,三门县海城禽业养殖专业合作社拥有 15000 多平方米的养殖场,饲养着 15000 余只"七彩山鸡",今年产值达 500 多万元。4 年间,从起初 32 户社员发展到了 105 户社员,成为带动当地农民致富的珍特禽养殖专业户。该社采取自然生态放养模式,提高了产品的品质,深受客户的青睐。这里所养的"七彩山鸡"畅销浙江、上海、福建等省(市),取得了较好的经济效益。而且该社不断加大投入,采用生态循环养殖,循环利用资源,将鸡粪喂鱼,鱼塘里的淤泥作为柑橘的肥料。该社被评为省示范性农民专业合作社。金钱土说为了扩大销售范围,会加大宣传力度,参加农博会,加强管理,做好饲料喂养、疾病预防工作,提高经济效益以增加社员收入。该社秉承"顾客至上,锐意进取"的经营理念,坚持"客户第一"的原则为广大客户提供优质的服务,也促进了当地饲养业的发展。

2010 年 4 月 16 日上午,金钱土参加防治专业考试,从事鸡类养殖已有 8 年时间,防疫防治是他日常的重要工作之一。"以前都是自学,只懂得些皮毛,遇到一些疑难杂症,就要请人。"他说,"现在不一样了,通过两年的学习,不管是理论知识还是实际操作,都有了一个系统全面的了解。"对于一些预防工作,他能详细地说出具体的实际操作。他特别强调技术的重要性,认为知识就是力量,如果遇到不懂的要问要查资料;要重视产品的质量,因为产品的质量是企业的生命;要合理充分地利用当地资源。他到底是谁呢?他就是农村实用人才——养殖能手金钱土。

随着人们生活水平和消费水平的提高,山珍海味越来越受到人们的喜爱,消费人群越来越多,市场需求量越来越大。金钱土通过养殖珍禽,走出了一条致富的道路。

听了金钱土的故事,我们都非常佩服他,他不怕困难、乐观积极向上的心态,敢于冒险、虚心向别人请教、热爱学习的品质值得我们学习。

千岛湖上的创业梦

■ 文/吴露晖

创业者档案

  李永才，男，1959 年生。杭州千岛湖永成绿色食品有限公司董事长，出生在浙江省淳安县宋村乡上洪坪村，高中毕业的他跟父亲在本村生产队赶"工分"，务了 4 年农，1984 年他成为千岛湖最早开发的旅游景点——桂花岛的导游，

1989 年李永才创办了一家以经营当地土特产为主的旅游品商店，开始了人生的第二次创业。2003 年，在当地政府和有关部门领导的关心和支持下成立了集种植、养殖、加工、经营为一体的绿色食品企业——杭州千岛湖永成绿色食品有限公司。

所在地情况

  浙江省淳安县位于浙江西部，新安江—钱塘江上游，是著名国家级风景区千岛湖所在地，是浙江省面积最大的县。2009 年，全县共有农业人口 376328 人，非农业人口 76256 人。淳安县属浙西山地丘陵区，以红壤为主要土壤，土壤肥力中等，适宜种植水稻、小麦、玉米、六月豆等多种作物和各种经济林木。全县森林覆盖率达 65%，生物种类繁多、资源丰富。2009 年全年实现农林牧渔业总产值 280070 万元，其中农业产值 166255 万元。

创业项目

　　渔产品加工

创业感言

　　人要有善心、孝心、爱心、德心和责任之心、感恩之心、奉献之心、事业之心。

创业故事

　　新年伊始,又一家崭新的"永成农产品大卖场"在千岛湖镇隆重开业,从十几年前的一家小店铺发展成为如今千岛湖农产品生产、加工、销售的龙头企业,这是多么令人瞩目的成就和辉煌。一手创造这一成就的李永才董事长,到底是一个怎样的人? 他又是如何一步步将"永成"的品牌越做越大的呢?

　　带着这样的疑惑,笔者通过各种途径联系到了杭州千岛湖永成绿色食品有限公司的董事长李永才先生,并约好时间去采访他。

　　2011年2月12日,农历正月初十,天空中飘着小雪,我乘坐公交车历时一个小时来到了位于千岛湖鼓山工业园区的永成农产品加工中心,见到了早早就在那边忙着的李总。

　　一张黝黑的圆脸上有一双透着锐气的眼睛,显得乐观豁达,且质朴坦诚。这是初访李永才的第一印象。简单的寒暄之后,李总亲自给我沏茶倒水,亲切而又耐心地回答着我的问题。在他的讲述下,一个鲜活生动的创业故事就这样慢慢展开。

艰苦环境　磨炼意志

　　李永才出生于1959年,当时正处于三年自然灾害的困难时期。家乡是宋村乡上洪坪村,是一个偏僻、贫穷的小山村。他有兄弟姐妹五个,因为家里没人照看,他是带着妹妹又背着弟弟上完了小学。由于家里穷,除了上学,他还要帮家里做家务——砍柴、打猪草、牧牛、挑水、做饭等。在这样艰苦的环境下,李永才仍然取得了良好的成绩并坚持读完了高中。

　　高中毕业之后,他回到村里干农活,先在生产队里挣工分,后被队里派到乡镇企业去做工,那时乡镇企业干的活是劈山、挖地、打石头、拉双轮车等苦力活,对于从小就开始经历那么多磨难的他来说,这些也就不算什么了。当时经常有单位来招人,部队也来征兵,但是这些都需要凭关系,对于什么关系都没有的李永才来说,这些机会也就轮不上他了。

之后,他到开发公司林场做民工搞副业赚钱,那时候做民工赚钱是很难的,有时候连饭钱也赚不到。后来通过自己的努力做了包工头,谁知包工头这碗饭更难吃。由于刚从农村出来,未经历练,再加上敦厚老实,不知如何跟施工人员搞好关系,在他做包工头的这段时期,非但没赚到钱还赔了本。那时他常常在想命运为何如此不眷顾他,村里跟他差不多年龄的都成家立业了,而他却仍是一无所有。而弟弟也在一次意外的触电事故中失去了双手,那一年他 26 岁,还没结婚,父母年事已大,弟弟失去双手,内心感到一片迷茫。

人生转折　这里开始

最终李永才坚定了自己的信念,坚信今天别人拥有的,明天自己也一定会拥有。1984 年 5 月,经人介绍他来到千岛湖旅游公司做了一名合同工,在旅游景点桂花岛上担任景管员兼卖观光门票。不久他结婚了,爱人也随他一起当了一名合同工,这下成了双职工,每月工资加起来有 70 元,也有余钱寄回家,用以还债和给弟弟看病。李永才非常高兴,感觉他的人生就好像"山重水复疑无路,柳暗花明又一村"。

桂花岛是千岛湖东南湖区一个自然景观很美、游客最旺的小岛。1990年以前,来千岛湖的客人是一定要上桂花岛看看的,那时候淳安搞旅游的很少,因此整个岛上就李永才夫妻两人。开始的时候到岛上玩还是免费的,他们的主要工作是景点管理,包括打扫景点卫生、接待客人、景观介绍等。刚上岛工作的时候激情很高,生活工作都很愉快,可是时间久了困难也就来了。那时岛上还没通电,到晚上只能点油灯,由于住在山顶上,用水还要到湖边去挑,吃菜就更困难了,景区是不能种菜的,买菜又不方便,所以大部分时候他们都是吃海带、咸腌菜、霉豆腐、辣酱,有时这些菜也没有了,就用从家里带来的干面条放点油盐一起煮一下,就这样打发了一餐又一顿。

就这样在岛上待了 6 年,这 6 年里,李永才不怕苦不怕累,积极努力工作,为千岛湖旅游公司创下很可观的经济收益,而他也是收获多多。首先是思想观念更新,从工作中接触到了八方游客,广交了朋友,与他们交往中增长了新知识,得到了新信息,接受了新理念,还学到了与人沟通。这些都是他人生中最大的财富。

创业之路　始于脚下

　　岛上的 6 年生活，李永才学会了做生意。因为岛上工作比较艰苦，公司照顾他们夫妻，就允许他们在岛上小卖部里卖点导游图、胶卷、饮料等，收入归他们。那时候李永才还不会做生意，卖出一件商品只赚两三分钱，一天下来就赚个几毛钱，如果哪一天赚了一块多，那就很高兴了。后来渐渐地发展到卖茶叶、卖鱼干，从那时起他就慢慢知道城里人很喜欢农村土特产，所以后来他们夫妻俩就开始专门做土特产加工、销售。

　　当时，国家的政策还没有放得很开，城市里不招收农民工，原有单位农村户口的职工，都要回到农村去；还有农村户口不可以在城里买房子，要当个体户开个商店，如果没有好的关系，营业执照不批给你。当时李永才就碰到了这个问题，回家务农不甘心，城里开店执照难办，为这事，他反复跑有关部门，后来是千岛湖旅游公司的领导出面帮他，才批的执照，店名是永成特产商店，时间是 1990 年。从那时起，他们夫妻就一门心思经营千岛湖土特产，生意越做越好，虽然刚开始只是一个小的店铺，但是永成特产商店的名气却越来越大。

　　李永才对于工作投入了百分百的热情。为了挖掘风味鱼干、野生菜的传统制作工艺，他不分白天黑夜进行上千次、上万次的试验制作，直到得到市场上的认可和广大消费者的青睐。他还深入民间采集、整理出了野生鱼干、农家菜干等这些具有浓郁地方文化特色和历史底蕴的资料，加强绿色食品文化建设，靠着"文化"包装，这些土里土气的乡村食品摇身一变，身价陡增。李永才一边经营商店，一边参加浙江大学企业管理班继续教育学习，不断充实自己的文化水平。在经营过程中，他发现很多顾客对千岛湖有机鱼和野生葛粉特别感兴趣，于是他又萌发了办厂的念头。

创业之路　越走越宽

　　在这么多年经营土特产生意的过程中，李永才产生了要将千岛湖土特产这个品牌做大、做好的念头。2005 年，李永才在千岛湖鼓山工业园区，投资 500 余万元，创办了一家专业加工、销售农产品的企业，致力于将千岛湖土特产这个品牌更好地推向市场。

在扩大规模的同时,他也一直致力于提供质量上的保证。他聘请浙江大学教授指导绿色食品制作工艺。为了把好产品质量关,公司从原料基地的选择到生产每道工序都制定标准化、科学化、规范化的操作程序,既保证了产品的高质量又保持了农家食品特有的风味。

就是在这样细致和严格的努力下,公司在成立短短几年来,发展形势良好,目前厂房面积达 2000 多平方米,员工 30 余人。产品市场占有率在淳安县同类企业中名列前茅。公司先后获得了"杭州市著名商标"、"杭州市农业龙头企业"、"淳安县农业龙头企业"、"优秀旅游商品企业"、"淳安县十佳优秀农业龙头企业"、"质量信得过单位"、"诚信民营企业"等称号;产品获得了"千岛湖名牌产品"、"市民最喜爱的十大品牌农产品"、"浙江省绿色无公害优质畅销农产品"、"省农博会优质奖"等荣誉;李永才也被杭州市委市政府授予"杭州市先进社会主义建设者"荣誉称号。

如今,公司所追求的是过硬的产品质量、雄厚的技术实力、高素质的专业队伍,使公司具备了雄厚的市场开发实力和能力,公司重视企业文化建设和核心竞争力的培养,为加盟者创造效益,为加盟者创造财富,为加盟者创造价值。以"诚信、开拓、务实、共赢"为企业精神和经营理念,以"打造品牌,服务客户"为宗旨。

感恩社会　任重道远

公司越来越好,财富越来越多,但是李永才却没有因此沉迷享乐、只顾自己。他说,对于这些收获,有时自己已很满足,有时感觉自己疲惫不堪。于是常常也在想,该停下来休息了。但一想起是谁让自己有了今天,便加快了自己的脚步。因为如今,自己的奋进不再仅仅是为了自己一个人,而是为这个曾经养育自己的社会。饮水思源,感恩图报,这是我们中华民族的美德。李永才出身农家,他从来没有忘记生于斯、长于斯的故土和养育他的父老乡亲。这些年来,他在商海辛勤地拼搏,但对故乡的万家忧乐常系心头。"春风行动"、救灾、助残、慰问孤老、希望工程等社会公益事业,他都慷慨解囊,近几年公司各项捐款就达 10 万余元,他还情系下岗职工,公司招工时都明确规定下岗工人优先,公司人员 70%以上系下岗工人。

李永才还主动提出要和家乡宋村乡进行合作,以"公司＋农户"的形式带动老家的农业经济发展,提高农民的收入,改变宋村乡经济欠发达的局面。将"永成"这个品牌做成社会的品牌,公司做成社会的公司。

从李总的身上，我深深地感到，只有心系社会，心系他人的人才能获得最后的成功。如果一个人不顾一切地只为敛财，也许可以获得一时的成功，但最终往往会失败。只有当你心怀社会的时候，社会才会给你相应的回报。

从下水上山到工农结合

■ 文/严润兰

创业者档案

    徐正兵,男,1968 年出生。生于普通农民家庭的徐正兵并没有接受高等教育的机会,而今创业成功的他经营着幸福的六口之家。几年前还捉襟见肘的他如何能在当地村民中脱颖而出,成为有名的创业带头人呢?他早年曾经营水产养殖,然而屡屡遭受挫折。之后转行进入了原本一窍不通的种植业,在积累一定资金及经验后将来料加工纳入了自己的经营范畴,后又发展专业绣花厂,实现了工农结合稳定发展的路子。至今,其创业所仰赖的最初资源——土地,已扩展到 70 多亩,包括了附近村子的几座山头。所经营的来料加工更是惠及当地的多个村子,颇受人称道。

所在地情况

    徐正兵所在的村子就在距离浙江省兰溪市区不到 15 公里的樟树下。大家所熟知的兰溪市不仅仅是兰花之乡,更是以其"七山二水一分田"的独特江南丘陵地貌而成为远近闻名的水果之乡。毗邻沪杭,地处婺北则是它得天独厚的市场条件。新农村建设的不断发展,拓宽了农村的通村公路,也拓宽了农民的致富路。路好了,销售就不愁了。销售不愁了,农民就可以放开手脚大规模种植了。这样的变化也体现在创业主人公徐正兵的艰难创业历程中。

创业项目

    水果种植、来料加工

创业感言

踏踏实实做事，一步一个脚印走稳。

创业故事

年前的晴好天气似乎给年后的阴雨天气埋下了伏笔，这几天一直都不放晴。于是，在正月十二，也就是 2011 年 2 月 14 日，估计正月里走亲访友的都已经差不多告一段落了，笔者踏上了寻访的路。不巧的是，当地虽然通了路，但平时货运车比较多，公交车非常少，所以错过了那班公交车的笔者就只好步行前往徐正兵家。不过当笔者赶到徐正兵家时，才听说他突然有事，出去了。尽管之前联系好了，但有时候还是会有突发状况，心想只能下次再去拜访了。不过出人意料的是当天下午，与徐正兵联系时，他竟立刻表示愿接受采访，并且他过来。受宠若惊的笔者，于是就在自己家中对徐正兵进行了采访。

其实任何创业历程都不会一帆风顺，徐正兵也一样。

下水篇

兰溪一带原本就因其独特的气候条件而非常适合水果种植，在兰溪的乡村地区，几乎家家户户都拥有自己的几亩田地，用来种植瓜果粮食，而山地上则主要种植橘、橙、桃、李等水果。在十几年前还仍然是这种方式，而随着经济的发展，这种小农经济已不再能满足当地人创业的需求，于是渐渐有人开始专业承包山地进行规模化水果种植，徐正兵就是其中之一。当问

到徐正兵当初为什么选择承包山地时，他这样说道："当初，我不是选择承包山地的。开始从事的是水产养殖，后来发现没了出路，就从水里转到了山上。我也是'下水上山'过的。"说到这个时，徐正兵还是不由地皱了一下眉头，就算是旁人，也还是可以感受到当时创业的艰难以及创业失败后的那份

挫折感。

　　说到水产养殖,不得不补充介绍一下当地的淡水养殖业情况。在兰溪当地,山塘、水库众多,得天独厚的水利条件使20世纪90年代后的一个相当长时间内大量的农民从事起淡水养殖。一方面,是由于山塘水库虽多,但多有山相隔,很难形成规模化养殖;另一方面,当地的销售渠道也比较狭窄,主要是在当地的一些市场。当市场逐渐饱和时,必然引起鱼类销售的阻滞。长途运输到外地或许是一条路径,但当时没有专门的从事这方面的商人,故自产自销的农民因缺少技术和资金两方面的支持,于是,很多农民就转行了。

上山篇

　　1995年前后,觉得水产养殖效益低下的徐正兵果断放弃了这方面的发展。带着几年来的积蓄,承包了20亩左右的山地,开始了柑橘的种植。当时乃至现在的大多数从事这方面种植的农民每年还是等着收购商上门来收购,在柑橘行情相当不好的年份,好柑橘卖不出好价钱,甚至贱价销售都非常困难。一旦到了第二年四月份,柑橘的储存不能保证,农民只能含泪把自己的柑橘扔掉,为自己一年的辛劳画上句号。而随着柑橘种植的规模不断加大,销售渠道却不能拓宽,出现了供大于求的状况。另一种情况就是在水果产量低(受气候影响等)的年份,水果价格虽提高了,但没有产量,农民的收入还是无法提高。

　　这让徐正兵陷入了思考,怎样才能提高自己种植的效益呢? 在一段时间的市场调研中,他发现,在柑橘的销售过程中,大城市的柑橘价格还是相当高的,但中间经历的销售环节过多,农民→收购商→批发商→零售商,这么一条线下来,农民获得的少之又少。这让徐正兵难以平衡,他日思夜想着如何增加收益而不是辛辛苦苦的一年一年都在为其他商人打工。因此,必须减少销售环节。批发和零售比较难以取代,但是收购商可以,何不自己直接卖给批发商呢? 而且自己也可以了解价格,做到心中有数。

闯荡篇

　　在这样的情况下,他采取了另一个策略——自产自销,走高档水果路线。他通过精美包装,将普通的柑橘礼品化,同时积极打开上海市场,极大拓宽了自己的销售渠道。价钱上去了，利润有了，这是徐正兵创业的第一步。当问到怎么想到打开上海市场的时候，徐正兵说："杭州、上海是我们长三角地区消费水平最高的两个城市，而我们兰溪到这两座城市的交通又这么便利，这就是得天独厚的地理条件。而且精品化后的水果只有在这样的大城市才有足够的销量。"然而，这条销售之路也并非一帆风顺。一方面是因为初次从事这方面销售没有经验，不免处处碰壁；另一方面是柑橘包装的成本也是非常大的一笔投入。想到如果不能成功打开渠道，那么损失也会是非常大的，这让徐正兵和家人承受了巨大的压力，尤其是作为一家之主的徐正兵。当问到家里人当时是否有反对这样做的时候，徐正兵说："当时肯定是反对也有，支持也有。这一点，我要感谢我太太，是她给了我勇气，一直坚持，也是她一直为我操持着这个家。"

经过了那一番闯荡，"不安分"的徐正兵又开始思考下一步出路。因为在近几年的销售当中，他发现柑橘并不十分适合精品化，柑橘的销售有其瓶颈所在。于是他决定扩大自己种植规模的时候选择了桃和李。这两种水果一直因为不易保存而不是农民种植的主要选择。但是，这些水果又是深受人们喜爱的水果。正因为如此，这才更是一个创业的好项目，也是机会所在。要扩大规模，自然要重新承包土地。本村的土地已然无法再满足他的需求。他把目光投向附近村子的闲置土地，可人家说什么也不愿意。后来经过多方调解协商，他才最终有了扩大创业的土地资源。因为资金的问题一直是农民创业的一大瓶颈，所以徐正兵选择的也是逐步积累资金的保守方式，这种方式带来的好处就是用自己已有的钱去赚更多的钱，心里踏实。

从摸索水产养殖到尝试柑橘种植，再到现在的桃李种植，每一次都是一次全新的尝试，每一次都是一种探索。而徐正兵正是凭着敢于尝试、步步走稳的策略逐渐走上了致富的道路。不过由于一下子承包近四五十亩土地，徐先生还是有资金上的困难。另外，化肥、农药、种苗等花费也是一笔不小的开支。不过幸而化肥农药都是可以先借贷的，再加上亲友的资金支持，总算是填补了当时的空缺。事业办起来了，现在的徐正兵一共经营着70多亩的水果山，真是名副其实的花果山了。现在他很少自己从事农业生产，主要是跑销售，掌控技术方面的事务。他在当地雇用了几个农民长期工作，而农忙时期就再雇用临时工帮忙，笔者开玩笑说那有点像封建社会大地主家的长短工了。徐正兵则开心地笑了。他说，当时自己的想法没有错，转行进入桃李的种植是自己最重大的决定之一，这也是一个正确的决定。而且雇用当地农民，也是让他们增加收入的一条途径，不会耽误了自家生活。现在出外打工使留守儿童众多，严峻的现实摆在面前。农民与其外出做自己不熟悉的工作,不如在当地从事自己熟悉的农业打工,自己再从事一些另外的副业,收入也非常不错。只是,这样的岗位毕竟比较少。

农转工篇

"来料加工",现在已成为了不少农村的时髦词汇。正是那一年四季都可以做,而且技术要求低的来料加工给了许多农村不方便外出或是年纪较大的妇女一个在家门口挣钱的机会。另外,对来料加工的资金技术方面要求也不高。徐正兵人好,耐心,常常是他给工人们把材料送到家门口,完成后,只要一个电话,又开着车来把成品带走。最初,他的材料都是从其他销售商处购进,当他觉得自己有能力自己从事材料加工以及成品的销售全程生意时,他又一次地开始了创业。抓住义乌小商品市场的契机,把自己做的成品销往全世界,不再是空谈。现在,徐正兵的来料加工已经遍布附近的4个大村,给自己带来巨大收益的同时,为当地农村剩余劳动力的就业也做了很大贡献,深为当地人称道。

好奇的笔者问道:"您以后的发展方向是什么呢?工农结合您做到了,打算进一步扩大规模吗?"徐正兵笑着回答了笔者的问题:"你应该还不知道我办的绣花厂的情况,改天你可以去看看,虽然现在还没有开工。我是打算在农业上进一步推进精品水果的发展,现在我的水果规模不算大,但是我们这里的发展还是非常有潜力的,最终我希望能像穆坞枇杷和马涧杨梅一样,打出自己的品牌,并且带动大家的水果销售。这样,也就不是我自己一人的致富了。"

另外,徐正兵还说,当时正是看到来料加工行业的低门槛才进行了投资。他原想从事的创业还是办绣花厂,但办厂需要的资金当时还不具备,到后来觉得时机成熟了,就开始筹备了。现在拥有了十多个工人,发展势头还不错,打算今后在发展中逐渐扩大自己的规模。

当问到徐先生自己一个人是否忙得过来时,他说自己并不是一个人在忙,不然肯定干不下来。义乌的销售工作主要是他妻子跑出来的,自己干的只是苦力活。笔者在感叹徐先生谦虚的同时,也不得不相信"贤内助"的力量。

笔者不由想起了徐正兵创业的感言:踏踏实实做事,一步一个脚印走稳。从小规模的种植创业开始,在积累了一定资金后逐渐扩大规模。一步一个脚印稳稳当当地逐渐过渡到工农结合的另一种产业模式。在致富的同时也极大地促进了当地农民的创业致富。带着强烈的社会责任感和公德心，也是这个文化程度不高的农民创业成功的原因之一吧。

在访谈快结束的时候，笔者还问了徐正兵关于大学生农业创业的看法。他说："年轻人做什么事都应当脚踏实地，学习也好，创业也好，必须一步一个脚印走稳。还要善于学习，善于发现生活中的机遇。就算生活中遇到再大的挫折，也要咬牙挺过去。年轻人不要怕吃苦，要想想父母的艰难。"

感谢徐正兵的配合，感谢他的忠告。我想，这对 90 后，即将面对就业或是创业的一辈人，的确是非常有意义的。

陈织霞与她的"姚家大院"农家乐

■ 文/刘 刚

创业者档案

　　陈织霞,女,出生于 1965 年 7 月,高中文化。这是一个热情、朴实的农村妹,对生活的渴望和对梦想的追求使得她脸色红润、精神十足,眼神中饱含着青春的力量。小时候的她因家庭贫困在初中毕业后辍学,用稚嫩的肩膀承担起了养家的重任。随着安吉旅游业的发展,她敏锐地察觉到了由此而来的商机,并在做了10年卖菜生意后毅然改行做起了农家乐。如今,凭着农村人的朴实、热情与善良,在她经营下的"姚家大院"年营业额达 100 多万元,成为安吉农家乐中的骄子,得到了政府与社会各界的认同。

所在地情况

　　姚家大院位于天目山北麓、浙江省安吉县天荒坪镇井村安临公路右侧,经 04 省道至天荒坪景区途中,距县城 15 公里。所在地天荒坪镇位于安吉县南端,属西苕溪流域,临湖州市区 86 公里,距杭州 60 公里,离上海 200 公里,境内有 04 省道、临青省道、青孝线等重要交通干线贯穿,交通十分便利。全镇面积为 110 平方公里,下辖 12 个行政村,162 个村民小组,总人口 2.2 万。境内生态环境优美,山川秀丽,民风淳朴,旅游景点众多,是安吉县旅游要地。国家领导人李鹏、温家宝、吴邦国、宋平等曾先后到那里视察。

创业项目

　　"姚家大院"农家乐

创业感言

不管什么事情,既然做了,就一定要把它做好!

创业故事

2011 年 2 月 12 日农历正月初十晚上,按照约定时间我来到了姚家大院。这是古时姚家地主的大宅,后来做过新四军三次反顽战役的司令部,大院中依然保存着古时的建筑。在古老的树木与茂密的竹林的衬托下,走在鹅卵石铺就的道路上,能深深地感受到一股古色古香的气息。姚家大院的餐饮部是建在竹林中的一排小平房,内部装修美观简洁,灯光柔和,一边的墙上有大面积的窗户可以欣赏到窗外的竹林。客房部是与餐饮部连在一起的一幢老宅,宅前是一小片芭蕉林,内部住宿环境舒适整洁,每个房间外还有一个小院子,其中有石桌石凳,可供纳凉聊天。整体环境清幽舒适,让人陶醉。

进入"姚家大院"后,发现那天客人特别多,询问后方知原来是有人在此摆酒做寿。当见到老板娘陈织霞时,她正在忙碌地为客人上菜。见到我到了,她热情地接待了我,并且示意暂时有些忙,让我先等待一会儿。我利用等待的时间观察了"姚家大院"的餐饮分工,从厨师、服务员到前台,分工明细,井井有条,显然这不是一个普通的农家乐可以做到的。

大院沉浮于历史　经营兴衰于现今

清嘉庆二十三年(1818 年),姚姓徽商姚斯侯(1788—1865)从安徽桐城南姚庄来到安吉天荒坪镇,发现这里有一座老宅是风水宝地,于是姚斯侯便买下老宅。经过几代的发展,姚氏成为当地首屈一指的大户。

大院占地面积 1.4 万平方米,大院四周选用当地溪石筑成宽 0.5 米、高 4.5 米的围墙,主体建筑为二进各五间木石结构主楼、二进二间二层生活楼(已毁坏)、一幢小姐楼以及护院平房等,还有操场、池塘、假山以及古玉兰树、桂花树和银杏树群等。

1945 年,新四军苏浙军区在这姚家大院门前打响了第一枪,从而拉开了一、二、三次反顽战役的序幕。在新四军三次反顽战役中,司令员粟裕、政委谭震林等就曾住在该大院内。新中国成立后,土改时,这里部分建筑给当地农民居住。后来一直作为国家粮库。

在对"姚家大院"景点进行全方位开发后，2005年"姚家大院"正式开门迎接游客，提供包括餐饮、客房、景点、会务、茶艺、棋牌、垂钓等在内的各种商务、娱乐、休闲服务。游客们除了游览明清时期的私家园林建筑外，还可参观白鹭园、安吉民俗风情园、方竹园，新四军纪念馆、粟裕纪念馆、姚氏家族史馆、胡宗南生平馆、小姐楼生活馆、安吉历史馆、中外钱币史馆等三园七馆；其他还有风火墙、怡香、华夏野桑王、残垣断壁、境静、起舞、鸳鸯池、孝峰、古杏林、江南桂花王、明代假山、生春台、潜机洞、豁然开朗、藏金穴、戏春池、

画廊、芭蕉林、福渡、胭脂井、图腾神柱、曲径通幽、古校场、丰收台等二十四景。

姚家大院作为湖州书画院的创作基地和学生的德育教育基地，成为安吉历史人文旅游、绿色风光与"红色旅游"相结合的一个高品位景区。

2008年，因经营不善，"姚家大院"被迫关闭，半年后由陈织霞以承包的形式经营"姚家大院"。如今，在她的经营下，"姚家大院"平均每日客流量200多人，旺季达每日600多人，年营业额达100多万元。

贫困让人受苦难　梦想让人不低头

像大部分出生在20世纪60年代的孩子一样，陈织霞也成长在一个普通的农村家庭。小时候的陈织霞既懂事又好学，每天放学后总是先帮家里做

家务,晚饭后又在煤油灯下认真地做功课。她家有 6 口人,除了父母外,还有两个姐姐和一个弟弟。那时的生活虽不富裕,但是在父母的照顾下,一家人的日子也还算安逸。

然而命运似乎总是喜欢捉弄人,在她初中毕业的那年,父亲突然病逝。这突如其来的变故对一个尚未完全懂事、对未来还充满着美好遐想的孩子来说简直就是一个巨大的灾难。没有了父亲的家庭就像一个没有了屋顶的房子,风吹日晒雨淋再也没有可以庇护的地方,所有的重担都压到了母亲与孩子们的身上。父亲去世后很长一段时间,家里都弥漫着一股悲痛的阴霾。而这不幸的变故对母亲来说,意味着更大的责任。最终,为了让这个家庭继续维持下去,母亲强忍着丧夫的苦楚鼓励孩子们走出变故的阴影。

变故后的家庭,经济上已远远不如先前。为了减轻母亲的辛苦,也为了让弟弟继续读书,陈织霞放弃了读高中的机会,和姐姐们一起去了当地的工厂上班。而这样一个优秀好学的学生突然辍学,让老师怎么舍得?为了让陈织霞回到学校,老师来了家里好几趟,既劝陈织霞又劝她母亲。母亲也实在不愿让自己如此优秀的孩子在贫穷中变得平凡,但陈织霞每次都坚定而成熟地谢绝了老师。每次目送着远去的老师,她心里总觉得送走了某些再也不会出现在自己生命中的东西。

就这样,她毅然放弃了学业,用自己稚嫩的肩膀承担起了养家的责任。她一方面在外面上班赚钱,另一方面照顾家里的农活,山上田里都有她劳碌的身影。看着跟她一起上学的同学有的上了高中又上了大学,有的凭关系找到了好的单位,她不免露出羡慕的目光。再看看自己因为干活而磨得粗糙的双手,有时候真的觉得命运是那么的不公平,生命是那么的不平等。然而,尽管有时她会一个人默默地流泪,但擦干眼泪时她总是对自己说,贫困也许可以让人受苦,但是绝对不能让我低头! 就这样,她那时就在心中播种了这样一个梦想:一定要靠自己的双手干出一番事业,让自己的生活变得不一样。

结婚后,她做起了卖菜的生意。每天凌晨两三点起床进城去进菜,回到菜场时天刚开始亮,陆陆续续的就有人来买菜了。这依然是一个辛苦的活,不管刮风下雨还是生病劳累都得坚持,一天不摆摊,自己的几个固定顾客就有可能成了别人的固定顾客,以后的生意就会变得难做。从小吃苦长大的她以一个坚定的信念支撑着自己的事业,并以一个乐观的态度面对生活中发生的所有幸与不幸。功夫不负有心人,凭着自己的热情与善良,卖菜生意在她的苦心经营下蒸蒸日上,收入可观。家庭虽然算不上富裕,但已处于同村人的中等水平。

旅游开发商机来　说干就干农家乐

　　安吉山清水秀，环境优美，是旅游的好选择。随着政府对旅游的开发，有越来越多的人来到安吉，民间"农家乐"的生意也渐渐热起来。天荒坪作为安吉旅游资源的主要依托之一，每年都要接待大量的游客。家住去天荒坪必经之路安临公路旁的陈织霞敏锐地察觉到了其中的商机以及自己得天独厚的优势。首先，从小就干家务的她对做农家菜已非常在行。其次，利用自己家的房子，一方面有地理优势；另一方面也可以免去房租费，降低很多成本。在和家人商量了之后，既有赞同的意见，也有反对的声音。赞同的表示开农家乐可以比做菜生意稍微轻松一些，至少不用每天凌晨起床去外面奔波，这对于一个女人来说再适合不过了；反对的表示现在农家乐越来越多，今后竞争必定日渐激烈，风险很大，不见得每个农家乐都可以经营得好，况且她已经在卖菜生意上做了 10 年，有着丰富的经验和稳定的客户，收入已经相当有保障，没有必要冒险去一个既没有经验又没有积累的行业尝试。听了家人的意见后，陈织霞觉得两种意见都有道理，再三考虑后，最终她选择了改行。两个星期后，"织霞农庄"便开张营业了。

　　梦想与现实总是会有差距，这或许是命运的游戏或者生活的"潜规则"。虽然早已有心理准备，但农庄的生意并不像想象中的那么好。与开业时的热闹比起来，接下去的几个星期实在显得太冷清。其中的道理陈织霞自然十分清楚，并不是开了店就会有源源不断的客人来访，真正支持一个商家稳定站立的要素就是"回头客"。所以农家乐的顾客定位不仅仅是路过的外地游客，更重要的是当地居民，只有当地居民才是"回头客"的主要对象。10 年的卖菜经验告诉她，周到的服务和优惠的价格才是赢得顾客的有利因素。所以她并不气馁，因为当初卖菜也是自己慢慢闯出来的。

　　为了赢得更多的"回头客"，使自己的农庄得到村里人的认可，陈织霞亲自在菜色上下工夫，并且请了优秀厨师，价格上公道合理，让每一位来吃饭的人都能留下深刻的印象。慢慢地，"织霞农庄"在村里有了名气，吃饭、请客、摆酒来"织霞农庄"的人越来越多，生意蒸蒸日上。两年下来，平均每年有 30 多万元的营业额，在村里也有很好的口碑。虽然开农庄依然很辛苦，但她看着渐渐好起来的生意，辛苦也在高兴中消失了。

　　让人感慨的是，在离开了学堂 20 多年后，她依然保持着对学校的向往。由于开农家乐比先前做菜生意有更多的空余时间，她便报了成人职业高中，利用空余时间学习知识,并取得了高中毕业证书。这似乎是在弥补自己20多年前的遗憾,又似乎是在向这个世界证明着什么,这让人感动、催人泪下。

舍农庄取"姚家大院" 历艰辛成农家骄子

在"织霞农庄"的马路对面就是"姚家大院",几乎与"织霞农庄"开张的同时,"姚家大院"也经过整修开发对外开放。这是在酝酿了两年之后,经浙江省文物部门同意,在安吉县文化、旅游和粮食等部门的协助下,湖州书画院及湖州冶大文化艺术有限公司联合投资开发的一个红色旅游景点,其中也包括餐饮和客房等服务。然而,"姚家大院"的生意一直不见好,在马路对面小小的"织霞农庄"络绎不绝的生意对比下显得格外冷清。当时"姚家大院"的老总李生荣多次碰到陈织霞,向她请教为何她的生意可以做得那么好,当地客人会有那么多。而陈织霞总是微笑着说,那是因为你们没有把握好城市与农村的差别,农村里的人赚的每一分都是辛苦钱,所以用的时候精打细算,我们农庄价格实惠,菜色也可以,老百姓当然愿意来,而你们是星级酒店的服务,消费太高,老百姓消费不起呢。

在经营了两年后,"姚家大院"最终因为生意不好而不得不停业。这时李生荣找到陈织霞,问她是否有意出25万元每年承包"姚家大院",承包期三年。面对突如而来的机会,怎能让人不动心?她本身也正在考虑是否有什么方法可以扩大自己的生意,承包"姚家大院"不正是一个天赐的良机吗?而且可以借着这样的生意认识更多的人,开阔眼界。但25万元对于一个农村女人来说,实在是一个庞大的数字。虽然做了几年生意后确实有一定的积累,但这些在25万元面前显得苍白无力。何况接手一个别人经营失败的地方,这个风险实在是太大了,谁能相信自己一定能经营得好呢?万一失败了,不但赔了自己数年来辛苦的积累,还会欠下一屁股债。面对这些问题,她犹豫了。

其他农家乐听说了"姚家大院"停业的消息也纷纷赶来询问承包的情况,但均因为价格太高而放弃。

半年后，"姚家大院"的开发商周经理找到陈织霞再次谈起了承包"姚家大院"的事情，并且表示如果她有兴趣，价格可以进一步商量。再一次面对这样的机会，陈织霞再也按捺不住，但是这样的事情如果跟家人亲戚讲了肯定会遭到反对，所以她只打电话与一直以来最了解自己的弟弟商量。弟弟对此非常支持，并且鼓励她说，人一辈子就要尝试不同的机会，不试一试怎么知道自己是成功还是失败呢。而且弟弟还表示可以提供经济上的帮助。有了弟弟的支持，她有了力量，一周后通过谈判用15万元每年的承包金签下了承包合同。

签合同之前，除了弟弟，陈织霞没有把这件事情告诉任何人。待大家都知道这件事后，无论是家人亲戚还是邻居村民都说她做了一个极愚蠢的选择，肯定要赔在里面了。甚至还有人出恶言，说陈织霞掉进了一个放死人的地方，不赔死才怪。母亲也因为担心而在床上躺了整整三天。而走进这关闭了半年的"姚家大院"，整个大院因无人居住显得格外的阴森，所有的房间、桌面、柜台都已积了厚厚的灰尘，几处墙壁也因漏水而斑驳脱落，地板也有的开始腐烂，散发着一股发霉的味道。打开留存下来的冰箱时，一股恶臭扑鼻而来，半年前放着的猪肉已腐烂得如腐尸一般。一个小工被吓得当场晕倒，送医院后挂了四天盐水才勉强好起来。更重要的是如何再次营业的问题，这个既有餐饮又有客房还有景点的地方和自己以前的小农庄实在太不一样了，自己根本没有这方面的经验。

就是在这样的压力和几乎绝望的环境下，陈织霞却别无退路。她后悔，从没想到这件事情会这么困难。而家里母亲正为自己急得吃不下睡不着，村里人正等着看自己的笑话。晚上她在黑夜里无数次默默地

流眼泪，悲叹自己只是一个女人，可为何要受如此大的压力和痛苦？但是每一次到最后，她都坚定地跟自己说，不管什么事，既然做了就一定要把它做好！并且她每天都为做好这件事而努力着。

在经历了十几天的打扫之后，"姚家大院"终于在2009年5月1日再次

开张。在这个更加庞大的地方,不仅需要更多的厨师、服务员,而且管理餐饮部、客房部和水电问题等都需要自己理出头绪,做好管理。操心与劳累让她在一个月内就瘦了16斤,但她凭着自己坚定的信念支撑着自己,支撑着这个刚刚由死复生的脆弱的"姚家大院"。

在她的努力下"姚家大院"的经营慢慢上了轨道,未来渐渐变得明朗起来。她并没有延续"姚家大院"先前的经营模式,而是用农家乐的风格进行经营。由于自己在餐饮方面更有经验,所以开始时的经营以餐饮为主并同时附带客房,至于景点方面暂且搁置了起来。另外对餐饮的包厢、大厅以及客房也进行了适当的整修,使环境更加舒适。在推广方面,她一方面利用先前留下来的旅行社资料联系导游,表示合作的意向;另一方面也在电视台和网站等媒体投放广告,平时还积极参与政府组织的各种农家乐的活动,抓住每一个为自己做宣传的机会。

随着宣传的加大,合作对象的增多,并且本身农家味足,价格实惠,环境优美,服务周到,不仅外来游客不断增加,连当地的客人也喜欢来此吃饭聚会。"姚家大院"的名声不断扩大,政府对此也高度重视,在很多方面都给予了扶持与帮助。由于这里的餐饮与环境确实出色,安吉县的人武部、消防大队、车管所等政府部门也常来此吃饭。

两年下来,"姚家大院"已经从倒闭变得红红火火,平均每日客流量200多人,旺季达600多人,每年营业额也有100多万元。有时客人多得接待不过来时,陈织霞还会把客人介绍到周围的农家乐去,给周围经营者也带来了好处。现在村里人不再嘲笑陈织霞做了一个愚蠢的选择,而是对她非常佩服;母亲也不再担心,而是以有这样一位女儿而骄傲。如今陈织霞已经买了车,生活变得更好了,而"姚家大院"也已是安吉农家乐中的骄子。

畅想未来求能人相助　农村创业大学生佳选

谈到接下去的打算,陈织霞说,未来她希望能到外面多走走,一方面多学习一下其他地方管理经营方面的经验,开阔视野;另一方面也希望为"姚家大院"寻找更多的合作对象,扩大业务范围。但目前她最缺的是一个得力的总管,因为现在"姚家大院"里里外外的事情基本上都是她亲自管理的,虽然有姐姐和服务员红英的帮助,但是大家都已分工明确,自己难以抽身。另外她还想开一个"姚家大院"的连锁店,去年就已选好了位置,但苦于没有合适的管理人员而迟迟没有投资。

至于"姚家大院"内部，餐饮业已经做得相当不错了，接下去计划把景点开放出去。两年前"姚家大院"停业后，景点就一直处于封闭状态，两年过去了，曾经整修过的房屋又一次变得破旧凌乱了。由于对景点的再次整修开发，花费实在不是一个小数目，她十分希望得到政府或者开发商的帮助。

对于自己，陈织霞希望在今年学会使用电脑。之前一直没有机会接触电脑，总是因为太忙想学却没有时间，所以一直到现在对电脑还是很陌生。但是在这个信息化的时代，她明确地意识到电脑在生活、生意中的巨大作用，如果自己学会了电脑，那无论是对外宣传还是从外界了解信息都将更为方便快捷。

访谈的最后，陈织霞建议大学生到农村创业。如今大学生就业压力·大，很多大学生毕业了却找不到工作，或者找到了但也并不满意。与其给别人打工，还不如为自己打工。在农村创业，创业成本相对较低，起点也更低一些，同时政府也有对大学生农村创业的支持政策，能帮助减少创业过程中遇到的问题。何况现在农村大量的劳动力和技术人员流向了城市，大学生来农村可以带来先进的技术和现代的管理观念，一方面有很大的发展空间，另一方面也能起到很好的模范带头作用，促进农村经济的发展，解决农民就业问题。

一个出身贫寒的女子，从小吃尽了贫困带来的困苦，或许那些苦难将她的双手磨得粗糙，但是她的心灵却因此而变得坚强。听她诉说着自己的创业经历，我深深地为之感动。也许我们无法选择自己的出身，但是我们可以选择挣脱命运的束缚。不管别人靠的是背景还是关系，我们依然可以靠着自己的双手为自己撑起一片天空。泪水可以流，苦难可以尝，唯有自己的信念不可倒。陈织霞正是用自己艰辛的创业经历谱写了一曲与命运抗争的赞歌，在此让我们衷心地祝福她在自己的创业路上越走越远，越走越好！

从农民到古琴制作大师

■ 文/杜宝森

创业者档案

　　马岳思,男,1962 年出生,杭州市余杭区崇贤镇鸭兰村人,生于普通农民家庭。15 岁初中毕业后,就拜本村的一位老木工为师,开始学习木工,之后师从古琴名家徐匡华学习制作古琴,精心钻研,成为新一代斫琴大师,并且获得了"浙江省非物质文化遗产传承人"的荣誉。

所在地情况

　　杭州市余杭区崇贤镇鸭兰村位于京杭大运河畔,水网密集,水乡特色明显,是远近闻名的革命老区、绣花之乡。全村管辖 3.6 平方公里,27 个村民小组,15 个自然村,955 户农户,全村总人口 3784 人,于 2003 年 9 月由原平泾村、鸭兰村扩并而成。

创业项目

　　古琴斫制

创业感言

　　全心投入,坚持自己的兴趣,就能成功。

创业故事

　　古琴,亦称瑶琴、玉琴、七弦琴,为中国最古老的弹拨乐器之一,古琴是在孔子时期就已盛行的乐器,有文字可考的历史有 4000 余年,据《史记》载,琴的出现不晚于尧舜时期。21 世纪初为区别西方乐器才在"琴"的前面加了个"古"字,被称作"古琴"。它是至今依然鸣响在书斋、舞台上的古老乐器。在中国古代社会漫长的历史阶段中,"琴、棋、书、画"历来被视为文人雅士修身养性的必由之径。古琴因其清、和、淡、雅的音乐品格寄寓了文人凌风傲骨、超凡脱俗的处世心态,而在音乐、棋术、书法、绘画中居于首位。"琴者,情也;琴者,禁也。"吹箫抚琴、吟诗作画、登高远游、对酒当歌成为文人士大夫生活的生动写照。

古琴千百年来一直是中国古代文人、士大夫手中爱不释手的器物。特殊的身份使得琴乐在整个中国音乐结构中属于具有高度文化属性的一种音乐形式。"和雅"、"清淡"是琴乐标榜和追求的审美情趣,"味外之旨、韵外之致、弦外之音"是琴乐深远意境的精髓所在。一般人可能不会想到,这种蕴含着丰富而深刻的文化内涵的高雅乐器会和一个普通的农民有什么联系。但是,在杭州郊区的农村,就有这样一位"古琴斫制大师"。出于对古琴的喜爱和对这位大师的好奇,我前往了杭州余杭区鸭兰村,辗转找到了这位"古琴斫制大师",对他进行了简短的采访,并在访谈的基础上形成了此报告。

农民出身　投身木工

马岳思师傅今年 49 岁,出生在农民家庭。35 年前马师傅初中毕业之后在家务农,农闲之时,就跟着鸭兰村一位老木匠学习木工。心灵手巧的他,逐渐跟着师傅学会了锯木、刨板、凿孔等基本功。只学习了不到 4 个月,马岳思师傅就能够独立制作家具了。第一次独立做家具,客户是家里的亲戚。结果,不但做好了五屉桌、衣橱、条凳、八仙桌等一整套新婚家具,还打做了非常考究的画牌楼床、床脚马蹄脚、床靠板雕花,木料拼合严丝合缝,外形美观大方,赢得了亲戚朋友一致好评。忙时务农,闲时制木,就这样,马师傅凭着这两项收入逐渐成家立业。然而务农和做木工收入毕竟有限,所以马岳思一家一直过得并不宽裕。

初仿古琴　以假乱真

1992 年,马岳思的妻子生病,到杭州一家医院住院治疗,在住院期间认识了一位姓周的病友。正巧周家需要做家具,于是就请马岳思去做,一来二去就成了好友。

有一次,马师傅与周一起去拜访一位姓李的老师,看到李老师家墙上挂着一张古琴。出于职业的敏感,马岳思对古琴非常好奇,把古琴从墙上摘下来捧在手里,翻来覆去地看。李老师看马岳思如此感兴趣,就开始向马岳思介绍起来:这张琴名为"古琴",亦称瑶琴、玉琴、七弦琴,为中国最古老的弹拨乐器之一。古琴一般长约三尺六寸五,大约120—125厘米,象征周天三百六十五度,宽约六寸,厚约二寸。琴体上部呈弧形凸起,下部扁平,象征天圆地方。整体形状仿照凤凰身形而制成,其全身与凤身相应,分头、颈、肩、腰、尾、足等部位。

马岳思听得入迷,觉得古琴非常奇妙,并对它产生了极大的兴趣。回家之后,他凭着在李老师家时对古琴的短暂观察和记忆,仿制了一张琴,规格适当,形象逼真。马岳思背着这张琴拿去给李老师看,李老师一看,觉得马岳思做的琴很有灵气,于是把他正式介绍给古琴家徐匡华认识。徐匡华请马师傅把琴带来,看了这张仿制琴,竟大笑起来。那是因为,第一,马师傅手艺实在高明,乍一看,真像是一张名琴;第二,那琴徒有其表,形似神不似,设计不科学,连十三个徽位都是不合规矩的。马师傅摸不着头脑,傻了眼。徐匡华说:"你的手艺很好,做得不错,但是,只能看不能弹,你如果能掌握了斫琴的章法,肯定能成为优秀的古琴斫制大师!"

师从名家　艰辛探索

徐元白(1893—1957),号原泊,浙江台州海门人,是近代著名的古琴艺术大师,为浙派古琴之末代名家。其父徐月秋精通乐曲,擅奏琵琶、三弦等乐器。民国元年,徐元白拜苏州天平山清末浙派古琴大师大休上人为师,学弹古琴。大休琴艺清淡雅逸,徐元白得其亲授并勤学苦练,矢志钻研琴艺,尽得浙派精髓。后来,他在全国遍访古琴名师,与他们相互切磋琴艺,从而博收了诸家特色,并形成自己的风格。徐元白在古琴演奏技巧上继承了浙派"微、妙、圆、通"的潇洒奔放特色,自成一种古朴典雅、深造内含、善于抑扬顿挫的独特风格,所弹奏的琴曲韵味深长。

徐门第二代传人徐匡华,子承父业,从事古琴艺术普及工作,从80年代开始,在杭州创办古琴学习班,广招古琴学员。他曾在张艺谋的电影《英雄》中出演盲琴师,给人留下深刻印象。

　　马岳思能成为徐门弟子，倍感荣幸。因此，马岳思着迷于古琴斫造，孜孜追求斫琴技艺，学习古琴知识，分析古琴结构，摸索斫造工艺，从选料、裁锯、刨制、挖槽、黏合、推灰、打磨、徽位等每一道工序，都一丝不苟，决不掉以轻心。古琴制作需要一百多道工艺，其中最折磨人的就是上漆这道工艺了，古琴的表面是一层3—5毫米厚的灰胎，由大漆和鹿角霜调制而成。大漆，俗称"土漆"，又称"国漆"或"生漆"。它是从膝树上采割的乳白色胶状液体，一旦接触空气后转为褐色，数小时后表面逐渐硬化而生成漆皮。大漆具有耐腐、耐磨、耐酸、耐溶剂、耐热、隔水和绝缘性好、富有光泽等特性。但是大漆自身也存在一些缺点，最大的缺点就是大漆会使人"中毒"，漆毒的厉害可以让人抓狂。人并不是接触到生漆后一下子就会过敏，它有一个潜伏期，可能刚开始的时候并没有任何的感觉，先是手臂上有一粒小小的红疙瘩，像是蚊子叮咬过一样，微微发痒，不经意地去挠挠，第二天就多了一些红疙瘩，有些痒，然后就会逐渐开始溃烂。马师傅刚开始接触生漆的时候过敏症状非常严重，浑身上下红肿溃烂，疼痛难忍，手连筷子都没法拿起来，眼睛肿成了一条缝。马师傅的妻子实在看不过去了，就劝马师傅别折腾这东西了，还是安心种田吧。但是马师傅却不肯就此罢手，坚持每天髹漆，而且手中的农活也没耽误。他凭着顽强的毅力，终于挨过了过敏期。经过了半年多的努力，马师傅终于成功斫造了真正意义上的第一张琴，形神兼具，音质古朴，音色清纯。徐匡华上门指点，欣喜地说："真没想到你第一次做就能成功。"马岳思的聪明才智和钻研精神感动着老师。

　　从此以后，徐老师教学普及所需的古琴，全部都由马岳思斫造，而马岳思也一门心思扑在古琴斫造上，越斫越精致，每年斫造古琴的数量，从几张到几十张，成为新一代斫琴大师。

销路渐好　前景光明

　　"刚做琴的那几年，投资比较大，要买各种材料，我本身是木匠，工具倒还齐备，主要是老旧的木材、鹿角霜、大漆这些材料需要经常采购。当初仅图纸一项，就花费了一千多元。"马师傅如是说。"当初邻居们都说我不务正业，不好好种田，总在鼓捣杂七杂八的东西。好在家里人比较支持，觉得反正都是木匠活，做什么不是做呢"说到这，马师傅憨厚地笑了笑。

　　"刚开始做琴的那几年，销路并不好，主要是没什么弹琴的人，需求量太小了，一年可能也卖不出去几张。这个时候家人也有点儿着急了，觉得投入这么多的人力物力,也换不来回报,"马师傅挠挠头,"2003 年,古琴入选了世界非物质文化遗产,从此学琴的人就越来越多了,琴的销路也就越来越好,琴行的老板经常十几张二十几张的定做,原来都是先拿琴后付款,现在都是抢着先把钱付了。"

这几年随着学习古琴的人不断增多,古琴的价格也一路飙升,一张适中的古琴,价格在 4000 元至 6000 元之间,但现在这种规格的古琴,市场价格会达到 8000 元以上,甚至上万元,而名家的古琴则几万十几万几十万元不等。马师傅的琴性价比高,得到了杭州地区琴友的一致好评,经常有琴友乘两三个小时的公交车到村子里来拜访,琴的销量也一路攀升。

现在,马师傅对斫造古琴充满信心,马师傅最大的愿望就是政府能批给他一块土地,建一座生产车间,再雇佣几个学徒工,力争朝着产业化方向发展,并希望有志向传承斫琴技艺的青年加入,能让古琴文化世世代代传下去。

第二部分

返乡农民的
农业创业致富故事

王正权的种烟故事

■ 文/戴成宗

创业者档案

一个从小在贵州山区长大的普通农民,却赢得了 2006 年度"遵义县十佳杰出青年"的荣誉,入选 2007 年度"遵义县十佳致富能手"候选人。一个只有高中文化的普通人,却能够站在烟农培训的讲台上向烟农侃侃而谈自己的种烟经验,让台下的烟农

大呼"了不起"。他不是企业家,也不是政界能人,他只是贵州省遵义县新民镇新民街上的一个普通农民,他叫王正权。但就是这个王正权,却靠着勤劳的双手、灵活的头脑,在烟叶规模化种植上,走出了独具特色的种烟模式——"王正权模式",成为远近闻名的种烟"能人",成为烟农心中的"科技特派员","王正权模式"也成为烟草行业发展现代烟草农业的"样本"。

所在村落情况

王正权所在的新民街道属于贵州省遵义县新民镇,地处乌江河畔,距县城南白 37 公里,全镇东西绵延 21.5 公里,南北相距 20 公里,总面积 96 平方公里。全镇山地面积占 95%,农田 9394.57 亩,土地 12309.5 亩,人均耕地 1.06 亩。全镇人口 20680 人,其中农业人口 19830 人。全镇 2004 年实现国民生产总值 7157.49 万元,农民人均纯收入 2283 元,其中农业总产值 5798

万元,工业产值 582 万元。产业结构方面,全镇种植水稻 9400 亩,产量 480 万公斤;油菜种植 6000 亩,产值 90 万元;玉米种植 8000 亩,产值 448 万元;辣椒种植 5000 亩,创产值 400 万元,其中创税 92 万元,创建畜牧小区 6 个,外二元母猪养殖小区 2 个。烟叶种植也是新民镇传统产业之一,这些年在烟草行业大力投入下,烟草产业更是成为新民镇的支柱产业之一。

创业项目

烟叶种植

创业感言

头脑不转变的人,就跟不上社会的变化,满足不了社会的需要,当然也就不可能把事情做好!

创业故事

初次见到王正权,已经是 2008 年的事情了,那时笔者承担了贵州烟草农业经营模式的课题,得以在贵州遵义见到了这位享誉业界的"能人"。两年过去了,笔者对于现代烟草农业的研究得以逐步深入,想起现代烟草农业,想起农业经营模式,首先想到的还是这位"遵义农民":帅气的面容,清晰的谈吐,爽朗的笑声,历尽艰辛之后对于世态人生的感悟,还有他治下的规模日趋扩大的连片烟田⋯⋯

风雨打工路　归乡种烟时

早在 1987 年,王正权就开始接触烟叶种植。当时他刚刚结婚,分到了两亩烟田,循着老一辈守土生活的道路,王正权开始了种烟养家的生活。但是由于种烟规模小,用工多,工序又较为复杂,因此一年下来,尽管天天围着烟田转,但是王正权一家都没有赚到什么钱,甚至家庭生活举步维艰。

现实的困境也让王正权不得不去寻找出路,在他最为困难的时候,改革开放的春风吹到了贵州大山深处的村落。和镇上的大多数青年一样,为了生活,王正权不得不出外打工,先后在广东、浙江、上海开始了自己近 5 年打工、经商的漂泊生活⋯⋯

羁旅漂泊的生活,有时候能赚到钱,有时候赚不到钱,家人也无法照料,这种不踏实的感觉激起了王正权内心深处返土归乡的念头,1993 年,王正权毅然放弃了继续打工的念头,回到了贵州。

刚回到贵州的几年里,久谙商道的王正权并没有把回乡创业致富的希望寄托在种烟上,而是放在了当地较为有特色、经济效益较高的南瓜种植上。2001 年到2003 年,王正权在贵州绥阳等地尝试组织农民种植南

瓜,由其收购到市场上进行销售,赚取市场差价。刚开始的 2002 年,由于南瓜市场行情好,王正权赚了不少钱,但是 2003 年南瓜市场行情急转直下,他又赔了不少,市场的波动使得王正权开始思考什么行业既能有效地规避市场风险,又能踏踏实实赚到钱,他首先的想到的就是自己祖辈世世从事的产业——烟叶种植。

其实对于烟叶种植,王正权并不是凭空设想的。当时贵州山村大量的农民外出打工,很多土地抛荒,贵州烟叶种植处于低谷,烟农种烟积极性低,为了保持种烟稳定性,当地政府和烟草部门采取了积极措施,促进土地流转。精明的王正权敏锐地意识到,通过规模化种烟是一种既能规避市场风险又能赚钱的好办法。

2004 年,王正权从绥阳回到家中,正式开始了自己的规模种烟之路⋯⋯

促进土地流转　进行规模种植

从一开始进行烟叶种植,王正权就意识到,种烟要出效益,就只有走土地流转、进行规模种植的道路。用王正权自己的话说就是:“如果种一亩地得到 1000 元的收益,我不认为这算是赚钱,如果种 100 亩地,每亩地得到 100 元的收益,我认为这才是赚钱。”

因此,为了流转土地承包经营权,王正权特意找到了村民组长。在当地烟草部门的帮助下,通过一家家的协商,最终租用了 130 亩土地,其中有 80 亩还签订了 15 年的租用合同。土地流转之后,最棘手的就是启动资金问题,此时已经抱定种烟致富的王正权特意拿出自己多年的积蓄,还在当地农村信用社贷款了 8 万元,王正权的规模种烟之旅正式起航。

为了能种出好烟叶来,仅有高中文化的王正权竟然不惜本钱找来挖土机对土地进行深耕,还将土壤送到烟草研究所做土壤分析,实现了测土施肥,为烟叶"吃饱喝好"费劲了脑筋。村里人都用略带惊奇与疑惑的语气说他"傻",问他"失败了怎么办?",王正权却坚信自己能够在这条道路上走得更远……

种烟多少事　管理最辛苦

有了土地,在种烟的道路上走出了坚实的一步,但是王正权的心中并没有踏实。由于担心种烟失败,刚开始种烟的头两年,王正权几乎包办了从物资购买、烟叶种植、雇工记账、工资发放的每一个环节。一个人的精力毕竟是有限的,而且事事躬亲有时候反而效果不好,王正权开始意识到烟叶规模化种植需要管理水平的提升。

从 2006 年开始,王正权借助自己打工时学到的管理经验,将雇工进行分组细化,并聘请了总管、组长,形成了自己的管理组织。为了激发管理人员的积极性,王正权不惜开出几百元到一千元左右的工资,对管理人员进行长期聘用,由他们负责烟叶生产的管理环节。在王正权拿出的"2008 年管理人员责任"的纸张上,列着以下条款:一切工作听从总管安排与吩咐,负责好自己管理范围的各个环节工作;对组长和员工要用和谐语言;每周组织组长和员工开一次会;每月工作不到位或不按时做好的,没有当月的考核费;全年总结考评费,没有考核费的月扣除 200 元。

除了加强管理,王正权还非常注意提升管理人员的素质。2006 年年底,王正权带着 4 名管理人员,坐飞机到云南学习种烟经验,与当地烟农交流。尽管花了 7000 多元,但也使管理人员掌握了很多烟叶管理的细节,而让农民坐飞机到外地学习的行为,也在当地传为佳话。

为了进一步的强化烟叶生产环节的管理,2008 年,王正权还对烟区劳动力资源进行了整合,组建了育苗、机耕、运输、植保、烘烤、分级等专业服务队伍,并组织各种技术培训,推广机械化作业。此外,在管理的同时,也不忘为员工提供人道关怀,员工生病或者过生日,王正权不管多忙,都要亲自前往看望。

在提高员工素质的同时,王正权也不忘充实自身管理素质。2008 年,王正权还特别抽出时间报名参加中国广播电视大学农业经济管理函授课程,为自己"充电"。

通过给员工的适当放权,从前事必躬亲、忙忙碌碌的王正权逐渐变得轻松起来。2008年移栽大忙季节,有100多人在地里干活,他却游刃有余,还有时间到其他地方给烟农讲课,这与从前三四十个工人都忙不过来的情况形成了鲜明对比。

合作经营好　前路依旧长

现在的王正权,是大家公认的种烟"能人",但是王正权自己内心深处知道,在别人眼中风光无限的他,发展过程并非顺风顺水,能够走到今天,他是经历了不少人生与事业的"坎"。

2006年6月—7月,贵州遭受严重旱灾,受其影响,王正权经营的烟田烟叶产量也明显降低,烘烤质量不佳,当年实际亏损8万元,但是王正权并没有丧失信心,反而清醒地认识到土层厚、耐旱的地块抗旱的能力越强,因此,王正权在下一年的土地租赁中,选择高价租赁一些土层厚、耐旱的地块,而不是盲目扩大规模。同时,他自己还出钱建了部分烟水工程,烟草部门配套修建了一些烟水工程,从而保证了烟叶的稳产稳收。

随着种植规模的扩大,劳动用工与土地稳定的矛盾也日渐突出。2005年和2006年,烟区大量烟农外出打工,烟叶生产阶段雇不到工,工价随之上涨,村民也不愿意出租土地,引发无工可用、消极怠工、技术措施不到位等问题。困难面前,王正权又陷入了深深的思考,这一次王正权把解决问题的希望寄托在合作经营模式上,事实证明,这也是正确的。

2008年,除了原有租赁土地保持以前种烟模式以外,王正权通过与农户签订协议的方式,规定由他提供产前投入、技术指导、田间管理、烟叶烘烤与分级销售,农民投入劳动力,双方共同组织烟叶生产。农民只需按照技术要求进行移栽、打顶、采

收,其他都由王正权及其雇工负责,并在各项工作结束后按"334"比例进行分配,烟农种烟效益比之种水稻、辣椒、玉米要合算得多。尽管王正权个人会因此而收益减少很多,但他心里觉得踏实。比如2008年,王正权的718亩

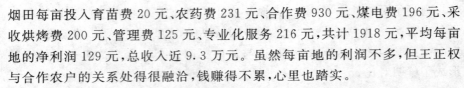

烟田每亩投入育苗费 20 元、农药费 231 元、合作费 930 元、煤电费 196 元、采收烘烤费 200 元、管理费 125 元、专业化服务 216 元，共计 1918 元，平均每亩地的净利润 129 元，总收入近 9.3 万元。虽然每亩地的利润不多，但王正权与合作农户的关系处得很融洽，钱赚得不累，心里也踏实。

通过这种方式，烟农进行合作种烟的积极性也大增，王正权经营的烟叶种植规模也逐步扩大，2006 年 160 亩，2007 年 300 亩，2008 年 718 亩，2009 年有 2000 多亩土地愿意流转，但是王正权并没有贪大求全，而是根据自身能力、管理水平等，择优选择了 1000 亩土地进行种烟。

乘风破浪会有时　循环经济促发展

随着烟叶种植的深入，王正权也认识到，常年在同一地块上种烟，会导致土壤板结，种植不出好烟，也烤不出好烟。为了解决这一问题，在烟草部门的建议下，王正权又打起了循环经济的主意。从 2007 年开始，王正权开始探索轮作烟地和冬闲烟地种牧草，牧草养牛、牛粪肥田的循环经济。

在王正权的脑海里，有着这样一幅循环经济的蓝图：在地里的烟叶收获后就种上畜牧草，草打成料后用来养肉牛，通过养牛增加综合效益；建沼气池将牛粪用来产生沼气和沼渣，沼渣代替化肥回施到田地里提高土壤肥力。他是这么想的，也是这么做的。2008 年，王正权利用轮作烟地种植了 100 多亩牧草，通过贷款筹集资金，投入 40 多万元建设养牛厂，引进了 28 头肉牛，建设了 8 个沼气池，初步形成"烟—草—畜"的循环农业发展模式。

发展循环经济，除了带来更多的经济效益以外，也使烟田得到了合理休养，提高了土壤肥力，减少了病虫害的发生，也带动了当地畜牧业的发展，实现了劳动力就地务工，一举多得。

王正权认为，自己一个人富了，其他人不满意，那就不叫富，只有带着大家一起富才叫真正的富裕，因此，他自己拿钱修缮边远烟田的道路，改善坡地的肥力，也帮助有困难的烟农。如今的王正权，是一个朴实的烟农，也是一个懂经营、善管理、有市场意识，又能带领当地人种烟致富的"能人"，以自己的威信与能力带领大家走在致富的道路上。

很难想象，在贵州大山深处，能有这么一位既懂经营、善管理、有市场意识，又具备公德心与为农服务意识的"能人"。拥有王正权，是遵义县新民镇新民街的财富，对于整个烟草农业，王正权又何尝不是一笔财富呢？我们知道,在整个国家烟草行业烟叶生产品牌化、规模化的前提下,传统的小农生产、分散种植、粗放经营、人畜作业的烟叶生产方式已经不适宜现代烟草农业的需要,那么,能够推动烟叶生产组织方式创新,引领现代烟草农业发展的人,无疑就是千千万万个"王正权"这样的人。综观王正权的种烟历程,从南下打工,到回乡创业,到最终选择烟叶种植,从土地流转、规模化种植,到测土施肥、推广机械化作业,再到合作经营、循环经济,一步步走来,不正是我国烟草农业从传统走向现代的历程吗? 可以说,王正权是一个朴实的烟农,也是我国现代烟草农业的引路人!

农家嫂和她的香瓜乐园

■ 文／何美娜

创业者档案

汪海萍，女，1971年8月出生。她是一位艰苦朴素勤劳的农家妇女，生活在江苏省淮阴区凌桥乡。因家庭经济困难，初中二年级时就辍学打工，她先后做过餐馆服务员、缝纫工的工作，也曾在建筑工地上干过活。汪海萍，家中有六口人，已经年逾古稀的公婆，在城市做木工的丈夫以及正在上中学的16岁的女儿和15岁的儿子。汪海萍家中共有9亩地，主要靠她一个人耕种，其中6亩地是用来种植暖棚香瓜。另外，她每年还会从其他农民手中流转5亩地，也是用于暖棚香瓜的种植。村里人亲切地称呼她为"香瓜嫂"。

所在地情况

江苏省淮阴区凌桥乡距淮安市西郊20公里，东临淮沭河与王营镇相隔，南临大运河与吴城镇相望，北紧邻宿淮高速公路凌桥出口，交通便利。该乡立足发展凌桥大米品牌优势，不断更新稻米品种，突出发展规模高效农业，新增高效农业基地项目5个，逐步形成泗河养殖专业村、双闸香瓜种植专业村。种养殖户占总户数的70%以上，其中设施蔬菜种植面积达3500亩、香瓜种植面积达3000亩。乡政府积极引导农民从传统农业向高效、特色、规模化农业发展，推广新品种、新科技，提高良种统供率，推广农业机械化、产业化，农民人均纯收入达3980元。

创业项目

    香瓜暖棚种植

创业感言

    香瓜园中瓜儿香,瓜农心中乐开天,买者吃得甜滋滋,咱们生活顶呱呱。

创业故事

    江苏省淮阴区凌桥乡,一个恬静祥和的乡村,住着一位40岁左右的中年妇女,她叫汪海萍。丈夫在市中心做木匠、瓦匠的工作,她一个人耕耘着田地,还要照顾年迈的公婆,养育年少的儿女,但日子过得却红红火火、热热闹闹,尤其是最近几年,家里发生了翻天覆地的变化。昔日的瓦房变成了三层洋楼,家里还添置了空调、冰箱、电脑等电器。2010年,她的年收入约20万元。她勤劳聪慧,拼搏奋斗,乐于助人,心中始终装着"先富带后富,大家共富"的念头并付诸行动,在她的帮助下,村里的一些特困家庭也逐渐步入小康生活。

    8年前,她还在餐馆和缝纫店为老板辛苦打零工,为孩子的学费而发愁,可是,现在年收入居然达数十万,还帮助其他农民摆脱贫困。

    为了探究她的致富秘密,在家人的帮助下,我于2011年2月15日采访了她,在并访谈的基础上,形成了本报告。

放弃替人打工　选择自主创业

    问:听说您是在暖棚香瓜种植方面远近闻名的专业大户,通过努力拼搏,不仅让自家的生活富裕了,还帮助村里很多人家摆脱了贫困,过上了小康的生活,十分了不起! 我受浙江大学中国农村发展研究院委托做一个关于农业创业的国家课题调查,调查结果将为国家制定有关农业创业的政策提供帮助,很高兴您能接受我们的采访。

    答:我只是一位普通的农家妇女,通过自己的双手,努力让生活过得好些,自己的日子富裕了,也希望尽一份力,帮助村里其他人过上小康生活,大家好才是真的好。我也很高兴接受你的采访,你尽管问,只要我知道,一定都如实说。

    问:据说您种植暖棚香瓜已经快8年了,当初是如何想到从事香瓜种植的？能否介绍一下当时的情况？

答：我以前和丈夫都在城里给人打工,租房子,他在建筑工地当瓦匠,我在餐馆和缝纫店里做事,孩子留在家中由两位老人照顾。可是眼看着两位老人年纪都大了,该享晚福了,于是我就回到家中,种地,照顾孩子,陪伴老人。在城里打工时,听一位工友说,搞塑料大棚很赚钱的,而且发现城里人喜欢吃瓜果蔬菜,于是我就琢磨着种香瓜了。我是从2003年开始做这事的,前两年搞的是露天的,这几年搞的一直是钢架大棚,这是为什么呢？主要是钢架大棚里的香瓜能

早些上市,可以卖个好价钱。另外,就是一开始搞,该从简单点的开始,露天的比较简单,先易后难嘛,渐渐的,技巧掌握了,钱也多了,就选择钢架大棚了。

努力克服困难　迎接希望挑战

问：您种植暖棚香瓜之初,资金、土地、技术、劳动力方面或多或少也遇到过一些困难吧,您是如何一一解决的呢？

答：坦白地说,遇到的困难还蛮多的,尤其是用钢架种植香瓜。资金,一部分是前几年积累的,还有一部分,是向亲戚借的。钢架大棚成本费当然比露天的要高。土地自家有9亩,其中6亩是用来种香瓜的。另外,最近几年,通过熟人介绍和我与村里人商量,每年会从他人那里流转过来5亩地,也用来种香瓜。但是最令我头疼的就是技术和人员方面。我初中没毕业,字多少认识一些,至于科学技术方面,就不懂了,而暖棚种植香瓜,又恰恰需要这方面的知识,因为棚子里要安装温度计、调温器等设备。于是,我就自己跑到书店,向有关人员咨询,还买了好几本有关这方面的书,在家中琢磨,遇到不认识的字或不懂的地方,就主动问人或查字典,多动动脑,动动手。

人员方面,也是个难题,我丈夫常年在外打工,两位老人身体也不太好,孩子还在上学,这棚里的活,主要还是我一个人干。刚开始两年,露天种地,我还能应付,可是后来,搞钢架大棚,地也多了,我一个人,就忙不过来了,太忙时,会请亲戚来帮忙几天。最近几年,宽裕了,就雇人帮忙,给他们发工

资。做事哪能都一帆风顺，关键是有决心，有信心，勇敢面对困难，有琢磨的劲道。困难就像是弹簧，你强它就弱，你弱它就强。

问：您种植的暖棚香瓜，是如何销售的？销售过程中，是否遇到过一些困难？

答：前两年，是自己用三轮车拉到镇里的街上，零卖的。那时，每到赶集的时候，都凌晨四点起床，冬天下大雪也是如此，挺辛苦的。后来，随着村里种植香瓜的人越来越多，名气渐渐变大了，各地瓜果商贩会开货车进入田间地头抢购提前成熟的香瓜果实，价钱一路升高。不少老板还与咱们瓜农签好合同，预交定金，和以前自己零卖相比，很方便，还节约时间，自己也不会太累。最近几年，主要是合作社统一销售，香瓜，耐运输、味道又香又甜，瓜果被整车整车地调运到南宁、广东、海南、上海等大市场。看着香瓜产量高、价钱好，我们瓜农笑在脸上，甜在心里。

乐观面对挫折　感谢政府支持

问：您在种植香瓜的过程中，是否遇到过不顺心的事情？最后是如何走过来的？

答：我清楚地记得，2009 年，冻雨和暴雪突袭大棚区，许多大棚都倒塌了，棚里惨不忍睹，大部分瓜都被压坏了、冻烂了，当时我们农民心里特别难受，就像失去了自己的亲人一样。不过我们并没有被冰雪灾害吓退，瓜农们一条心，互帮互助，积极自救，整顿瓜棚，在修复的棚中种一茬尖椒来降低损失。另外，为了降低咱们瓜农的经济损失，镇党委、政府积极帮助协调架材、塑料等，还下乡察看灾情，贴心慰问，送来补贴，让我们感受到了党的温暖。

事物总有两面性。2009 年的自然灾害增长了我们灾后自救的种植知识，吃一堑，长一智。所以今年，我们提前做好了应对大雪的准备，每天听天气预报，用草帘覆盖，在棚内安装了调温器。大雪来的时候，我们拿着扫帚，坚持清除棚顶上的积雪，虽然很累很冷，但是值得，因为今年几乎没有大棚在大雪中倒掉。

问：您对目前种植香瓜的环境满意吗？您在种植香瓜的过程中，得到了政府相关部门的哪些方面的支持？

答：我们镇土壤肥沃，水资源丰富，气温也比较适宜，很适合种植香瓜。我们镇的瓜农还树立了"早字当头，好字优先"和"只有打响质量品牌，才能赢得市场"的理念。

（陪同采访的村长还告诉我们，近几年来，凌桥乡党委、政府因势利导，想方设法鼓励农民发展高效农业，把种植香瓜作为农民致富的有效途径。不但为农民种瓜、卖瓜修了路、通了电，还建了电灌站；帮助缺少资金的农户做贷款；聘请蔬果专家指导、传授栽培技术；成立香瓜协会，引进新品种，并分别为双闸村和泗河村的香瓜申报"凌双"、"凌桥"牌商标，为凌桥香瓜进入大市场奠定了基础。今年全乡香瓜种植面积已达 5000 多亩，明年计划发展到 10000 亩。现在凌桥香瓜的种植技术已传到周边的三树、吴城、南陈集等乡镇，带动了许多农民致富。）

享受幸福生活　憧憬美好未来

问：种植香瓜后，您觉得在生活和社会地位方面发生了哪些变化，对当地其他产业的发展带来了哪些变化？

答：自从种植了香瓜，日子一天比一天好，家里的瓦房变成了小洋楼，还添置了许多家用电器，也尝到了城里人的舒服日子。以前，在城里辛苦地为老板打工，也就只能解决一家人温饱问题，还常常为孩子的学费发愁。现在生活富裕了，吃穿用等也讲究了，由吃饱穿暖到吃好穿好，每年还会和家人出去旅旅游，增长见闻，心情舒畅了，觉也睡得踏实了。但是富了不能忘本，要帮助其他贫穷的人和需要帮助的人。

我们乡的香瓜，带动了运输业的发展。最近几年，泥路变少了，石子路，柏油路变多了，路两边还安装了时髦的路灯，再也不用怕晚上走路了。村里还有十几个小青年买了货车，学了驾照，以后运输瓜果就更方便了。

问：您对未来的发展，有无信心？有何计划和打算？

答：我对未来的发展，信心满满，我们村还流行一句话"一造香瓜胜产三年谷，种瓜得瓜，种植不忧，销售不忧，生活不忧"。我相信，只要不怕吃苦，不断创新，勤思考，爱学习，并行动起来，在政府的带领帮助下，我们农民的生活一定会越来越美好的。未来几年，我想每年多包几亩地，种些黄瓜、西瓜和木瓜，增加瓜的种类，还要多多学习有关种瓜的高科技知识。

（村长还告诉我们，从今年开始，村委会打算每年召开一场香瓜种植交流会，目的是促进农村富余劳动力自主创业，并转变农民的就业思想。并计划每年请有关专家到村里，向瓜农们传授种植方面的知识，培养新时代新型农民，提高凌桥香瓜的知名度和美誉度。）

谈说致富因素　鼓励大家创业

问：从您创业经历来看，您认为什么是决定农业创业致富的关键因素？您对大学生到农村从事农业创业有何看法？

答：决定农业创业致富的原因蛮多的，比如自己的特长与经历，当地的自然环境，还有政府的支持，邻里的互帮互助，最主要是自身有吃苦耐劳、不断进取的精神。另外，机会来的时候，你得及时抓住它。

大学生到农村从事农业创业，这很好，他们有知识，又年轻，新奇的主意也多，只要不怕吃苦，不急不躁，一定能干出一番大事业的。

时间过得真快，不知不觉中，对汪海萍的访谈已接近尾声了。快要离开时，汪海萍带我们来到自己家的瓜田里，放眼望去，田野里的都是钢架塑料大棚，大棚内放着稻草、水桶、洒水壶等，安装着调温器，棚顶上拴着温度计，置身棚内，仿佛是待在空调房，很暖和。绿油油的瓜苗整齐地排列着，汪海萍端来一盆瓜秧，对我们说，再过一周，就要移栽了，5月底，香瓜就能上市了，那时，欢迎你们再来，品尝我们种的香瓜。我被汪海萍的热情淳朴、善良助人、乐观积极的精神深深地打动了。最后，祝愿汪海萍的暖棚香瓜种植生意越办越强大，凌桥香瓜越来越出名，当地农民的生活越来越幸福。

瓜农和他的 8424 中型大棚西瓜

■ 文/朱 丽

创业者档案

　　叶贤华，男，出生于
1972 年 10 月。小学学
历，曾经做过鞋底，经过
商，后来南下广东学种西
瓜，学成归来自己创
业——种植 8424 中型大
棚西瓜。在老家浙江台
州有一亩多地，家中有三
兄弟，叶贤华排行老二，
哥哥弟弟都经商。家里
五口人，老父亲、妻子、一
儿一女，目前都在浙江省绍兴县齐贤镇八字桥村。

所在地情况

　　浙江省绍兴县齐贤镇八字桥村位于齐贤镇东北部，与马鞍镇毗邻，有杭
甬高速公路、柯海公路、齐马公路穿村而过；与县城柯桥相距 8 公里；地域面
积 1.57 平方公里，耕地面积 1660 亩，其中水田 1370 亩，开发区预征 740 亩。
全村有 13 个村民小组，共 976 户村民，总人口 2522 人，共有党员 47 名，村民
代表 35 名，在编干部 6 名。集体资产 540 万元，2007 年村级集体可支配收
入 88 万元，村民人均收入 11031 元。有私营企业、家庭工业户 46 家。先后
被县级部门授予"县级先进党组织"、"新农村建设先进村"、"绿色生态村"、
"环境优美村"、"县级文化村"等荣誉称号。

创业项目

8424 中型大棚西瓜

创业感言

我有信心，就算一时亏掉，我也不会放弃，要始终相信自己。

创业故事

浙江省绍兴县齐贤镇八字桥村，地处宁绍平原西部，地势平坦，河网密布，属于典型的亚热带季风气候，温和湿润，既无洪水之忧，又无干旱之患，可谓风水宝地。又有杭甬高速公路、柯海公路、齐马公路穿村而过，交通通达性好，对外交流便利。由于毗邻中国轻纺城——柯桥，该村的村民大部分从事与纺织有关的第二产业，农田闲置较多，种植业已不再是主打产业；再者，国家的土地流转政策允许土地出租。这一切，都被一个有多年西瓜种植经验的名叫叶贤华的台州人调查清楚了。天时地利都已具备，叶贤华满怀信心地来到绍兴。

目前该村只有叶贤华种植西瓜。下了齐马公路，放眼望去，一个个白色的塑料大棚整齐地矗立在田间。虽然没有大规模的广告，但村民都知道，这是"西瓜大王"的大棚，里面种的正是香脆可口的 8424 中型大棚西瓜。为了探究他的创业心路历程，在朋友的陪同下，笔者于 2011 年 1 月 29 日拜访了他，在访谈的基础上，探究了"西瓜大王"的创业之路。

山里小伙求致富 放弃经商学种瓜

"穷人的孩子早当家"。由于家里经济条件有限，出生在浙江台州一个小山村的叶贤华读完小学就辍学了。三兄弟中，他排行老二，哥哥在外头做卖布生意，弟弟还在上学，家里劳动力只有父母两个，所以开始几年叶贤华就在家里帮父母干农活。后来跟着村里的一位师傅学做鞋底，勉强维持生计。但叶贤华从小就不甘平庸，读书时成绩就很好，他说，"别人能做到的我也一定也能做到，并且要做得更出色"。所以，做鞋底只是缓兵之计，另一方面他也在考虑自己的出路，设计自己的未来。童年的苦难，有时真的是一笔财富，它激发了叶贤华致富的理想。他常常会去一些中年人多的地方，听听那些见多识广的人的想法、建议，回来再思考到底哪条路适合自己。

时间在指缝中溜走，转眼间，弟弟也能干农活了。叶贤华也从一个稚气的小学毕业生成长为一个能干的小伙。或许是受到哥哥早年只身一人出去闯荡的影响，他也决定要走出山村，先跟哥哥一起做生意，积累社会经验。都说商场如战场，一点也没错。开始，叶贤华只是在温州帮着哥哥做小本生意，但已经感受到了商场的腥风血雨。但是凭借自己的聪明能干，大方爽快，叶贤华也赚了点钱，但是他认为最重要的，是他结交了一批朋友，这些朋友在他以后的创业中给了他很多帮助。

难道真的要经商吗？叶贤华很认真地考虑过这个问题。那几年，市场情况很不稳定，哥哥也亏了不少。那段时间叶贤华也很矛盾。以他独立的性格，很想做一件可以由自己做主的事情，而不是听别人的指挥。究竟是什么呢？

一个很偶然的机会，叶贤华听说村里有人在广东种西瓜，由于规模扩大，要找一个在田间协助管理的人。叶贤华似乎看到了新的希望，也看到了自己的方向。他想，台州虽说是中国著名的水果之乡，但在当时，大规模的水果种植还没兴起，而且台州的自然条件也适合大规模种植，这或许是一个大好机会——回来自己创业种西瓜。想要脱贫致富，不努力不学习怎么能行？村里人考虑到叶贤华是农家人，平时干活很卖力，是个好小伙，所以当叶贤华主动要求时，那人很快同意了。叶贤华和家人商量了一下，收拾行李，踌躇满志地南下种西瓜去了。

广东的日子是枯燥而乏味的。整天在田间可以说是日晒雨淋，由于西瓜种植面积有几百亩，半夜还得起来巡视。尤其到了五六月份西瓜上市的时候，几乎是要通宵的，而白天还要摘西瓜。当然这点辛苦是吓不倒从山里出来从小就会干农活的叶贤华的，怀揣着目标，这一切被他视为理所当然。平时有空闲的时候，他也经常思考如何培育瓜苗，如何对花授粉，如何销售，以及市场的行情，等等。叶贤华很清楚自己是来学种西瓜的，所以对与西瓜有关的一切，他都很敏感。同时他广交朋友，认识了一些从事种植行业的人。

学成回乡苦经营　摸爬滚打又三载

年轻气盛的叶贤华，才过了一年，就决定自己回乡创业。为什么不留在广东创业呢？叶贤华有他自己的考虑：首先自己对广东不熟悉，人脉也不广，自己还没站稳脚跟，还有同行太多，竞争太激烈，还是先回家乡细细琢磨一下。回台州和家人说了自己的想法后，家人虽也有种种顾虑，但还是很支持他。叶贤华已经下定了决心，而且信心满满，准备大干一场。

如何整合资源呢？资金、土地、技术、劳动力问题如何解决？

首先，资金，自己积攒的一点钱，又从亲戚朋友那里借了几万元，算是解决了；土地，自己家乡台州土地资源丰富，向村里承包十几亩地就可以解决；技术，叶贤华自己虽说没有完全学到家，但在广东的经历已经足以让他有信心自己能解决；在农村，劳动力根本不是问题。

万事俱备，这年冬天，叶贤华就开始忙碌起来，租地，翻地开垦，买塑料薄膜，搭大棚……一切似乎也没有什么难处，进展得很顺利。到买瓜种的时候，叶贤华觉得在广东时种的那些瓜种不错，就买了那些品种。育苗、施肥、对花，虽说一切都顺利，但毕竟还在探索阶段，叶贤华心里还是有一些不踏实，几乎每天都要把各个大棚里的瓜苗检查一遍。到了第二年五月份，第一批西瓜上市的时候，叶贤华先摘了一个自己尝尝，感觉还不错。可是怎么销售呢？这是一个大问题。这还没到盛夏，而且是第一批，价格很高，一斤有三元多，一个就要二十多块，七八年前的平常百姓家庭是消费不起的；而且叶贤华是新手，没有品牌，没有声誉，也没有老顾客，销路自然就受到限制。怎么办呢？这个难题摆在了叶贤华面前。与其等别人找上门来，还不如自己上门推销，也可以了解西瓜行情，叶贤华如是想。于是他载着一车西瓜，去镇上一些新开张的酒店、水果批发市场推销，请那些负责人免费品尝，再商议。一天下来，叶贤华跑了十几家，一车的西瓜算是"送"完了。过了几天确实有几个回头客，但这十几亩的西瓜，按这种方式销售肯定是要亏的。于是叶贤华又想了一个办法，联系以前那些种西瓜的朋友打听销路，有几个朋友觉得叶贤华还是很讲义气的，就给了他一些建议，让他去其他远一点的地方看看行情。就这样，第一批西瓜基本上是出师不利。随着天气越来越热，第二批、第三批相继上市，虽然买的人多了，但是价格压低了，销售额也不是很可观。收入本可最可观的第一批没有销路，所以亏了不少钱。家人虽然也会有微词，但还是以理解为主，毕竟第一次，失败是正常的。

到九月份，西瓜旺季结束了。叶贤华总结经验，一句话，销路问题。像这样自销肯定不行，价格很低，销量又少，于是叶贤华决定找中间商。几经周折，他又联系上了几个西瓜中间商，总算是松了一口气。

第二年，由于倒春寒，天气格外冷，叶贤华的瓜苗长得很不好。他突然想到一个致命的问题，这瓜苗原本是在广东种的，广东的气候和浙江不同，那里初春时气温就在 10℃ 以上，而浙江台州这时最高气温才 10℃ 左右。同样的瓜种，不一样的气候区，难怪瓜苗长得不好。由于去年气候比较温润，没有及时发现问题。不过问题出现了也是好事！叶贤华很乐观。经过多方询问，叶贤华有效地调整了大棚的温控效果，扭转了瓜苗的长势。这一年，收成很好，赚了不少。叶贤华的西瓜也一直卖到了杭州。

好景不长，台州毕竟是瓜果之乡，随着种西瓜的人越来越多，价格也压得越来越低。到了第三年，虽然叶贤华的西瓜规模扩大了，但是利润并没有增长很多。这样的结果对于见过广东几百亩瓜棚的叶贤华来说，有些不满足。于是，他又开始思索，该如何走下一步。

踌躇满志去海南　血本无归天不助

偶然间，听同样种西瓜的表哥说起，海南气候不错，一年可以采收多次，瓜价比浙江高多了，耕地也多，他就想去那里闯闯，种几百亩。因为台州种西瓜的人太多了，竞争压力比较大；而自己种了三年西瓜已经有些储蓄，也可以搏一搏。于是他和表哥两个人合伙去海南种西瓜。

到了海南，叶贤华和表哥自行与当地人协商，最后以每亩1350元的价格达成协议将土地租过来。叶贤华做梦都在想西瓜收获时，大批中间商来载西瓜的忙碌景象。奈何天有不测风云，几年不遇的强降水竟被他赶上了。那年，海南气候异常，五月份第一批西瓜快要成熟的时候，竟来了一场台风，带来了长时间的暴雨，据叶贤华说，积水已经到了胸口，而西瓜连100℃的高温都耐得住，可就怕在这个时候遇到水——两百亩的西瓜，被一场台风彻底毁了。万幸的是，海南的西瓜不像浙江的只种一季，洪水退后，叶贤华接着种，弥补了一些损失，但那一年他还是亏了20多万元。而他的同行在四川云南等地种西瓜却净赚了20多万元！叶贤华欲哭无泪。那时候，他妻子说，真的非常心痛，但有什么办法呢，创业总是有风险的。叶贤华说，很感激他妻子，她没有多说什么，只是说亏就亏了，钱还可以再赚。这给了他很大的安慰。

本来遭遇了这样的大灾，很多人会选择马上离开，再寻找其他地方。但叶贤华不甘心，决定在这个伤心地再奋斗一年，碰碰运气。可是有时候，命运就喜欢捉弄人。第二年，海南的天气一点都没有照顾种瓜人。五六月份，台风依旧，大水依旧，叶贤华和他表哥的西瓜收成再次受到了严重的影响，只不过这年的损失较第一年少了一些，但还是亏。

还要继续搏吗？这可是在和天斗啊！在深思熟虑过后，叶贤华决定离开。再说种西瓜这活本来就要"打一枪换一个地方"的。"海南的气候不稳定，中国这么大，种西瓜的地方不怕找不着"，叶贤华信心不减。

痛定思痛来绍兴　东山再起获信心

种了五年西瓜,虽然在海南亏了不少,但总的来说,相比较在大山里劳作没有出去闯荡的同龄人,叶贤华算是成功的。这几年的辛苦换来了比较宽裕的生活,其他人还是平房,而他家的小洋房已经盖起来了——生活与以前大不相同了。

从海南回到老家浙江台州,妻子女儿没有埋怨叶贤华,她们知道叶贤华在海南打拼也不容易。叶贤华内心也在谋划以后的打算:自己还年轻,还有力气,五年下来,种瓜的技术是过硬的,其他也没经验,至少种西瓜还是有信心的,所以下一年还得再种西瓜,问题是去哪里种呢?

过年时,叶贤华从亲戚那边打听到绍兴这个地方没有水灾也没有旱灾,很适合种西瓜,而且地价比较低,但是西瓜的价格没有海南高。经历了海南的水灾,叶贤华也想找个安稳一点的地方种几年西瓜了。春节后,叶贤华只身到绍兴先看了一下地,最后选择了绍兴县齐贤镇,一个以纺织业为主要产业的大镇。为什么选这里呢?其一,这里的农民很少有从事农业的了,一般都在纺织厂工作,家里的田都闲置着,一来土地价格便宜,一亩地每年只要850元租金,二来同行的竞争少,本地人种西瓜的很少;其二,这里是平原地形,交通便利,杭甬高速公路、柯海公路、齐马公路交叉而过,离104国道也近,有利于西瓜的运输;其三,绍兴离省城杭州就一个小时的车程,有广阔的杭州市场,价格也可以上去。

这一次,由于路近,妻子和老父亲也来到绍兴帮忙一起种西瓜。在绍兴的第一年,叶贤华种了20亩西瓜,选用的是宁波某种子公司的8424中型大棚瓜种。在他看来,这种西瓜,皮薄,肉多,香脆,甜度很高,很受消费者欢迎,所以,他选种这个型号的西瓜。

绍兴的温和气候确实让叶贤华轻松不少。不用担心夏天台风带来的大规模降水,因为影响这里的台风一般到八月下旬才可能到,而且往往影响不大。这时利润最多的那批西瓜已经摘完,剩下的都是第三批价格不高的。前几年的中间商已经很熟悉了,所以销路已不是问题,一个电话他们就会过来采购,主要销往杭州等地。

安全稳妥地,叶贤华在绍兴又朝他的致富梦想走近了一步。2011年,已是他在绍兴的第三个年头,由于在这里规模没有上百亩,田里的活基本是他一个人干,有时妻子和老父亲也会干点零碎的活。笔者去采访的时候,叶贤华正在田里搭大棚，放眼望去，已经完成一半。那天是农历十二月廿六，问到如何过年时，叶贤华说种瓜这些年，过年都不回家的，因为这时候需要搭大棚，育苗，比较忙碌。

当问及明年的打算时，叶贤华说："绍兴这里价格确实不高，可能会去四川试试……"

最后笔者问到这八年的种瓜心得时，叶贤华笑笑说："致富，要有信心，就算一时亏掉，也不要放弃，要始终相信自己。"

草莓大王的创业哲学

■ 文/郑 洁

创业者档案

张春田，男，于 1975 年 2 月出生在江西省景德镇市浮梁县三龙镇杨家村的一个普通农民家庭。为了挑起家里重担，初中毕业后，年仅 16 岁的张春田便踏上了异乡打工之路。在外出打工的十几年里，张春田尝尽了打工的劳累与艰辛，同时也目睹了他人发家致富的成功与喜

悦。"别人能做到的，我也能做到！"就是抱着这样一个不愿屈服于命运的决心，张春田毅然决定"返乡创业"，他到异乡四处拜访并学习大棚种植草莓的技术，凭着一颗"我要成功"的决心和"踏实肯干"的传统农民品质，张春田成功将大棚种植草莓技术引入三龙镇，成为将大棚草莓、西瓜引入三龙镇的第一人，为推动三龙镇特色农业的发展发挥了重要作用。如今三龙镇已被人们赋予除"吊瓜之镇"以外的第二美誉——"草莓之镇"。

所在地情况

三龙镇位于江西景德镇浮梁县西南部，系景德镇市和浮梁县城郊区，镇政府所在地三龙街距景德镇市区 10 公里，距浮梁县城 7 公里，境内属丘陵山地，地势由北向南倾斜，北部丘陵起伏，中部为河谷地带。三龙镇有 2400 余农户，总人口 10802 人，其中非农业人口 9387 人。域内总面积 96 平方公里，

主要盛产优质稻、草莓、茶油、木材等。境内有 206 国道、龙港公路和"三大"公路三条主干道，206 国道纵贯南北，龙港公路与"三大"公路横亘东西。21世纪以来，随着农业产业结构调整的进一步优化，大棚草莓、西瓜、吊瓜等特色农业种植成为全县乃至全市一大新亮点，三龙镇已成为闻名瓷都内外的"草莓、吊瓜之镇"。

创业项目

　　三龙镇大棚草莓种植

创业感言

　　不断开拓创新，才是创业之路永恒的哲学。

创业故事

　　冬末春初，正当采摘草莓的好季节！当人们驾车行驶在 206 国道，进入三龙镇境内时，一定会被眼前的景象所吸引：在国道的两侧，一路上都布满了为卖草莓而搭建的小棚，三龙镇的农民们把自己种植的新鲜草莓摆在摊位前，放眼望去，一片红彤彤、水灵灵的大草莓成了三龙镇境内 206 国道旁一道独特的风景线。若仔细观看，在国道两旁的稻田地里，大片种植的就是这三龙镇独具特色的大棚草莓，每天在国道上来来往往的人都会忍不住从这里拎上几箱草莓，因为人们都说："三龙镇的草莓口感最好，最新鲜！"

　　这便是以三龙镇杨家村为中心辐射全镇的大棚丰香草莓，是三龙镇特色农业之一。近年来，三龙镇在发展特色农业中成效显著，按照"品种特色化、基地规模化、生产标准化、经营产业化、投入多元化"和"走出去、请进来"的新思路，"一村一品"、"一村一业"逐步形成规模，亮出特色。仅仅几年时间，兴龙牌草莓已成为三龙镇特色产业之一，种植基地面积逾 1200 亩，并享誉瓷都内外。

　　究竟是什么原因，让大棚草莓在短短的几年时间内成为三龙镇的特色产业，让家家户户农民都种起草莓，发家致富？又是什么原因能让兴龙牌草莓在瓷都内外家喻户晓？带着这些疑问，我于 2010 年 1 月 26 日拜访了三龙镇杨家村的草莓种植大王——张春田。

勇于创新：创业之路的永恒哲学

　　2010 年 1 月 26 日上午，在三龙镇政府人员的陪同下，一行人前往杨家村草莓种植大王张春田的草莓种植基地。一路上，村里的人都在向我介绍这位传奇人物，之所以称其为种植大王，并不是因为他种植的面积大，挣钱多，而是因为他是三龙镇种植草莓的第一人，他大胆、创新的精神受到村里每个人的钦佩，而且，他种的草莓是三龙镇口感最好，最特别的。

当我第一眼见到张春田，就感觉他很年轻，大约三十出头，不像是积累了多年草莓种植经验的行家，而这反而愈加激起了我探究他创业成功秘诀的好奇心。

在我介绍完自己此行的目的后，他并没有说话，只是腼腆地对我们微笑。随后便立即把我领向了他的大棚草莓种植基地，提着篮子开始在各个大棚里熟练采摘起来，并让我们当场品尝。现在，他已经没有了刚才初次见面时的腼腆，像位专家一样自信而又熟练地向我们介绍起自己种植的草莓。张春田把自己种植的大棚分成了实验大棚和种植大棚，种植大棚又根据不同的口感、形状、色泽分成不同的品种，有品种 1、品种 2……当我们问及为什么还有一个实验大棚时，张春田言简意赅地回答了两个字"创新"。"现在事事讲究创新，不创新就会落后，想要创业成功，也只能靠创新，只有不断追求创新，才会有机遇。"这是我们对话中他反复强调的。建立实验大棚的目的，是尝试培育新品种，除去每年向周边省份草莓种植专家求学的时间，剩下来的大部分时间他都在自己学习新技术，培育各种不同口感和味道的草莓。"要种出大家真正喜欢吃，又和别人不一样的草莓，实验工作是关键！"当我问到，既然你已经有了知名度，为何不扩大种植？他回答我说，不着急扩大种植的原因，是因为他还没有培育出自己心中的好品种，也就是独具特色的草莓品种，现在仍然是实验阶段。在他看来，创业成功与否，不在于你种植面积的多少，而在于你种的东西是否有特色，用他的原话说："如果实验成功了，大家都爱吃，又只有我这儿有的卖，他们肯定排着队买，等到那时候再扩大种植才划算。"

三龙镇杨家村，几乎家家都种草莓，但多数都只种已有的单一品种，因为临近国道，大家不愁卖不出去，而真正投入实验品种研发的却不多，具有长期创业远见的就更少。对于一个年仅 35 岁，只具有初中文化水平的普通农民来说，为何张春田能具有"只有不断追求创新，才会有机遇"的思想，并且投入大量时间进行技术学习和创新实践呢？

下面，让我们走进草莓大王的创业人生。

艰辛打工：创业之路的奠基石

当被问及为何当初会把种植草莓的技术引入家乡，创业的想法是如何而来的时候，张春田说这都要从当初那段离乡打工的经历说起……

几十年前，三龙镇还是个穷镇，家家户户除了务农，就是外出打工挣钱。从小家庭条件不好的张春田和同龄农村的孩子一样，初中毕业后便选择了离家外出打工。回忆起那段日子的艰辛，张春田的情绪显得有些复杂，那时候的他什么零活、零工都干过，在他看来，只要能挣钱，不论多苦多累，他都能扛下来。于是无论是在哪个地方打工，他都主动要求一个人干两个人的活，没人愿意干的活他也干，如果用三个词来描述自己，那就是"踏实"、"实在"、"肯干"。并且，每次在一个地方打工，他都用心在和周围的人交朋友，而他交朋友的原则是"真诚、实在"。张春田就是这样在异乡度过了他十几年的打工生涯，而这些生活中他所经历的点滴和辛酸，虽然饱含泪水，却也铸就了他如今的成熟和坚强。但是，不论他如何有精力、如何努力和肯干，对于只有初中文化，又没有一技之长的他来说，一个月最多也只能挣 700 块钱，除去每年给家里的补贴，这点钱对于张春田来说远远不够。他知道自己不是个会屈服于命运的人，也深知仅靠出门打工是很难赚到钱的。他开始寻找各种致富的机会，走过每一个地方，踏过每一块土地，他看到许许多多原本贫穷的人，通过创业都发家致富了，这让张春田非常触动。"为什么我不可以？"就是这样一个念头，改变了他今后的人生道路。

在之后的几年里，张春田一边打工一边向那些发家致富的农民学习致富技术，其中，最让他心动的就是浙江省的大棚草莓种植。由于现在人们生活水平都在提高，对于水果的质量要求也在提高，与一般水果相比，大棚草莓绿色无公害，冬末春初，个大均匀、色泽红艳、芳香浓郁，这些在大棚种植出来的草莓在市场上能卖到十多块钱一斤。尽管价格偏高，但是草莓香甜的口感和诱人的味道仍然非常受消费者青睐。在浙江，由大棚草莓引发出来的各种产业也已十分成熟,农民不仅种植草莓去卖,以"体验田园生活,亲自采摘草莓"的旅游观光业也备受人们欢迎。而在三龙镇,别说旅游观光,连大棚草莓都还未有一个人种植,而这对于当时想发家致富的张春田来说具有莫大的吸引力。因此,在仔细对草莓大棚种植所需的各种地理、气候、土壤等条件进行学习后,张春田对江西三龙镇的各种地理环境因素和浙江进行比较分析,并且开始向浙江种植大棚草莓技术好、经验丰富的行家讨教技术和经验。几年后,凭着自己在十几年打工过程中培养出的实在和吃苦的精神,张春田成功将大棚草莓种植技术带回了家乡——三龙镇。

区域优势:创业之路的大契机

作为第一个在三龙镇种植大棚草莓的人,这件事情吸引了村镇里人们极大的关注,大家对张春田纷纷投以了怀疑和不解的目光。"人总要去尝试新的东西,也需要有人迈出第一步,我就是要做三龙镇第一个种大棚草莓的人。"就凭着这样的信念,张春田一边承受着来自各方的压力,一边开始为购买大棚设施、采购种苗、用地等筹集资金,令他欣慰的是,家人都给予了他精神和物质上最大的支持,纷纷拿出积蓄支持他创业,而镇政府对于农民创业,培育特色农业也给予了很大帮助。另外,基于村里人对其忠厚、踏实品格的认同,信用社也拨助了贷款,给予他资金上的支持。谈到这,张春田又一次露出了淳朴的笑容。他说,自己创业能有今天的成绩和他那"实在"、"肯干"的为人处世是分不开的。从自己跑遍浙江向各地草莓种植大户讨教技术经验,到返乡后筹集资金,朋友、乡亲的确帮助了自己许多,而大家都愿意帮他的原因,张春田概括为一句话:"交朋友就是交心!"就这样,张春田开始了他人生中的第一次创业。

由于已有几年学习大棚草莓种植的经历,再加上定期和种植专家讨教遇到的各种种植问题,大棚草莓在种植过程中的技术问题对于张春田来说并没有构成太大的阻碍,而对于产品销售问题,对于张春田来说就更没有什么障碍了。由于目前产品种植规模不大,部分草莓在附近乡镇的农贸市场、超市就能够销售,而大部分的销量还是集中在每天在国道上穿梭的消费群体上。由于大棚草莓的大部分种植基地位于206国道两侧,能够保证来往的人们买到最新鲜的大棚草莓,而且不需要物流、运输费,比在市场上购买到的便宜不少钱。因此,无论对于张春田,还是对于国道上的过路人,双方都是受益的。因此,不比其他种植草莓的农户,张春田在销路上完全能够靠自销解决,并且国道每日车流量大,每天的草莓销量也大大超出了张春田原来的预期。可喜的成绩引起了村民们的极大关注,而三龙镇政府当时也处于大力培育三龙镇特色农业的黄金时期,于是,大棚草莓种植便被纳为了"一村一品""一村一业"的产业规划之中。随后,三龙镇政府对该产业的发展投入大力支持,从浙江聘请大棚草莓种植技术专家对三龙镇杨家村的农户们进行技术培训,就这样,三龙镇杨家村的农户们纷纷加入了大棚草莓种植队伍中,得天独厚的地理位置和难遇的黄金发展契机使得大棚草莓迅速成为三龙镇的特色农业和特色产业之一,享誉瓷都内外的兴龙草莓品牌就此打响!

知识+经验:创业之路的新希望

在访谈即将结束之际,张春田告诉我,他特别羡慕现在有机会在学校念书的大学生们,"多念点书好",他感慨道。无论是在过去十几年离乡打工的日子,还是现在在家乡创业的生活,他都意识到了知识的重要性,"一项新的技术,我们农民要花一个月,你们大学生一个星期就学会了"。在草莓种植过程中如果遇到什么问题,他只能凭借平日里积累的经验来判断和解决。至于为什么那么做,他也不知道,如果连经验也解决不了的,只能请教相关专家。他说,如果自己真正懂得这些知识就好了。所以张春田现在每天除了研发新的草莓品种,就是花大量的时间在专业知识学习上,对知识的获取是他现在最迫切需要的。而对于他,一个只具有初中文化水平的农民,凭自己的力量学到的知识又是极其有限的。所以临别前,张春田坦诚地告诉我说,他现在最大的希望是有更多的大学生们能够走进农村,去农村创业,把更好的技术、有用的知识带给农民,大学生的"知识"加农民的"经验"就是农村未来的希望!

蔬菜的"门外汉"挑起了菜园子

■ 文/傅加桢

创业者档案

郑杭干,男,现年35岁,他是萧山进化镇城山村一名普通的村委干部。高中文化的他曾经过商,也曾在镇城管办做过事。5年前,他辞去他人眼中的"铁饭碗",走进了农民的菜园子,靠着"不起眼"的蔬菜,为村里摘下了2006年进化镇"效益农业"一等奖的桂冠,还连续多年给村里争得镇"现代农业发展奖"二等奖等殊荣。与此同时,他领头创办的"杭州萧山城山蔬菜专业合作社"也多次获评进化镇十佳农业企业。郑杭干没有殷实的家庭背景,和一般30岁左右的年轻人一样,承受着"上有老下有小"的压力。但是,他开创并坚守着一份属于自己的事业,干着农民的活,动着生意人的脑子,赚着起早摸黑的血汗钱……

所在地情况

城山村隶属于浙江省杭州市萧山区进化镇,由原杜家弄、郑唐孔、下颜3个自然村合并而成。村区位于进化镇西北部,村域面积1.95平方公里,浙赣铁路和杭金衢高速公路由村西通过。全村共有耕地1444.8亩,以水稻种植为主,亩产约550公斤。目前,该村村民的承包地主要流转给花卉苗木的经营商,承租费连年递增,现已涨至1000元每亩,而农民自家的口粮问题则通过购买的方式解决。此外,城山村的专业蔬菜种植发展良好,现种植规模已达400余亩,正合力打造着进化镇的首个设施蔬菜基地,并在萧山区"北菜南移"工程中,发挥带头示范的作用。

创业项目

蔬菜种植

这个行业有人进入，也有人退出，认准了这份能让我倾入感情的事业，我就会死心塌地走好每一步路，绝不轻易放弃这寸土地。

"守着一亩三分地，从此衣食永无忧"，这句传统农村最真实的生活写照正在慢慢退出农村的历史舞台。曾经是农民唯一衣食来源的土地，已逐渐淡出农民创收的视线。然而，当不少农民选择把田流转、把地抛荒的时候，有这样一个年轻小伙，扔下了别人眼中的"铁饭碗"，毅然回归农田，当起了地地道道的农民。5年的时间，他将自家的菜园子扩建到186亩的规模，栽种不同品种的无公害蔬菜，获得了超过200万元的年销售额。

在乡亲们眼里，他并不是一个奇迹，因为他的身上具备太多成功的品质，坚韧与善良是他最质朴的形象。在村民的介绍下，笔者有幸采访了这位平凡的成功者——"杭州萧山城山蔬菜专业合作社"社长郑杭干。笔者的突然到访，让郑社长有些不知所措，他原打算去查看刚搭建的蔬菜大棚有没有被雨雪压坏，见村民带人来，便热情地接待了我们。由于当天是工作日，所以采访的地点就定在他工作的村委办公室。待笔者道明来意后，郑社长爽快地答应接受采访，但谦虚地说自己不算典型的农民创业案例，因为企业的规模和产值都称不上大，之所以愿意与笔者谈谈自己的经历，是为了让农民朋友明白，在农村创业并不是异想天开。以下便是笔者在访谈基础上整理成的"财富"报告。

慧眼识商机　创办合作社

郑杭干是当地出了名的蔬菜种植大户，有关他的先进事迹，在许多农业信息网站中都做过报道。但眼前这位年轻的社长，丝毫没有成功人士的骄躁，反而言语中略带沉重，道出了一路创业的艰辛与成败。

说起当初创业的动机，郑社长也十分坦率：几年前有些四川人来城山村租了几十亩地，还搭建了不少塑料大棚，自己询问后才知道他们是种植反季节蔬菜的，据说一年能赚十几万元。眼看蔬菜市场有这么大的商机，在城管办自觉没有作为的郑杭干就专门去镇上咨询了相关政策，了解到国家对农业创业的支持力度很大，不仅全免税收，还会提供技术、资金等多方面的资助,大大降低了创业的风险。回到村里,他顾不了家人的反对,又挨家挨户地询问村民土地流转的意愿,可这下却遇到了麻烦。村民误以为他是帮村委出面征收大家的耕地,再把它们转让给别的单位,从中赚取好处费的。最后经过解释,加上村委作担保,才租到了50亩地,一年付600元每亩的租金,但没有固定的租赁期限。

郑社长津津乐道,说当时一心想把蔬菜基地建大,后来才发现,这土地费用就是一项不小的开支,加上其他仓库、货车等硬件设备和蔬菜的基本生产资料,家里仅有的资产根本不足以运作这个"宏伟"的计划。好在村委的几个干部也希望城山村能在农业上作出点成绩,就自愿入股合作社,分担他的资金压力。最后郑社长又以自己的名义向银行贷了款,东拼西凑算是把钱攒足了,第一年就动工生产。

扩大规模　峰回路转

然而年轻的郑杭干最缺乏的就是涉农的经验,眼望着50亩的耕地却无从下手,这才意识到自己所做的决定是多么荒唐。但这个念头很快被一股干劲打消了,他先是凭着农家技术,选择了常规蔬菜如番茄、茄子等开始种植,加上区农业局专家的栽培指导,这样勉强也能看得到资金的进账。但一年下来,除去各项开支和股东分红,剩下的钱又全投进了菜园子,家里人都急得团团转,这样下去不得天天吃自家的蔬菜?当时,村里干部以为郑杭干的蔬菜专业合作社运营良好,就纷纷退了股份,郑杭干变成了光杆司令,只有一些名义上的小社员和自己支撑着这个合作社。而在这时,他作出了更"荒唐"的决定,扩大蔬菜的种植规模。家里人都不同意,让亲朋好友来劝说,可郑杭干一心想把蔬菜产业做大做强,又碰上其他村民也想把土地租给他(因为村民们开始相信郑杭干租土地是自己做农业的),他就扛着债务,一口气租下了150亩耕地。

"这不是一个盲目的举动!"郑社长连忙补充道。当时他去做过市场调查,得知丝瓜的经济效益好,用量大,而市场缺口也十分庞大。市场上卖的多是外地丝瓜,品质缺乏保障,自己家种的是无公害蔬菜,加之这一带的土地富含硒,营养与安全是绝对占优势的。郑杭干给家里人算了笔经济账,才把他们一个个说服了。但150亩地靠自家的劳动力是很辛苦的,刚好村里有些四五十岁的妇女找不到合适的工作,听到郑杭干这里缺人,就主动上门来应聘。一两千元的工资引来了二三十人,远远超出了实际用人计划,但碍于村民的情义,又不能回绝。好在村民们都通情达理,说农忙的时候随叫随到,郑社长也应下了每天五六十元的临时工资。

之后,这150亩耕地上就终日是农民们忙碌的身影,播种育苗、设立支架、浇水施肥、除草绑蔓……前后忙了几个月,终于等到第一批丝瓜上市。然而命运弄人,郑社长算错了一笔账,以前蔬菜产量小、品质好,货刚到批发市场就很快被抢光了,但现在整整一卡车8000多斤全是丝瓜,加上技术不过关,丝瓜的色泽差,批发商根本不感兴趣。这样一来就只能压价,可郑社长说蔬菜市场有个行规,高于一元的是抢手货,低于三四毛的就是烂货,自己的丝瓜活生生被贬成了烂货,尤其是雨天,丝瓜的销量更是大打折扣,一个月总有两三天,整筐整筐往垃圾站扔丝瓜。

为什么要把丝瓜扔掉,这么浪费呢?郑社长解释说,自己在批发市场没有固定的摊位,每天像打游击一样,天蒙蒙亮就只能撤回来了。而丝瓜干瘪得快,时间久了就不新鲜了,运回来占空间,因为第二天又有新的丝瓜要采摘。郑社长回忆说,那时自己面对着垃圾站,眼泪就一滴一滴往下掉,回头一看,几个大男人都哭成了泪人。十几道繁杂的工序,每天日夜颠倒的劳作,换来的却是垃圾站的废物,这连员工们都无法接受。更难过的是,郑社长还要每天给家里报喜,生怕多一个人操心。后来,这150亩耕地就成了村里的菜园子,谁家想吃丝瓜了,就来郑杭干这里摘些,也算减轻些采摘的成本。

眼看着销路成问题,郑杭干当初的雄心壮志也没了底气,但身上挑着这么重的责任,轻易说退出,既没骨气,也可能因这堆债务而无翻身之日。郑杭干心想,做生意不能一根筋,有人缘就该去找找门路,自己以前在城管办工作也算人脉广,说不定还能拖上关系。问了才知道,像自己这样的蔬菜种植大户,政府不仅给补贴、送技术,还会帮着做销售服务的工作。这下郑杭干有了激情,抓住镇领导下村做会议、搞视察的机会,向他们反映了自己的情况。镇领导急人所急,最后由进化镇政府出面,帮助郑杭干解决了蔬菜批发市场的摊位问题,还主动给这本地无公害蔬菜做起了广告,使得城山村的蔬菜瞬间出了名,最后还成了萧山区"北菜南移"工程的一级示范点。

技术上正轨　不愁销路来

经营有了起色后,郑杭干重拾信心。他听说农民信箱、萧山农网等平台也可以做蔬菜买卖,就把丝瓜的交易信息挂了上去,以后就不时地会接到客户的电话。可渐渐地他发现，质量问题是绕不过的关，自己种的丝瓜外表难看，还带些黑色。虽然以本地、无公害、富含硒等特色来打广告，但略显病态的外表还是降低了竞争优势。于是，郑杭干直接找到了镇农技推广服务中心，通过他们的牵线请到了绍兴农科院的吴院长，由他来指导丝瓜的栽培技术。郑社长说，吴院长的细心讲解恰是当头一棒，原来自己一直是个蔬菜种植的门外汉，"土"技术哪里跟得上规模生产的需要，过去的粗放经营才导致了经济的低收益。之后他聘请了区农业局的农技师，终于使丝瓜的种植技术上了正轨。

拥有商场经验的郑杭干意识到，单靠丝瓜并不能实现最大的经济效益，要想占领蔬菜市场，就必须拓宽经营渠道，增加蔬菜的品种。他将150亩地重新作了规划，结合市场需求特征，使一年四季都有产出。而蔬菜品种的增多也为扩大新的销路打下了基础。所前镇的一些配送中心得知城山村有这样一个蔬菜基地后，纷纷找上门来，对蔬菜品质验收合格后与合作社签订了长期的销售合同。此外，在萧山农业局举办的展销会上，城山村的蔬菜也以质优价廉和富硒保健等优势吸引了三江超市、食堂等大客户，蔬菜的销路再也不用犯愁了。现在，城山村的蔬菜在杭州市区、绍兴市区、萧山区内的农贸市场均占有一席之地。有时候蔬菜供不应求，合作社会向周边大承包户收购，而小农户就会自己送来蔬菜，让合作社代卖。郑社长说，为了与客户保持稳定的销售关系，他们每天都提供送货上门的服务，晚上十一点出发，一直到凌晨两三点才能回家。虽然辛苦了些，但看着一车一车的蔬菜有了着落，心里说不出的踏实。

2011年，郑杭干决定正式栽培反季节蔬菜，因为反季节蔬菜的生产成本大，有一定的投资风险，所以前两年一直是小规模试种，投放到超市。如今，对反季节蔬菜的栽培技术和市场行情都有了较大的把握，向反季节蔬菜进军的时机已经成熟。郑杭干指着前方浩浩荡荡的塑料大棚，欣喜地说，那里是他最初的梦想，反季节蔬菜是块金砖，没有七成胜算自己不会轻易触碰。但总有一天，这上百亩田地会搭起厚实的大棚，种上满满的反季节蔬菜。此外，郑社长表示，蔬菜三分外观，七分口感，只把反季节蔬菜种出来还不够，要走精品路线，做好蔬菜的外包装。

富裕起来的郑杭干始终怀着一颗善良的心，自家每年花五六万元从农技师那里学来的技术，他都会毫无保留地教给其他农户。此外，他会把自己掌握的市场规律传授给农户们，比如要提前二三十天，赶在大路货上市之前，占领市场先机，这样蔬菜才能卖个好价钱。郑社长说，蔬菜毕竟是个利润很薄的行业，大家不团结起来就难以成气候。把城山村的蔬菜品牌打响了,也是村民致富的一条道路。目前,城山村正顺应发展形势,坚持以优惠的政策和优良的服务吸引蔬菜种植户落户城山,合力打造一个具有南方特色的设施蔬菜基地。

人力物力成本高　信心依旧满满

虽然村里在租用田地方面给蔬菜大户最实惠的待遇,但想要扩大种植规模,当前看来十分困难。郑社长介绍说,蔬菜比不上花卉苗木的高利润,花农们出得起高价,把每亩地的价位抬升到 1000 元,这是一般承包户承受不起的。他 2011 年扩大了 30 余亩地,但成本却比 2010 年增加了七八万元,若不走精品路线,恐怕难以生存下去。接着,郑社长又风趣地说,民工荒已经蔓延到自家的菜园子了。近几年乡镇企业招不到人,村里只要有劳动能力的,不管男女老少都被请去厂里上班,留下来给他打工的,年龄一个比一个大。郑社长说自己也算认得清形势,其他人涨地价,自己肯定跟着涨;其他人涨工资,自己这也不犹豫。如果不跟上形势,迟早会"人地两空"。再说自己也不愿意让乡亲们吃亏,赖着他们的地不涨价,情理上也说不通。

"农村的资源只会越来越走俏,"郑社长的话带着一丝无奈,"现在也不敢花太多钱搞设施建设,一来资金紧张,二来万一人力物力飞涨,将来就很难收场了!"但说到对未来发展的信心,郑社长还是露出了笑容,走过了这么多风风雨雨,他都快变成了"抗压机",哪里还有过不了的坎。说到要感谢的人,郑社长扳起了手指:"如果不是政府的及时雨,我可能早就中途而退了;如果没有父母和妻子的谅解,在精神和物质上给我莫大的支持,我可能会一蹶不振;还有我的朋友,在我失落的时候,毫无保留地伸出援手,这份兄弟义气是我最珍贵的财富;最后还有我的乡亲们,是他们看好我,我才不敢轻易说放弃!"

访谈的最后,郑社长向笔者倾诉了自己对农业未来发展的期望,他坚信中国也会走上大农业的道路,而调整农业的产业结构是当务之急。他认为,自己以设施蔬菜、大棚蔬菜为主攻方向的做法,会成为当地农业的一个大趋势。最后,他鼓励有知识、懂经营的大学生多来农村看看,因为这片广袤的沃土正在酝酿着无穷的商机。

一个菜农的风雨创业路

■ 文/朱晓丽

创业者档案

　　李正玉,男,出生于 1974 年,河南省信阳市罗山县李湾村人。初中毕业后的他,没能摆脱农民的命运,继续回到面朝黄土背朝天的日子。随后,他又扔掉锄头,走向车水马龙的大城市,开始打工生涯。如同众多的打工者一样,最初的他并不知道自己想做什么,只是觉得什么能挣钱就干什么,于是也跟人合伙做过建材生意,但终究没什么出路。随着国家土地流转政策的出台以及当地政府对创业的大力支持,眼光独到的他决定重回自己的老本行——继续做个农民,不过这次他已经不是之前的那个农民了,摇身一变成了四季丰蔬菜种植专业合作社的理事长。

所在地情况

　　信阳市罗山县地处大别山北麓,山水秀丽,气候宜人。李湾村坐落于淮河在信阳的支流——㶚河旁,可谓依山傍水。隔河对望的是田堂村,四季丰蔬菜种植专业合作社的生产基地就建在那里。十几年前这里还很落后,处于传统的自给自足状态,但民风淳朴,人民勤劳而善良。由于沿河多沙石,李湾村的土地并不适合种植水稻,却有着几十年种蔬菜的历史。但这些蔬菜多半是用来在集市上换粮食,并没有给村民带来额外的收入,更没有形成规模种植。这里的交通还算便利,沿着生产基地前的公路往南不到一里,就是镇政府和当地的农贸市场。然而近几年,由于外出打工者的增多,荒芜的田地越来越多,这最初养家糊口的种菜技能似乎要被抛弃了。

创业项目

　　大棚蔬菜种植

创业感言

做个农民也挺好！

创业故事

在罗山县这么个小地方，提到李正玉，有的人就会说："挺有能力的人，三十多岁的年纪就成了合作社的理事长，不仅自己能挣

钱，还带动了当地蔬菜种植业的发展。"也有人不屑一顾："搞了那么多的大棚，占了上千亩的地，白白赔掉自己上百万元的钱不说，政府给他的资金补贴估计也要打水漂。"百闻不如一见，在罗山县农业局的介绍下，我于2011年1月25日联系到了他，并表达了自己想进行访谈的意愿。本以为忙碌的他会斟酌再三，出乎我的意料，没等我话说完，他就爽快地答应了，并表示第二天就可以接受我的访谈。于是第二天，在哥哥的陪同下，沿着平坦的"村村通"公路，很快就到达了田堂村。站在村口，远远就望见一排排整齐的塑料大棚，一幢红顶白墙的精致小楼矗立路边，特别显眼，我想这就是四季丰蔬菜种植专业合作社的办公地点了。

而此刻这个勤劳的人还在自己的大棚里忙碌着，听到我们到来的消息即刻赶了过来。一个穿着朴素但精神抖擞的人出现在眼前，热情地招呼我们坐定后，访谈正式开始了。

辗转一番　仍做农民

初中毕业时的李正玉，不再是所谓的"睁眼瞎"，对于农民来说，这也足够了。但正值年轻力壮的他并不甘心就这么活下去，做传统的农民，辛苦不说，也难达到自己致富的梦想。于是他收拾包袱，加入了茫茫的打工潮流，梦想着能在城里找到一番属于自己的天地。可惜终日机械的劳动却换不了

多少金钱,工作的枯燥,睡眠的缺失,很快击碎了他来时的梦想。给别人打工终究不是出路,我还是自己干吧!

于是他又想起了做建材生意,毕竟城市建设的高速发展,建材是必不可少的。可惜在大城市人地生疏,做生意没有门路,回到家乡那个小地方,又没有多少市场。零零散散的买家,他的生意怎么也做不大,而市场竞争却越来越激烈,风险也越来越大,挣扎了几年之后,生意失败了。

土地流转政策出台之后,敏锐的李正玉感到这是个机会。村里人一直都种植蔬菜,但都是小户经营,经济效益很有限,这也是他们宁可荒废土地选择外出打工的原因。为何不把这些土地集中起来,搞大棚种植呢?说干就干,李正玉联合5户菜农,利用土地流转的商机,一次性接转土地1000余亩,注册100万元资金,创建了四季丰蔬菜种植专业合作社。2009年8月,合作社正式成立,主要经营种植大棚蔬菜。100万元的注册资金,李正玉一人出了50万元,其他每人各10万元。而这50万元除了他自己之前做生意攒的20万元外,剩下的都是借贷过来的。辗转一番后,李正玉重新做回农民,但这次他下定决心要做一个不一样的农民。

创业艰辛　困难重重

理想总是很美好的,现实却很残酷。

100万元,对于这个人均年收入只有几千块的小地方来说实在是太多了。而且在这里,也就城里人需要买蔬菜,搞这么多的大棚,菜肯定卖不出去,这不是胡闹吗?大家都不理解,甚至连家人也表示反对。但李正玉不这么想,这些年来他时刻关注国家农业方面的相关政策,农业发展潜力巨大,蔬菜更不必说。本地市场不行,还有外地市场,我们这里卖不出去的东西到了其他地方说不定就是抢手货,只要找准信息,不愁没有销路。

背负着巨大的压力,李正玉开始了创业道路。李湾村实在是太小了,于是他又瞄准了河对面的田堂村。田堂村人种植水稻,有着大片的良田,荒废了实在可惜。正值信阳市成为"新农村改革试验市",政府很支持土地流转,可农户们就不一样了。由于许多人并不看好他的大棚蔬菜种植,很少有人愿意将土地转包给他。

李正玉开始挨家挨户地做工作。当时年轻人都外出打工,家里只有老人和孩子,许多地都荒废着,将土地转包可以赚1万多块。而留守的这些老人,李正玉承诺将他们招为自己的务工人员。从前只靠儿女寄钱生活的老人，一个月也可以挣1000多元。土地承包的承包费，每年也有几千元，何乐而不为呢？很快，许多人被他说动了。当然部分没有出去打工的人却仍然不愿意将土地转包给他，毕竟这是他

们赖以生存的根本。这可愁坏了李正玉。要知道，农村的土地都是分成一块一块的，只要有一个人不同意，这大棚就没法建成。不过他很快想到了一个办法，就是将他们的土地集中到一块儿去，并给这些人一定的补偿。解决了土地问题，接下来就是日日夜夜辛苦的大棚搭建和蔬菜种植工作了。

材料的购买、场地的规划、排水沟的修整，以及基本道路的铺设，每一件事都让李正玉忙得焦头烂额。那段时间，李正玉跑断了双腿。但看着大棚一点点的建成，他还是感到了前所未有的满足。基础设施建好了，蔬菜种植也要开始了。为了保证蔬菜的质量，他远赴千里，从山东寿光请来了技术员做指导，并聘请农科院蔬菜专家为技术顾问，还雇用了12名当地的"土专家"负责蔬菜的育苗、移栽、追肥及病虫害防治和收获管理。种子和菜苗则是由河南农大专门提供的。为了准确地把握市场行情，李正玉每天还要从电视、报纸、网络等渠道浏览大量的信息。夜以继日的艰辛工作没有打垮坚毅的李正玉，从生产到管理各个环节，他都要做到无可挑剔。

丰收之后　大喜小忧

辛苦的耕耘之后，终于有了收获的喜悦，可李正玉仍愁眉紧锁。当地的市场太小，自己的蔬菜并没有多少销路。于是，他把目光投向了更远的地方，可怎么才能打开外地的市场呢？李正玉决定成立自己的销售队伍。

李正玉明白，蔬菜这种商品，仅有口头宣传是起不了多大作用的。任你说得天花乱坠，没见到实物，别人是不会信的。于是，他带着自己的销售队伍直接将一卡车的菜载到外地去，然后再做宣传。最初的一批菜往往要降价处理掉，能换回路费钱就很不错了。碰到一连几天都卖不掉的时候，李正玉和自己的同伴，吃住都在卡车上。一番奔波和劳碌后，李正玉的辛苦和诚

意总算没有白费，这一举动给他带来了良好的口碑，加上他的菜量足质优，销售情况逐渐好转，订单也越来越多。现在，李正玉的菜已经卖到了上海、深圳等地，甚至达到了供不应求的状态。不过这似乎给他带来了更大的难题。

蔬菜丰收后，采摘是头等大事。合作社已有的劳动力显然不够用，李正玉便出资雇用当地的农民，可是这时候往往是农忙时节，家家户户忙着抢收粮食，即使高薪也雇不了几个人。比如 2010 年 6 月份，正是辣椒成熟的季节，但正值当地插秧割麦时节，李正玉的工钱都出到了 100 元一天，也请不到几个人。由于采摘不及时，辣椒的质量下降，许多甚至烂在了大棚里。原本一块多的辣椒只能半价卖掉，最后结算，少卖了几十万元，看着自己的劳动成果白白浪费，李正玉心疼不已。除了吸取经验教训，学着怎样更合理地把握各种蔬菜的种植量之外，他也只能表示无奈。

挫折灾难　接二连三

不断的摸爬滚打，李正玉的蔬菜合作社慢慢步入正轨，规模在不断扩大，生意也越做越红火，但困难与打击总是接二连三地到来……

李正玉的大棚蔬菜虽然做得好，但这些大棚都是简易棚，寿命很短不说，大风大雨都挡不住。为了不影响大棚里蔬菜的生长，李正玉经常要不分昼夜守护在大棚边。2010 年有段时间，接连下了几天的暴雨，眼看大棚就要撑不住了，偏偏天气预报说半夜里会有大风。李正玉放心不下棚里正在生长的菜苗，晚饭也没吃，就叫上社里的劳动人员，顶着暴雨不断加固大棚，疏通排水沟，一直忙到半夜。浑身湿透的他拖着疲惫的身体回到家，心里仍带着些许担忧。可上天偏偏不照顾这个勤劳的人，第二天李正玉早早地起了床，奔到菜地里一看傻了眼——雨里的菜地满目疮痍，大棚瘫倒在地里，支撑大棚的竹架也都横七竖八，塑料膜变得破败不堪，许多甚至被风吹到了路边。长势正旺的菜苗多半或被压烂，或被雨水冲得东倒西歪。看着眼前的景象，李正玉欲哭无泪。

这次的灾难无疑是个沉重的打击，也让李正玉痛下决心——换掉原来的简易棚！李正玉带着自己的工作人员又一次开始了辛苦的忙碌，请专家，查资料。几个月之后，新的蔬菜大棚开始搭建了。新的大棚采用水泥支架，从长度、高度、跨度方面都有所改进，寿命可达六七十年甚至百年。但这种大棚投资很大，自己这么小小的一片地需要上千万元的投资，除了寻求政府和银行的帮助外，李正玉别无他法。

回首往事　信心满满

谈到自己的创业经历,李正玉感慨万千,不过苦也好,累也罢,总算走过来了。而且他还表示虽然创业很艰难,但他感觉很开心,相比之前的茫然,现在的他过得很充实。当初那些反对他的人,现在很多也都改变了看法,开始向他学习种植大棚蔬菜,热心的李正玉总是有求必应。访谈的前一天,李正玉刚刚发了 20 多万元的工资给合作社的成员及附近的村民,他的勤劳和诚信终于换来了大家的尊敬。他甚至都没想到自己小小的合作社会促进李湾、田堂及周边村蔬菜种植业的发展。更让他高兴的是,附近的村民变得更加勤劳。以前农闲时村民通常都是打打麻将,无所事事,现在都愿意来合作社帮忙。

说到未来,李正玉充满信心。他说现在西方国家都是以农场为主,他也很希望将自己的合作社搞成农场化的形式,合作社现在已经开始申请省级优秀示范社了。但目前为止他还不愿意扩展得太快,想先把已有的部分做大、做强、做成熟之后再说。他坚信农场化必定是中国农业的发展趋势,自己这个农民的道路也会越走越宽阔⋯⋯

吴兴洪和他的萝卜事业

■ 文/范雪燕

创业者档案

　　吴兴洪，男，出生于 1970 年 7 月 27 日。一位踏实肯干的农民，命运却并不太眷顾他，泥瓦匠、烧砖、种田、批发蔬菜，一次一次的尝试，一次一次的失败，但是，他并不放弃。虽然只有初中文化水平，但他不甘心

就这样一辈子受苦。为了家中的老母，为了还在读初中的儿子，为了一家人的幸福，他必须拼搏，必须奋斗。2003 年，兄妹三人闯荡杭州，行走在各个菜市场间，通过买卖来实现微薄的盈利；2007 年，放弃利益微薄的蔬菜生意，来到龙泉市凤阳山发展高山蔬菜；2009 年，回到老家岩头洋村（原坪洋村）种植楚龙霸春大萝卜，为当地提供了不少就业机会；2010 年，坪洋村旧村改造，兄弟二人抓住机会，试验种植西红柿，主要由其弟弟经营。

所在地情况

　　坪洋村位于浙江省庆元县城西部，距县城 7 公里，紧邻 55 省道，海拔 420 米。这里的农民常年辛苦劳作，但收入不高。做香菇成了这里的传统，没有人愿意真正突破这条道路。有种过烟草的，有种过树苗的，但最后坚持下来的，还是寥寥无几。有人担忧，山上可用于做香菇的木材越来越少，做香菇的成本也越来越高，难道我们真的要等着坐吃山空吗？村里有 4 个村民小组，144 户 475 人，耕地面积 528 亩，材林面积 3025 亩，其中竹林面积 600 余

亩。虽说靠山吃山靠水吃水，但这恐怕并不是农民的好出路。

创业项目

　　楚龙霸春萝卜种植

创业感言

　　踏踏实实做事，一点一点摸索！

创业故事

　　浙江省丽水市庆元县屏都镇岩头洋村，地处庆元县城西部，距庆元县城7公里，是一个再平凡不过的小村庄，这里的农民世代代从事农业。随着时代的发展，人们越来越不满意于现状。做香菇成了大家的另一个出路。这时候，有一个人另辟蹊径，发展高山蔬菜，经过七八年的摸索，终于闯出了自己的一番事业。一个满身负债的困难户转身成为了家喻户晓的成功创业者，他就是吴兴洪。

　　为了探究他的成功经验，我在爸妈的介绍下拜访了他。以下是我对此次访谈的记录。

创业伊始——摸着石头过河

　　问：您好！请问您是什么时候开始种萝卜的？当时生活情况怎么样？您种植的萝卜品种有什么特殊之处吗？

　　答：我们的种子都是从韩国进口的，产量要高一些，萝卜要大个些。其实会选择楚龙霸春萝卜也是一种机缘巧合。我可以说是什么事情都干过，以前是个泥瓦匠，不过那时候派不上什么用场，家里山和田都不多，总觉得不能闲着，于是我又去烧砖，但也只能说是一个尝试吧，后来失败了。后来我弟弟兴中也会做了，我们兄妹三人就一起出去闯荡了。其实早些时候是我们兄妹三人在杭州卖菜的，我们从菜农那里买来，再卖给菜贩子，就赚点钱。这样做了两三年之后，觉得可能还是自己种比较合算，就兄妹三个人谋划着自己干了。于是，我就和自己的弟弟妹妹合伙，先在外面租了地，自己种着试试看，最初两年，几乎是血本无归。种到现在，应该有七八年了吧。只能说，其他人能，自己也能，必须给家里人一个交代，就是带着这样一个念头，向亲朋好友们东拼西凑，凑足本钱，我们才坚持了下来。我们先前也有向当地的农业局说明了自己的想法,想把自己打听来的大萝卜种子推广出去。可是,当地人都是些老实的农民,不愿意冒这个险! 于是,我们只好从农业局拿了种子,自己干了起来,经过慢慢摸索,什么种子好? 该用什么化肥? 什么样的田适合种? 这些知识就是靠这样一点一滴摸索出来的。

中途受困——辗转反侧回庆元

问:听说您之前是在龙泉种的,那边的条件和我们这边比怎么样? 那是什么原因使您回来发展呢?

答:山是龙泉的主要地貌。东南洞宫山、西北仙霞岭两支山脉绵亘,龙泉溪从西南向东北贯穿中部,群山平行于河谷对称分布,表现为成层性,比较适合发展高山蔬菜。而且那里面积大,适合大规模种植,这样既可以保证产量,薄利多销,又可以提高效率,减少劳动力,但后来由于有人出更高的价格租去种杉树了。

问:那您回来以后又遇到了什么困难了吗?

答:回来主要是地难租。虽然庆元和龙泉一样也是山地丘陵为主,但是在我们城西南这边缺少像龙泉凤阳山一样的大片可种植的区域,小型种植又达不到规模效应,盈利甚少。我们通过亲朋好友等关系租了一些地,发展起来了。其中过程,可谓辗转反侧啊!

探索发展——诚信买卖开销路

(刚开始种植时,因为缺乏技术,种出来的萝卜产量不高、质量不好,而且也没有固定销售渠道,效益并不见好。没有技术就自己摸索,没有销售门路就自己找寻。如今,吴兴洪种萝卜有七八年,不仅掌握了种植技术,销售渠道也慢慢理顺,他的"萝卜事业"越做越大,2010 年的种植面积就达到了200 多亩。)

问:种了这么多萝卜,你们是怎么解决销售问题的呢?

答:现在我们主要销售到附近的几个县市,比如龙泉、庆元、政和等。一开始我们也是自己将一大车萝卜运到各个菜市场去叫卖,后来与那里的菜贩子熟了以后,就互相留下电话,用电话订购的方式了。我们也曾经担心过产量过剩的问题,后来经过调查发现,临近几个县现在的萝卜基本上都是我

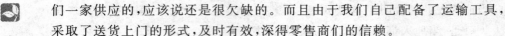
们一家供应的,应该说还是很欠缺的。而且由于我们自己配备了运输工具,采取了送货上门的形式,及时有效,深得零售商们的信赖。

问:那这几年价格怎么样呢?还有种子的进口会出现短缺吗?

答:这个我也不好说,主要还是要看市场吧。一般也不会被压得太低,而且现在龙泉、庆元、政和县城里的几个菜场,基本被我们包了,菜价一般都是根据大市场价格定的。而且我们的种子是进口的,产量高,味道好,有优势。至于种子的进口,我们采取电话订购的方式,可能有人会担心诈骗,但是我觉得诚信对于一个厂商来说是非常重要的。只要建立了稳固的联系,就可以长期发展,又何必诈骗呢?现在种这个品种的萝卜的人还不是很多,而与供应商已经建立了稳固的合作关系,所以一般不会出现种子短缺的情况。

未来期待——科技第一生产力

为了让萝卜更有"卖相",农户必须在上市前对采摘的萝卜进行清洗。像吴兴洪家这么多的白萝卜清洗起来可是个"大工程"。头脑灵活的吴兴洪又琢磨起来了。2010年,他和几个农户发明了"萝卜自动清洗机"。这机器一小时就能清洗5000多斤萝卜,省时又省水,但是仍有许多需要改进的地方。

问:那您对今后有什么打算吗?

答:计划当然是有的,鉴于现在土地资源越来越紧张了,希望能够尽快引进一种科技含量高的,单位面积产量更高一点的种子。

问:那您觉得如果有大学生下乡来支援,作用大吗?

答:理论知识,大学生当然多一点了,但是说到田里的活,还是我们这些老农懂一点。但是毕竟大学生文化上的东西比我们懂得多,比如价格问题,其实有时候我们自己也很难查到合适的价格,电脑虽然自己家里有了,用起来还是不太熟。另外,如果大学生来了,可能在深加工这些方面也能发展起来,这样也许我们还能自己办厂,省去运来运去的麻烦!还有比如我们的洗萝卜机,其实算起来已经可以说是第四代了,现在洗是可以洗了,但是还不是很成熟,如果大学生能够运用所学的知识来帮助我们,情况肯定会好很多的。

访谈过程中,吴兴洪一直都是面带笑容的。为了更加全面地了解吴兴洪的创业经历，我还访问了吴兴洪身边的一些人。从一个生活在底层的劳苦农民，到现在过上舒适的小康生活，其实，一切并没有那么容易。泥瓦匠、烧砖、菇农……

其实吴兴洪几乎什么都尝试过了，他让我知道了，成功绝对不是一天两天的事，而坚持，则成了最重要的事。

访谈过程中，吴兴洪说，现在自己正在努力扩大规模，当然，靠自己一个人是不行的，希望能够在政府的支持下实现高科技化、产业化，带动更多像自己一样的农民走向成功。

另外，从大学生的层面来讲，我们应该将更多的眼光投向农村，这里有真正需要帮助的人，真正需要发展的人。或许一点微不足道的小事，对他们也是莫大的帮助。他们羡慕有知识的人，他们在努力诠释着奋斗与创业，苦难与幸福。我们应该互相学习、互相帮助。

村书记和他的"银杏人家"

■ 文/杜永堂

创业者档案

翟晓东,男,38岁,中共党员,大专文化,现在家中有妻子和两个儿子,四口人。他从1990年至1993年期间当兵,而后1993年复员回家,跟随父亲学医随后创办"翟晓东诊所"。2002年和妻子一起创办"翟晓东银杏人家",接着从2003年起担任嘉陵镇田河村

大队书记,与此同时兼任自己创办的"翟晓东诊所"和"翟晓东银杏人家"的总负责人。并且他的"银杏人家"2007年获得了甘肃省委宣传部、甘肃省文明办、甘肃省绿化委员会、甘肃省林业厅的"绿色小康县"、"绿色小康村"、"绿色小康户"称号。他自己也获得了"陇南市特色产业发展个人"、"党代表、档案先进工作者"、"陇南基层组织先进个人"等荣誉称号。

所在地情况

"翟晓东银杏人家"位于甘肃省陇南市徽县嘉陵镇田河村下坝社,而田河村四周被山环绕着,一条五六米宽的嘉陵江水系穿村而过,沿河而下修建这一条徽虞公路,它为田河村村民提供了便利的交通条件。

田河村位于徽县南部嘉陵江畔嘉陵镇,全村有6个社,196户农民,855人,共有耕地面积2180亩。田河村周围群山叠翠,物种丰富,村中有153棵1000多年有"生物活化石"之称的古银杏树,从而使田河村形成了它自己独特的自然景观,因此形成了"银杏之乡"、"陇上小江南"等美称。附近还有被

称为青龙山（火焰山）美称的大寺庙以及还有被称之为"动物王国"的"三滩"风景区,常年山清水秀,再加上嘉陵江漂游等,遍布着从秦汉到民国时期众多文人古迹。2002年以来,嘉陵镇田河村因地制宜,以自己独特资源做文章,大力发展"银杏人家"农家乐,从而吸引了省内省外（天水、兰州、宝鸡、西安等）游客来田河村观光度假旅游,它不仅拉动了当地经济的发展,也促使了农村文明的建设,使农民们的经济收入逐年在增加。

创业项目

"银杏人家"（农家乐）

创业感言

农民兄弟们要致富,就必须在自己所拥有的资源上动脑子、想办法。

创业故事

这次对于翟晓东的采访则是我通过多次电话预约才定下来于2011年2月8日见面,当天一大早我就起床,拿着自己准备的资料赶往"翟晓东银杏人家"进行采访。

当我来到翟晓东家时,看到他们全家人都围在火炉边烤火看着电视,全家人看到我的到来,热情地招待我坐下并给我倒水。我和翟晓东、翟晓东的妻子以及两个儿子聊了一会儿,我说明了我的来意,然后进入了采访主题。而对于这次的采访为了更好地反映"翟晓东银杏人家"的成长过程以及存在的问题,我以对话的方式展示这次访谈内容,从而使读者可以清晰地了解农民致富的酸甜苦辣。

子承父业　二次创业

问:您是何时开始创业的?

答:我认为准确说来是2002年春天,从创办"翟晓东银杏人家"开始到现在。

我之所以这样说,那是因为之前我自己创办过"翟晓东诊所"。那是在我1993年当兵回家后,由于父亲是当地医生,在农村有"子承父业"的传统习惯。我顺从二老意愿学了医,最后在二老意见下开办了"翟晓东诊所"。但是,由于村子人口稀少,诊所效益不乐观,从而使自己对它也不上心,结果慢慢地发展成现在只看一些小病的诊所了。

问：您现在看到当时在二老干涉下创办的诊所成为现在这样，您有没有想过用这几年"银杏人家"赚来的钱进一步完善您的诊所？

答：对于你说的这一点，我不是没有想过。现在我钱多了起来，我可以给诊所购置更好的设备、药品，加上父亲传我的医术会使诊所好起来。但是，现在我实在没有时间来忙碌这个，自从我 2003 年当选为田河村的书记以来，工作任务特别多，甚至一天到晚在外面忙。

问：从您刚才的谈话中，我了解到您第一次创业是由于家庭压力、经济利益的影响促使你想到创业，而第二次则是由于政府的提倡促使你想到了创业，对于上述两次创业，您当时是如何考虑的？当时的情况又是怎样的？

答：对于我的第一次创业我当时的考虑现在想想也是特别简单，因为自己当时刚当兵回家看到农民在田里的艰辛，自己就感觉到怕，为了摆脱父母那种"面朝黄土，背朝天"的艰辛而开始跟随父亲学医，然后创办了现在这个诊所。而当时的环境下，家里极力推荐我去创办自己的诊所，而村里正好当时只有一个老中医办的诊所，我学的是中西医结合的医术，感觉诊所办起来一定有比较好的收益。但是，办起来让我比较艰辛，效益一点都不好，感觉支撑不下去了。这主要是因为我们这边农民还是用古时候那种方式治疗自己的病，小病就自己从山上采点药，而比较大的病就去县城看，我的诊所往往只可以治疗一些突发性的病人。

第二次创业时我考虑到自己的诊所效益不好，并且自己当时比较闲，一天下来就是在自己诊所等病人来看病，感觉特别无聊。因此，想利用这几年和妻子赚的钱，进行新的投资得到更加大的收益。正好当时政府鼓励我们村的农民创办"银杏人家"，我们就用自己赚到的钱创办了现在你所看到的"翟晓东银杏人家"。经过将近 10 年的经营，我们的"银杏人家"效益越来越好，接待的客人有天水、兰州、西安等地。我坚信以后的经营会越来越好，规模也会越来越大。

问：您当时两次创业家里人对于您的创业看法如何？村里人如何看待？

答：对两次创业来说，第一次家里父母是极力支持我的，因为他们二老总认为医生这个行业永远是吃香的，不像其他的行业有阶段性的存在。村里人也对于医生有种潜移默化的尊重。

在第二次的创业中阻力则比较大，首先则是父母的反对以及村里人的看法，他们总认为我第二次做是不务正业的投资。最后，我在顶着多方面的压力之下创办起"银杏人家"。值得我高兴的是妻子在整个过程中都是默默支持我的。

一路走来 酸甜苦辣

问：当时您决定创办"银杏人家"，是否遇到过不顺心的事情？那您是如何解决这些问题？

答：对于"银杏人家"的创办，我遇到的不顺心的事情特别多，但让我记得最清楚的是我感觉到无助的两次。

第一次，是刚刚鼓足勇气要创办"银杏人家"时，遇到了技术、资金上的困难。当时正好是政府鼓励扶持几户农民搞"银杏人家"，自己就跑去见了政府官员，和他们说明了我的来意以及我所需要的技术和资金帮助。但是，让我没有想到的是，他们告诉我，我们家不在他们政府的规划之内，不愿给我们提供任何帮助。接下来几天，我动用了自己这几年所建立的部分关系，让他们帮我与政府官员谈谈，把我家拉进他们的规划之内，到最后得到的消息则是给我提供技术，而资金补助则没有。这时我开始徘徊了，我担心如果我用自己的钱来创办，万一失败我会血本无归，被全村村民嘲笑。妻子这时对我说，"要做就做，不要多想，钱不够我们可以借"。在妻子的帮助下我借了部分钱，艰难地创办起了"银杏人家"。

第二次，是我们办起来之后没有客人，当时我和妻子看到政府支持的人家客人络绎不绝，而自己家的客人非常稀少。我和妻子看到这样的情景都着急了，有时候我们甚至为了这吵起架来。我一个人静下来好好地思考了很久，感觉到自己确实无路可走了，自己的钱就要这样打水漂无法收回了。就这样，日子慢慢地过了快一年，我们从接待一批客人中得知了这里面的一些小窍门，也使我们家的客人多了起来，再加上自己当时一些战友的帮忙，使我的生意慢慢地超过了其余几家"银杏人家"。

问：在上面的谈话中我了解到，您创业中的资金是自己以及借来的，而技术则是由政府提供以及自己摸索出来，那你们现在效益好起来，就你和妻子的劳动力应该是远远不够的，您是如何解决的？您现在对"银杏人家"的发展有什么想法？

答：劳动力是我们比较头痛的事情，因为我们的经营有很强的季节性、间断性。春天、夏天是客人流量最多的时间，尤其到了几个长假，如五一、端午等平均每天要接待 160～200 人次，营业额也每天在 1500 元左右。而我们家劳动力主要是我和妻子两个人，这是远远不够的，所以我们就从村里请人来给我们帮忙，但是在假期还是人手不够用，我会把打扫卫生、帮忙端饭菜、倒水等工作让本村一些家庭条件比较差的学生来做,从中他们可以赚一些生活费,也可以得到锻炼。

对于劳动力这方面,我感觉还没有做到完完全全解决的程度,再加上我自己 2003 年当选为我们村的书记,村子近年来发展特别快,使我越来越忙碌。当书记这几年,我通过国家几次的培训以及考察,让我对于解决劳动力问题有了新的认识与见解,我们解决劳动力问题不是单方面要解决自己一家的,而是要解决大家的。

在此,我就以劳动力问题的解决为例子,来谈谈我对于"银杏人家"的发展看法。首先,我现在是书记,我不可以再像以前那样只为自己着想,而是要顾及全村经济的发展,使我们村的每一个农民都脱离以前的"吃饭靠玉米、小麦,花钱靠养猪、鸡,走路靠双腿,通讯靠嗓门"的局面。其次,我的"银杏人家"现在做到了村子最大的局面,我想用我的资源把村中所有的"银杏人家"整合起来,做一个大的组织,从而解决村子很多闲置劳动力,使大家都可以在这条道路上富裕起来。但后来我和其他人家商量后,得到的却是大家的反对,这样我的想法被抹杀了。对于这点,我感觉到我们村缺乏这方面专门人才和技术的帮助,如果有了这些帮助,我坚信可以说服他们。

问:您的"银杏人家"如此红火,有没有影响过您村书记的工作?与当地村民有过利益上的冲突吗?如果有,您是如何解决这方面的问题?

答:对于上面两方面而言,应该都有。我的"银杏人家"效益越来越好,我们村子现在也在突飞猛进地发展,作为书记的我工作也越来越多,时不时要出差,家里就留妻子一个人在忙碌。我当时想过不做村书记这个职位,专门来经营我的"银杏人家",但是经过我市几次大规模的村干部培训,我改变了我的想法。因为在村子里,我的阅历、知识都算是比较多的,在外面也常常跑,去过的农村以及城市都比较多,思想也比较活跃。我家宁愿少接待一些旅客,多为村子做点事情,让大家都富裕起来。因为我认为钱对于人来说永远是不够的,而对我来说,我的现状我已经知足了,现在我需要为村子做一些事情了。

与当地村民利益上的冲突,现在回想起来也不算是冲突。因为,当时为了扩大自己"银杏人家"的规模,自己的土地不够,只有向农民租赁一部分了。但是,当时由于自己的资金等多方面原因,从村民手中租不来土地。就这样和村民僵持了好久,后来还是决定高价买下那块土地。

关键时刻　尽心奉献

问：我记得你们陇南市嘉陵镇田河村是 5·12 汶川地震波及的地方，您那时候作为一个村的书记，您是怎么处理"银杏人家"营业与村民服务工作的？

答：5·12 汶川地震，虽说我们陇南市嘉陵是灾区，但是我们田河村只是受到了轻微的影响。我们村的"银杏人家"依然在营业，而且比以往更加忙了，因为城镇的人都感觉到自己家里是高楼不安全，跑到我们这来躲避。

而当时我家则完全停了"银杏人家"的经营，因为我家成为上面领导全面指挥抗震救灾的总指挥部，同时，距我们大约有十公里的谈家庄回车站附近，由于地震使宝成铁路隧道塌方，从而使火车爆炸，毒烟弥漫整个谈家庄，另外，山体的滑落使石块堵住了嘉陵江的流淌，形成了堰塞湖。政府看到这样的情况，动用所有能力转移村民，最后部队的进入，使那里的情况得到了控制，但是这么多的村民被政府安排到了我家。我那时忙坏了，十多天的时间家里每天都有 400～500 人在吃住，我们家一个接待客人的两层小楼房以及自己住的房子里面挤满了人，结果我家人没有地方睡觉，就和那些村民一样睡在院子里面。

让我当时感到头疼的则是吃饭，由于地震的影响，停电停水，给这些村民做饭、喝水成了大问题。我记得最为清楚的就是我们用那个纸板生火给他们做饭吃，那十几天我妻子每天不是烧水就是做饭，而我在外面忙碌。当时人那么多，卫生也是关键，我的诊所为受伤的人免费治疗，每天对来来往往的地方进行消毒，但是还不够，苍蝇就像蜜蜂那样一团一团的，就如我们县指挥抗震救灾的领导们开玩笑说的，"地震了，苍蝇都知道翟晓东家安全"。

信心满满　多元发展

问：通过我们上面的谈话，我理解到您为自己村庄建设投入精力很多，也得到了初步的成功，接下来您考虑过如何结合村庄与"银杏人家"的发展吗？

答：对于这点，我自己也深思熟虑过。也就像我们在上面谈话中提到的

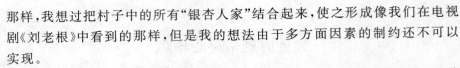
那样,我想过把村子中的所有"银杏人家"结合起来,使之形成像我们在电视剧《刘老根》中看到的那样,但是我的想法由于多方面因素的制约还不可以实现。

　　我现在又在思考新的思路,使我们村庄以及"银杏人家"更好地发展,从而提高我们村子农民的收入。首先,我向政府提出申请,扶持村民种植水果,以及修建池塘,让我们村可以通过乡村旅游而富起来。其次,我们村的农家乐都以"银杏人家"命名,则是因为我们村有153棵千年以上的古银杏树,我们以自然赋予我们的资源为动力,打造我们村子,让我们村子的古银杏树成为我们田河村的代言树。最后,利用我们村另一个天然资源,那就是嘉陵江,我们使其现在的漂游活动和我们的"银杏人家"成为一条龙的服务方式,让游客可以玩得开心,而不像现在"银杏人家"和嘉陵江漂游项目,是脱节的服务方式。

　　问:上面谈话中您提到要以古银杏树作为你们村的代言树,那您现在有没有具体想法和一些具体行动?

　　答:想法是有点,但是比较模糊,一时自己还说不上来,但是,我的信心是十足的,因为我感觉到我们村的未来发展就在旅游上。一些具体行动,我则以我的"银杏人家"发展为例子,我现在必须扩大我的"银杏人家"规模,效益好起来,在经济实力以及技术上远远压倒对手,从而迫使对手同意所有"银杏人家"的合并,从而给予村民更大的利益。

　　我的这个想法比较复杂,做起来也比较困难。我和妻子今年商量准备利用我们两个有医术的特长来打造自己饭菜的特色,对此我们以银杏为例,推出了我们的特色菜肴,如"银杏炖鸡"、"当归银杏炖鸡"等。接下来我们准备把我们村银杏树全身的宝(叶子、果实等)做成对身体有保护作用的东西,开始送给旅游的客人,慢慢把它变成当地特产,来提高我们村农民的收入,如我们用叶子做茶叶、做具有保健作用的鞋垫,果实做各种吃的,再加上我们村特有的那些刺绣、手工布鞋等,来打造我们村的发展。

　　问:对于村子以及"银杏人家"的发展,您感觉现在最需要哪方面的资源?

　　答:对于此,我感觉最为重要的是,需要一批了解我们农村并且掌握专门技术的大学生,并且资金也相对比较重要,有了这两方面,我想我们村会很快富裕起来。

　　问:那您能谈谈对大学生到农村从事农业创业有什么看法?

　　答:对于大学生回农村从事农业创业,我表示赞同,因为我们农村的发展极为需要有知识的人才。在以前,我们农村就像一条大河,而好多大学就像一个抽水的水泵,使劲地抽完了我们农村的人才,使我们变得干涸起来,致使我们农村发展得特别缓慢。现在出现这种现象,国家应该大力支持、鼓励大学生把他们学到的知识带回到农村,促进农村的发展,使农民可以更快地富足起来。

我再来谈谈关于当地政府对于大学生到农村从事农业创业政策的看法。我感觉当地政府做的远远是不够的。因为,那些毕业了要创业的大学生由于刚毕业,人脉比较窄,往往拿不到政府对他们项目的资助,相反的是,那些社会上有一定关系网络的人,可以很容易申请到政府的资助,但是这些人往往都是挂了牌子而不去做实事的人,在某种意义上来说,是骗取国家的资助。对此,我强烈建议国家把资助发放给真正需要的人,他们创业成功了,也意味着会带动我们农民富裕起来。

喝"农夫山泉"的"贵族"甲鱼

■ 文/周柳芳

创业者档案

郑团建,男,出生于 1975 年 10 月。淳安县汾口镇人,中专学历,中共党员,现淳安县中华鳖养殖基地总经理,主要从事水产养殖业。郑团建自1998 年回乡创办基地,通过 11 年的发展壮大,基地面积已达 500 多亩,并带动周边村民进行水产养殖共同富裕。郑团建曾先后被授予杭州市十佳青年农民、杭州市劳动模范、杭州市科技星火带头人、浙江省杰出农村青年、全国农村青年创业致富带头人、杭州市优秀共产党员等荣誉称号。

所在地情况

汾口镇位于淳安县西部,西连衢州开化,北邻安徽歙县,是杭州西部的大门,也是淳安县经济与文化的次中心。汾口镇翁川源村总户数 518 户,人口 1622 个,拥有耕地面积 1283 亩,山林面积 16036亩。近年来在党的一系列支农、惠农政策的支持下与村两委的领导和号召下,全村通过调整产业结构,从过去单一的粮食生产向效益农业转变,土地产出率大幅度提高,种植了桑叶、茶叶、水果等新型农产品,经济取得了又快又好的发展。

创业项目

淳安县千岛湖中华鳖基地

创业感言

创业要有热情但不能过头,要乐观但不能虎头蛇尾,回报父老乡亲是我一生最大的成就和欣慰!

创业故事

"其实我只是比你们早走出一步而已。"这是郑团建让我印象最为深刻的一句话。20 世纪 80 年代,郑团建家中并不富裕,家中除了他还有一个妹妹,父亲是小学教师,母亲是个体户。在那样一个信息交流匮乏的年代,生活在这样一个偏僻城镇中的郑团建,心中一直怀着要用自己的奋斗除去贫穷枷锁的梦想,认准了一条水产养殖的道路就一定要闯出一番天地来。从 1999 年开始创业,经过 11 年的努力,2010 年销售总收入已达 3000 万元,而这位带富乡邻的养鳖大王才仅仅 35 岁。

为了进一步了解郑团建创业致富的奥秘所在,在朋友的介绍下,我于 2011 年 1 月 26 日怀着激动的心情,来到了位于汾口镇翁川源村的淳安县千岛湖中华鳖养殖基地。

从千岛湖镇出发,不到 90 分钟的车程,就到达了这座依山傍水而建的养殖基地。时值春节将近,也正是甲鱼销售的旺季。在郑团建的甲鱼养殖基地,员工们正忙着把冬眠的商品甲鱼挖出来,然后经过清洗包装就可以上市了。而在郑团建 500 多亩的甲鱼池里,大多数的甲鱼正在冬眠。可不要小看了这小小山沟里的甲鱼产量,它是杭州市场上销量最大的甲鱼供应商之一,足以影响 200 多公里外的杭州甲鱼市场。

走进接待室,满满一面墙的荣誉称号便映入眼帘:浙江农业博览会金奖产品、浙江省渔业博览会金奖、浙江省著名商标企业、浙江省十大名牌甲鱼之一、杭州市养鳖协会理事单位、杭州市农村青年创业示范基地……"千岛湖"中华鳖凭这短短的 11 年就得到了如此多的琳琅满目的荣誉称号和来自社会各界的认可,这里的甲鱼到底有什么神奇不凡之处?而这位才 35 岁的创业者,又究竟有着什么样独特而传奇的经历?

养鳖之路　始于大棚

郑团建可谓是科班出身的专业水产养殖户。他曾就读于浙江水产学院,毕业之后机缘巧合下随老师来到了台州温岭的一家水产养殖场。这三年的打工经历,让他一方面学习到了很多实用的甲鱼养殖技术;另一方面也让他产生了回乡创业的想法。1998年,每公斤甲鱼卖到了200多元,郑团建发现了甲鱼市场中的商机,就准备自己创业。

"刚开始就是建了两个大棚,就这么开始养甲鱼了。"郑团建说,"一开始,我们只不过想把温室甲鱼养好一点,成活率高一点,商品率强一点"。就这样,凭借着自己所学的甲鱼养殖技术知识和对甲鱼市场可观利润商机的把握,郑团建走上了养鳖之路。

时值国家出台了一系列政策,相继提高农产品价格,并加大了扶持"三农"力度,淳安县也积极扶持群众搞水产养殖,于是,借着当时全国的甲鱼市场正处于一片红火的东风,郑团建开始找亲戚朋友筹钱养殖温室甲鱼。

本以为当时鼎盛一时的温室甲鱼会为自己带来不错的利润,然而,到了1999年,当郑团建的两个大棚养殖的甲鱼满心期待地开始上市的时候,甲鱼市场早已经悄然发生了变化。

那时的温室甲鱼价格一路下降,而汾口镇地处偏远,信息流通不畅,市场行情获悉过晚,所以,郑团建创业的第一桶金并不那么顺利。自己的两个温室养殖场几乎得不到任何的发展,可以说是无利可图。郑团建说:"90年代中期的时候,大家只知道甲鱼,不关心养殖模式、品种,就是说野生甲鱼也好,温室甲鱼也好,外塘养的甲鱼也好,都是一样的价格,没有区别,但想不到我们1999年养出来的时候,温室甲鱼的价格已经一路在跌了。"

到了2000年,温室甲鱼的价格已经跌得任谁都难以承受了。郑团建回忆道:"市场上的甲鱼行情已经一落千丈,从200多一斤跌到了十几、二十块一斤,以几十倍的下跌幅度在跌,这是我们万万没有想到的,我们从起步的时候就受到打击。温室甲鱼出来了,利润相对已经很薄了,如果哪个环节稍微做不好或者养不好的话,就存在亏本的危险。"

面对这意想不到的市场变动,郑团建辛辛苦苦了一整年却完全没有获得预期的利润,可谓是出师不利。然而更让人担忧的是,此时的甲鱼市场十分不景气,再继续这么做下去,别说是盈利就是保本都有很大的风险。那么,甲鱼养殖场发展的未来在何处呢?

一波三折　终成气候

在这个紧急关头,郑团建果断决定,在2000年马上由温室养殖转为室外养殖,走仿野生道路。郑团建的哥哥郑政建说:"农村里也有野生的甲鱼去卖，那个时候卖的话将近 400 元一斤，所以说在那个时候呢，他已经看到甲鱼发展的趋势，所以他就想到从大棚养殖改到室外养殖。"

看到温室养殖的甲鱼价格不断下跌，2000 年 5 月，郑团建依靠山上有活水的优势建起了 11 亩的露天养殖池塘。千岛湖的环境和水体都是天下一流的，而养殖场就在千岛湖上游，水好，环境好，养出的鳖也肯定好。"水库里的水刚好靠落差流到水渠里，我们仅仅在这里拦一下，搞密封，等一下水就进去了，一边进一边出，我们还有排水口的，不需要用一点电的。"就这样，郑团建利用上游三塘水库的自然活水资源，把在温室里养殖了几个月的甲鱼都放到了新建的池塘里，开始走仿野生养殖道路。

2001 年 12 月，终于等来了捕获销售的季节，郑团建利用他的仿野生甲鱼优势，在杭州的超市很快就联系好了销路。专等第二天基地上的员工把甲鱼直接运到杭州去卖，但他万万没有想到的是，一夜过后，靠甲鱼卖个好价钱的希望成了一场噩梦。

第二天清早，员工们照例把池塘里的水放完，然后将在泥里冬眠的甲鱼挖出来，却不想眼前的场景，让所有人寒了心。郑团建回忆起那个让他印象深刻的早晨："早上没起床，7 点钟左右，厂里马上就给我打电话，说放水的那个池子出事了。我们赶到一看，甲鱼全部都死在沙子上面，看似有过挣扎的过程。"

一年养出来的两千多只甲鱼，竟然全都死光了。眼看着这几年的心血一夜间化成了泡影，郑团建欲哭无泪。他隐瞒妻子，一个人扛着巨大的压力，寻找出事的原因。郑团建的妻子王华娟说："我是不知道的，他老是说你还小，不懂的，什么事情都不跟我们讲。"基地上的员工怀疑是有人投毒，就报了案，公安局过来做了调查。有人说是因为天太冷冻死的，而郑团建认为甲鱼如果冻死，会都在沙子底下。还有人怀疑是因为用了有农药残留的稻草覆盖引起的。最终也没搞清楚具体原因，而唯一确定的是甲鱼都死了，这一年的期盼又落了空。

郑团建此时面对着比以往更严峻的现实，创业已经 3 年了却屡受挫败，没有任何发展，他还要继续吗？然而郑团建的人生理念是自己认准的事要么不做，既然做了就要一条心做到底。他认真总结了这几年来的得与失，分析反思自己甲鱼养殖与销售过程中的过失之处，下定决心要重新开始。当时汾口镇政府也为这件事专门赶了过来，安慰郑团建。在各方的支持与鼓励下，郑团建把所有的池塘都进行了消毒，做好了能想到的各种防范工作，准备重新开始养殖。自己又通过亲戚朋友，筹备资金，包括信用社贷款，继续搞养殖。

2002 年春天，重整旗鼓的郑团建用了一个多月的时间到外地考察了几家大型养殖场和市场销售状况，发现野生养殖的甲鱼已经占据了甲鱼市场的主导地位。于是，他马上调转方向，回来后就扩建了 40 亩露天池塘，

开始了大规模地仿野生养殖。"已经是两极分化的了，温室甲鱼一种价格，生态甲鱼另一种价格，而且不仅价格上有区别，还有市场需求上的区别，消费者去买的话，温室甲鱼都不去采购而都去买生态的。这种趋势已经出来了。"一个多月的调查学习，让郑团建及时而准确地把握了市场需求，果断改走生态养殖路线，在这存亡的关键时刻为养殖场带来了新的希望。

温室甲鱼一般 8 到 10 个月就可成为商品甲鱼，因为生长快，甲鱼品质相对较差，而仿野生甲鱼是让甲鱼在自然的环境下按照甲鱼原有的生活习性自然生长，如用活鱼饲养使其更凶猛。因为其生长期长，吃起来口感好，有黏度，因此越来越受消费者的欢迎。郑团建带领自己基地的员工，一方面利用千岛湖源头活水等良好的自然资源养好鳖，另一方面对仿野生甲鱼的养殖进行了进一步的探索与学习。他们养出来的中华鳖凭借其出色的品质，在市场中逐渐得到了消费者的青睐。

开创品牌　主打生态

在养殖场里，几位员工正在几个红色的大盆子周围忙着，盆子里正是已清洗干净的活甲鱼。他们正在做什么呢？细一看，就会发现盆子里的甲鱼其实是不一样的。一些盆子里的每个甲鱼壳上都被钉上了一张红色的小纸片，而另一些甲鱼壳上钉的却是蓝色、绿色的纸片。而员工们忙碌的就是往盆子里的甲鱼身上钉这些小纸片。这张小纸片有什么玄机呢？原来纸片上面不仅印着"千岛湖"生态鳖的标签，而且印着甲鱼的"身份证"——防伪电

码。顾客只要开启系在甲鱼身上的防伪标识，就可免费拨打电话查询真伪。而用不同的纸片颜色来代表着甲鱼的不同年龄，比如红色的是 3 年鳖，蓝色的就是 4 年鳖。

其实早在 2001 年 6 月，郑团建就为自己的甲鱼注册了"千岛湖"商标，对甲鱼产品进行包装，把"千岛湖"甲鱼推向杭州市场。但因为各种原因，没有得到消费者的广泛青睐。从 2003 年的冬季开始，郑团建的甲鱼在杭州市的 24 个农贸市场全部实行挂牌销售，但因为农贸市场门槛较低，各色各样甲鱼鱼龙混杂。由于市场上温室甲鱼和生态甲鱼很混乱，消费者都不太清楚如何分辨。虽然郑团建的甲鱼是仿野生甲鱼，也很难卖上理想的价格。辛辛苦苦养出来的"千岛湖"生态甲鱼卖不上一个好价钱，郑团建很着急。2004 年 11 月，他到杭州市参加优质农产品展销会，在展销会上，郑团建产生了新的想法。

郑团建这样说："有的地方水果堆积如山，卖都卖不掉，有的地方的水果，卖一只就能抵你这十几斤。就是因为做了品牌，做了包装。我也有这种启发，是不是在这几年甲鱼比较低迷的情况下，也走这条品牌之路呢？"

2004 年 12 月，郑团建撤掉了农贸市场上的销售点，花了十几万元，进入了杭州市 16 家大小超市，并对每个销售点的摊位进行了统一的标牌设计，配备了甲鱼现场宰杀服务。2005 年初，郑团建又把同学朱叶民请来负责养殖技术，他自己重点搞起了销售。说起为什么自己开始搞销售，郑团建有自己的考虑："在养殖技术成熟的时候，要把潜力挖出来，肯定是在销售这一关。销售得更好，那我们利润就更好，比如说，10 元你在销，50 元你在销，100 元也在销，这个产品就这样，就是看你通过哪个销售渠道去销。"这千岛湖源头活水本身就是块响当当的活招牌，取了这名字的甲鱼，这身价自然是与众不同了。通过注册商标去创建品牌，好品质的甲鱼自然能够得到好的价格。当温室甲鱼 20 元一斤的时候，郑团建的"千岛湖"生态甲鱼基本上能卖到 60 几元一斤了，利润也得到了可观的提升。

随着千岛湖旅游的不断升温，在淳安县城出现了越来越多的土特产专卖店。2005年元旦,郑团建陪一位客户在千岛湖游玩时,看到土特产店的生意都不错,忽然有了一个想法。"千岛湖"生态甲鱼靠的是千岛湖源头活水,并且营养价值高,口味好,自己也可以开一家专卖店,把甲鱼当做土特产来卖。

说干就干,2005年春节前,郑团建在淳安县城开了一家甲鱼专卖店。但仿野生甲鱼和温室甲鱼从外观上看到底有什么区别,一般人还是很难分辨的,怎么很容易地能让顾客一下子就相信自己的甲鱼是仿野生的呢?郑团建想起那次损失大批甲鱼时有人说是冻死的,他又有了新的启发。把甲鱼冬天露天放在柜台上,夏天冷藏在冰箱里,给顾客看的就是不怕冷的生态甲鱼。就这样,郑团建相继在义乌、诸暨等地开设甲鱼专卖店,并靠这种办法来赢得顾客的信任。

无心插柳　进驻省城

2005年9月,郑团建到杭州的一家饭店吃饭,服务员向他推荐龟鳖宴,没想到她推荐的就是千岛湖来的生态鳖。郑团建一听千岛湖的生态鳖,这不就应该是自己养的鳖吗?当即问了一下基地管配送的人是否有给这家酒店送货。不想这家酒店没有从郑团建那里进货,却打着郑团建的甲鱼牌子,并把龟鳖宴当做自己的主打菜。

郑团建窝了一肚子火,饭没吃完就找酒店去理论。起初餐饮公司认为,打千岛湖甲鱼的牌子与郑团建养的甲鱼商标并没有什么冲突,应该是可以使用的。双方因此发生了一些争执,最终才搞清楚原来是误会一场。这家酒店是杭州市一家连锁餐饮企业,因为原来的供货商缺货,临时从市场上买回来郑团建的甲鱼,但的确还是货真价实。

对方本以为这场误会会引起一场冲突,但不想却收到郑团建的邀请函。郑团建开始也很气愤,后来转念一想,索性邀请酒店经理到他们的基地参观。

说来有趣,餐饮公司方面一不表态,二不与郑团建进行具体的交涉,而是买了两只甲鱼回去品尝了一下。吃过之后，餐饮公司采购部经理承认，郑团建的基地周围没有任何污染企业，环境和位置确实比他们想象中的还要好，养出的鳖就是不一样，立刻跟郑团建签订了供货协议。

这年10月，郑团建的甲鱼第一次直接供进了酒店，每天的甲鱼消费量都有100来只。郑团建也觉得直供酒店是让消费者了解产品的一种好方法。餐饮企业和基地对彼此的要求都能明晰，既利于基地的供应服务，也利于餐饮企业的发展，可以说达到了双赢。就这样，到2005年年底，郑团建已和杭州市的5家餐饮连锁企业建立了直接供货关系。2006年年初，他又撤掉了几家中小超市的甲鱼销售点，在杭州市建立了针对市民的甲鱼配送中心，开始针对市民的需要直接进行上门配送。

2006年元月，中央7台《致富经》栏目的两位记者专程赶到千岛湖基地拍摄了《变着招法卖甲鱼》的短片，经播放后收视率极高。同年11月，浙江电视台《山海经》栏目也为基地摄制了《青山碧水生态鳖》。次年5月，中央7台《每日农经》栏目为基地摄制了《生态甲鱼卖的俏》。经过这一系列的媒体宣传，可谓是给"千岛湖"的品牌起到了锦上添花的作用，不仅提高了基地的社会影响力，也增强了社会对基地中华鳖品质的认可与信赖。

几年来，"千岛湖"中华鳖在省内如杭州、诸暨、温州等地以及上海、安徽、山东、河南、广东、江苏等地逐渐建立起了自己的配送中心，销售区域达七省市，终于成功地"爬"出了山沟沟，"爬"进了大城市。

携手致富　路在脚下

说起郑团建，汾口镇上没有人不竖起大拇指的。不仅仅是因为他经过不懈努力而取得今天的成就，更是因为他致富不忘家乡父老的情意。

2006年，为进一步做大做强生态鳖养殖这一高效特色产业，基地还成立了中华鳖养殖专业合作社，以"基地＋农户"的模式，直接带领农户发展中华鳖养殖。由基地在年初向农户提供鳖苗，并将甲鱼养殖上的技术和经验与农户交流和分享，当甲鱼达到一定规格可以上市时，通过合作社统一价格收购再对外销售。这样，通过甲鱼合作社，统一饲料，统一销售，农民的收入有了保障，也使基地得到显著的发展，从原来的100多亩发展到现在的500多亩。在千岛湖中华鳖基地的带动下，先后有30多户农户开始养殖中华鳖，每年都取得不错的收入，也很好地提高了农村剩余劳动力的使用。淳安县汾口镇强川村余荣汉这样说："原来没有合作社，自己零散卖，销售量只有20只左右,每年收入也只有三万元,现在他们统一出售,价格一路提高,大概每年有五万元了。"在2009年,以基地为主的淳安千岛湖中华鳖养殖专业合作社还被评为了浙江省示范性专业合作社,得到了社会的广泛认可。

从新种培育,稚鳖,幼鳖,成鳖,到销售一条龙服务,郑团建的甲鱼基地,不但帮他自己致了富,更重要的是帮助更多农民富裕起来,为农村都市农业的发展、农民理念的改变、思想观念的解放以及根据市场需求进行应对等方面,都起到了很好的领头雁的作用。

此外,基地还在2007年世界环境日上向千岛湖投放20000余只甲鱼。甲鱼被称为"水底清道夫"对维持千岛湖水生态系统的稳定,改善水质有重要的作用。郑团建说:"千岛湖野生甲鱼资源,十年前还很丰富。不过因为当时的高价,诱使附近渔民频繁捕捞,使野生甲鱼几乎绝迹。力所能及地保护这青山碧水,并向社会宣传环保,是我们企业理应回馈社会的事。"

郑团建能有今天的成就,与他坚持不懈的创业努力分不开,同时,他也十分关注大学生的创业问题。他的基地已与海洋学院联合建立了校外实习基地,与当地学校进行了良好的互动,近年他的基地被认定为"浙江海洋学院淳安实训基地"。郑团建本人也在2010年由团省委、省青年创业就业基金会等单位联合举办的第三届"创业浙江"——青年创业创新项目竞赛中担任了创业导师。他提出,大学生创业主要需要面对三大问题——资金、技术和市场销售,三方环环相扣,缺一不可。而这三方面都兼顾发展,即全面的大学生,是很少见的。他以自己为例,如果当初老百姓不同意将自己的土地租让给郑团建来搞甲鱼养殖,没有土地资本,那么其他方面做得再好,他也难以做大做强。并且在当今农产品供大于求的情况下,他认为要找出自己养鳖的出路仅靠资金和技术是远远不够的,还要靠市场品牌的打拼来实现高品质的销路。市场价二三十元一斤,可他的甲鱼能卖到上百元一斤,靠的就是品牌销路的保障。他还做了一个有趣的比喻:这三个关键的方面就像是树干,而其他的就像树干上的叶子,叶子掉了几片,对企业这棵大树不会有太大的影响,如果树干一直坚固,那么叶子自然会茂盛起来。

最后,他提醒大学生创业仅凭一腔热血是不够的,"眼高手低"将成为成功的绊脚石,所以野战计划的锻炼真的很必要。要创业的大学生,首先要正确认识自己,了解自己属于哪种类型的人,适合干哪一行;认准了干什么之后,一定要做好"全军覆没"的准备,因为风险随时随处都在,而总是那些不怕失败,"东山再起"的人走到最后,笑到最后。

那山·那人·那猪

■ 文/戴成宗

创业者档案

老戴,男,1948 年生。改革的春风掠过小村的时候,只有小学文化的他,踏上南下的列车,给人抟过砖,给人喂过猪,年关来临的时候,揣着自己一年的血汗钱挤在人堆里回家过年。2007 年的一天,也许他厌倦了奔波与身在异地的飘零,毅然收拾起行囊,回到了这个世世坚守的村落,一家五口凭着在猪场学到的技术办起了养猪场。三年过去了,历尽挫折,但老戴坚持了下来,养猪场一步步壮大,生意一点点红火。

所在地情况

朱溪村,地处湘西雪峰山脉的深处,在县级地图上都找不到它的名字,从县城没有直达这里的班车,只能先到乡里,然后坐摩托车沿着狭窄的土方公路,在山间绕上一个小时,然后不经意间绕过一个山头,就能发现这个隐居在山林深处的村落。村落沿河而居,100 多户人家,清一色的木式建筑,黑瓦红棱,鸡鸣犬吠,怡然自得。由于地处雪峰山脉深处,这里的人家都没有较多的土地,只有自家的一些菜园,但是家家户户按人口都分到了一定数量的林场,平常的年份,这里的人们砍上一片树林,自家菜园种上蔬菜,就足以贴补一年的家用。在这个红尘滚滚的年月,村里人也不再甘于清贫,纷纷走上了南下打工的道路,凭着自己的双手,一年万余元的收入绰绰有余。

创业项目

良种猪养殖

创业感言

一篇养猪史,多少辛酸泪!

创业故事

其实,老戴不需要去寻找,老戴就在我们身边。

在这个与青山一同静默的村落里,我们两家都偏居于村东头——村中小河的上游,从我家斜着走上 100 米,就是老戴家。夏日炎炎的时候,我家的凉坪是村中最凉爽的去处,老戴就是这里的常客,人群中,你总能见到他斑白的头发,清癯的脸庞,眼神间透着中国农民的坚毅,蝉声嘶鸣里,你总能听到他爽朗的笑声。对于我——这个他看着长大,然后通过自己的努力,走出大山,走入中国高等学府的"知识分子",老戴有着发自内心的尊敬与亲切,因此我们的交谈透着真诚与坦荡……

茫茫打工路　多少辛酸泪

在我刚活蹦乱跳的那些年月,朱溪村曾经是一片远离尘嚣的净土。白日里,山间回荡的是人们的欢笑;夜幕降临的时候,炊烟袅袅,牛铃响彻,只有在夜间,数落漫天的繁星,我们才会好奇地问父辈:"山外是什么?"……

岁月无声地流淌,也许外面的世界在经历着沧海桑田,而我们的村子也在恍惚间弥漫着一股诱惑:张家的儿子在外面做建筑工,当了包工头,开了建筑公司,买了宝马;刘家的女儿在外打工,嫁了城里的郎君,有房有车,还抱回来一个胖孙子……对于那个时代的中国农村,我们无法把握时代的脉搏,但我们更无法抵制这些物质的诱惑。2005 年的一天,老戴终于出发了,携着一家三口挤上了南下的列车,投奔了千里之外的一个亲戚。

但是,迎接他们的并不是遍地黄金,而是砖瓦厂暗无天日的生活。计件的工资制度使得老戴一家每天像机器一样忙碌于和泥、装箱、敲打、出箱之间,既没有八小时的工作制度,也没有加班工资,夜来的时候,只能数着一排排的成砖,盘算着一天的收益……一年下来,腰也驼了,发也白了,手上茧起了厚厚的一层,揣着一年的血汗钱,老戴流下了炽热的泪水……

然后就是猪场的梦魇,相对而言,也许养猪比之搬砖,少了很多的硬活,但是猪场恶劣的工作环境、没白天没黑夜的工作方式让已入不惑之年的老戴着实吃足了苦头。中国的农民是坚毅的,也是智慧的,当老戴蹒跚着忙碌于猪圈之间时,不知不觉间,猪饲料的选取、猪圈的消毒、病害的防治、猪仔的选育……一样样,一行行,老戴已经娴熟地掌握在了脑海中。

风雨还乡日　毅然办场时

近三年的打工生涯,耗去了老戴太多的精力,也消磨了老戴曾经的壮志。在外闯荡的年月,没有得到传说中宝马香鞍的生活,离土背乡的生活彻底唤起了老戴内心深处的乡土情结。2007 年的一天,酒酣菜足之际,老戴尝试性地问了问憨厚的儿子,

"儿子,咱回去吧?"

"回去?回去咋赚钱?"儿子疑惑地看着父亲。

"回去,咱自己搞养猪场",老戴拍案而起,发出了内心深处的呼喊。

于是,一个雨后的清晨,老戴一家又回到了这个世世坚守的村落……

一个月过去了,村里的人惊奇地看到,老戴家的前院新起了一排格子房,灰瓦白墙,老戴一家在里面洒下石灰,一遍遍地清洗;几天之后,村里刚修通的土方公路上,一阵货车的轰鸣,一只只"嗷嗷直叫"的猪仔被赶进了他们的新家。依照民间的习俗,请了"法力高强"的法师,祭拜了一下"各路神灵",然后在鞭炮声声里,老戴家的养猪场开工了。

备尝辛酸苦　劫后尽开颜

可以想见,养猪的生活是艰苦的。老戴一家就五口人,能够干活的就老戴和老戴儿子,进门快一年的儿媳已经身怀六甲,老戴老婆又只能做些烧水做饭之类的事情,因此每天猪仔的进食、猪圈的消毒、夜间的看护等都落在父子俩的身上了,父子俩两班倒有时候都忙不过来。最头疼的还是猪仔的看护,猪仔发病经常在半夜,因此老戴几乎每天半夜都要去猪圈仔细看一

圈,碰上发病的时节,自备的药治不好,老戴还得半夜跑出去请畜医……但是无论多累,老戴都毅然地坚守。

也许对于老戴来说,最痛苦的倒不是养猪的艰辛,而是养猪价格无法把握。作为一个具有高度市场敏感性和国家高度调控性的行业,猪肉价格的波动对于养猪户的打击才是致命的。有一年上半年的时候,猪肉价格一度高涨到每公斤 28 元,老戴看着猪价嗖嗖的上蹿,于是多进了些猪仔,可是当长成可以出售的时候,市场价格的回落、国家的调控,猪肉价格一下子跌倒了谷底。老戴家一年的心血打了水漂,老戴心疼得一夜之间头发都白了好多……

辛苦也好,亏损也罢,老戴都挺过来了,辛苦中老戴变得更坚毅,亏损让老戴摸索到了市场的准则。中国的农民是智慧的,不用置身庭院深深的高等学府,市场经济的血液一直在他们的血管里流淌……

当年终看着一批批的成猪被客户从家里拉走,然后摆上县城各种菜市场的案头,一沓沓的钞票收入囊中的时候,一向勤俭的老戴也忍不住挥霍了一把,买了一大桶的烟花响彻在宁静山村的夜空……

前路依漫漫　乘风破浪去

三年的辛勤,三年的探索,老戴家的猪场在慢慢变大,眼见日子也越过越红火,可是有几件事却一直梗在老戴的心头,久久挥之不去……

老戴家的猪仔大多是从外面买进来的良种猪,整个生长过程都是用饲料喂养,相比于村里各家用草料喂养的土猪,在肉质鲜美度、价格上都略逊一筹。以前在村里没有兴起生猪养殖还好,现在不少人看到了养猪的收益,也纷纷仿效,而且不少人另辟蹊径,专门用草料来圈养土猪,对老戴的生猪养殖已经形成很大的冲击。可是如果改养土猪,父子俩肯定是忙不过来的,老戴不禁陷入了苦恼之中……

无独有偶,2011年以来,村主任已经找过老戴好多次,讲到了养猪场污染水源的问题。老戴家住村子东头,也是流经村里小河的上游,尽管现在村里人大多从山上引生活用水,可是干燥的季节,村里好多人家还是要从河里取水。可是自从老戴家搞了养猪场之后,养猪用后的污水都是直接倒入河中,导致河边总是臭气扑鼻,水质明显比不上以前。不少村民都对此大有意见。老戴对此也是进退两难,如果进行处理再排放,老戴家现在的规模根本承担不起这个成本,可是不处理,肯定会招致村里人的不满,老戴对此束手无策。

还有,猪肉价格的过度波动也是困扰老戴的难题,尽管经过三年的探索,老戴已经对市场保持了较高的嗅觉:在价格较低的时候,适当增加养猪的数量;在价格上扬的时候,则严格控制养猪的规模。但是由于猪肉价格的波动较大、国家的调控过于迅速,很多时候,时间跨度根本无法把握。而且老戴家的猪都是有客户上门采购,因此,只能被动地接受客户的价格,讨价还价的能力较弱。如果要扩大规模,提高竞价能力,在人力、土地等方面又面临着无法突破的瓶颈。

所有的这些,也让日子一天天红火起来的老戴在喜庆之余,平添了一缕阴霾……但是无论市场波动也好,竞争激烈也罢,从砖厂、猪场走出来的老戴一家,已经在山村大地上走出了神圣的一步,风里雨里,老戴一家都坚定自己的信念,在养猪的道路一直走下去,走得很远很远……

这是一个发生在我身边的故事。我看着养猪场一步步建立,一步步发展壮大;我看着一个普通的中国农民从只会贩卖自己的劳动力,发展成为一名掌握娴熟市场知识的创业者,在市场经济的大潮里迎风破浪,一往无前。我不得不感慨市场的神奇! 此时,内心深处涌起一番敬意,老戴只是一个普通的农民,但他却筑砖撑起了现代都市的擎天大厦,然后用自己勤劳的双手,丰富着现代人的餐桌案头。可以说,中国30年的跨越式发展,靠的不是我们这些"社会精英",而是这些最普通农民一丝一缕的积累! 同时,心中也有一丝的欣喜,多少年来,看到过不少谓之"衣锦还乡"的人,开着宝马招摇过市,然后消失在茫茫人海。当他们在东部沿海,在现代都市纸醉金迷的时候,何曾想过西部大山深处的故园正在一步步地走向衰落。朴实憨厚如老戴,却毅然舍弃宝马香鞍的梦想,回到故园,祭起创业的大旗,引领清贫的家乡人奔走在致富的道路上。老戴承载的不只是一种朴实,更是一种西部农村追赶现代生活的梦想!

走进人民大会堂的养牛人

■ 文/李济沅

创业者档案

林承,男,1972
年 8 月出生于黑
龙江的普通农民
家庭。林承所在
的四口之家只拥
有 16 亩土地,无
奈之下,1989 年,
林承初中刚毕业
就来到辽宁朝阳
当了一名野战
兵。经过 3 年摸

爬滚打,踌躇满志的他转业回到家乡,并在物资局当上了保管员。可好景不
长,由于公司不景气,他下岗了。从小就不服输的林承并没有自暴自弃,他
决定进入商海搏击。到西柳批发服装,赴山东搞化工原料销售,商场驰骋拼
杀多年,资产不菲的林承于 2000 年返回故乡。从那时起,林承开始认真审视
自己脚下这片祖祖辈辈生活过的土地。他觉得农村这片天地十分广阔,只
要选择好项目,发家致富不成问题,成就一番属于自己的事业也不是没有可
能。也就是在这片生他养他的土地,林承取得了辉煌成绩,先后获得了县
级、市级、省级优秀农民企业家,农业发展领头人等多项荣誉称号,并在 2010
年作为一名农民企业家走进了人民大会堂参加颁奖仪式。

所在地情况

黑龙江省汤原县位于黑龙江省东北部,三江平原西部边缘,北依小兴安岭千里群山,南邻松花江、汤旺河两大水系,介于煤成鹤岗、林城伊春、口岸城市佳木斯之间。汤原县自然资源比较丰富,矿产资源有 9 大类 21 个品种,林业资源种类繁多,并且汤原县交通十分便利,公路、铁路、水路四通八达。同时汤原县经济发展的基础较好,农业以种植水稻、大豆、玉米和甜菜、烤烟等作物为主,是黑龙江省产粮大县之一。

创业项目

"天元牧业"奶牛养殖基地

创业感言

牢记"造福于民,惠泽百姓",是一名农民企业家创业的原动力。

创业故事

在黑龙江省汤原县边缘郊区,建立起了一个在全市甚至全省数一数二的奶牛养殖基地,它的创立者是一个仅仅拥有初中文凭,在创业之初连报纸上的字都认不全的人。就是他,实现企业总投资达 2200 万余元,在 2010 年实现销售总额 900 万元的突破。他的名字叫林承。是什么让他取得了如此骄人的成绩? 带着这样的疑问,在当地政府的介绍下,笔者在 2011 年 1 月 29 日对他进行了一次采访,报告如下。

另辟蹊径 发现新商机

当谈到创立天元牧业前的就业经历时,林承回忆道:"我当过兵,做过牛奶收购员,在物资局工作过,还卖过服装,甚至在大连炒过房……但是都没有成功,至少没有达到我的预想,但是我不得不承认之前的工作经历是我创业路上的一笔宝贵财富。"事实上,此时的林承在村里人眼里早就是个非常了不起的人物了,但是他并不满足于现状。于是,他只身一人来到海南,在放松自己的同时,也在总结之前创业的经验,并同时苦苦思考接下来的人生方向。他发现之前所投资的项目都面临着竞争对手太多而且市场处于过度饱和状态的问题,他心想能不能做点别人没做的。没过几天,家里人给他打电话,说省里有新政策鼓励农民养殖奶牛并给予补贴,想问问他的意见。突然间,"奶牛"两个字浮现在他的脑海,做过牛奶收购员的他知道当时在佳木斯地区还没有一家成规模的奶牛养殖场,而且目前省里还有优惠政策,这难道不是一个绝好的机会吗？他反问自己。决定之后便不再犹豫，他立刻起身回乡，找到了当地县政府，说出他想创建奶牛养殖场的构想，正如他所期望的那样，县政府领导对他的想法给予极大地鼓励和支持。在政府的协调下，用地问题很快就解决了。于是已过而立之年的他又开始了一个新的征程。

在被问及成功原因时，他不无感慨地说道"别人做的事我不做，因为那样竞争太大，而我又没有背景，自然不会得到他人的重视。做就做别人没做过的，这就是我成功的秘诀"。

出师不利 "关系"解危机

此时正值八月中旬，土地里的庄稼还未成熟，但是为了厂房建造工程的顺利实施，林承果断决定将庄稼清除，赔偿农户损失，保证施工进程。谈到这里，他露出了无奈的微笑，"我是农民的儿子，我知道庄稼就是农民的命，看着一片片玉米地毁在我手里，我的心也痛，但是没有办法"。在资金方面，他将150万元的创业资金全部投了进去，同时又找到一位合伙人投资100万元。但这还远远不够，于是他想到了去银行贷款，但是这次没能如他所愿，工程就这样陷入了僵局。而也就在这时，更令他意想不到的事情发生了，他的合伙人突然决定撤资，理由是创业阻力太大，对他没有信心。这对林承来说无疑是雪上加霜。绝望中，他找朋友诉苦"前一分钟还热血沸腾，后一分钟就马上跌入了谷底，我不干了，150万元我也不要了"。事后他也承认那只是一时气话。幸运的是，在关键时刻他的朋友们拔刀相助，纷纷站出来为他解难。在朋友、战友的帮助下，他重新与银行签订了贷款协议，一度停止的工程重新走上了正轨。我开玩笑说，"那您是靠关系了？""可以这么讲，但是很多人对'关系'两个字非常厌恶，经常把这两个字和'贪污'、'腐败'联系到一起。但我想说的是，'关系'是一门学问，更是一种投资，而且这种投资不是金钱，是感情。对于每一个创业者来说，'关系'是一门必修课。"他笑着回答。

因地制宜 勤创"养牛经"

就这样，他的奶牛养殖场顺利建成。在养殖过程中，他发现，凭借自己以前的那些经验根本无法应付拥有 400 多头奶牛的养殖场。为此，他来到南方一些养殖业发达的地区学习先进技术，并在几个月后带回一些先进的设备技术。但是，很快他又发现先前学到的那些技术根本不适用。由于南北地区地理位置和自然条件之间

存在的巨大差异，致使奶牛养殖过程中遇到的问题也存在着较大的差异。无奈之下，他只好向当地有经验的奶牛养殖户请教，同时自己不断摸索，为研究如何解决奶牛养殖问题，积累经验。

那些日子，他在牛棚里一待就是十几个小时，用他客户的玩笑话说"要想找林老板，你得去牛棚"。终于，功夫不负有心人，经过努力，他已成功解决北方奶牛养殖所面临的牛舍保温，牛奶保鲜以及常见疫情的处理方法等问题，实行统一配种、统一饲料供应、统一疫病防治、统一榨奶、统一销售的"五统一"政策，确保标准化作业，并形成了一套独特的"养牛经"。正如他自己所说"男人一不怕吃亏二不怕吃苦，少一样你都成功不了"。当谈到自己的第一桶金时，他兴奋地说："产奶的第一天我赚了 500 元，我一口气把它都花光了，因为它说明，我成功了！"

斗智斗勇　"拿下"大客户

此时林承的奶牛养殖场已步入正轨，销售额也蒸蒸日上。但是他又有了新的烦恼，因为他的鲜奶销售途径是通过中间商收购的，而且销售对象主要是本省的一些乳制品企业如硕业、光明等。这些乳制品厂主要以加工炊粉为主，导致牛奶的收购价格偏低。再加上中间商的介入，使得牛奶收购的压价问题比较严重，这对养殖场来说是一个很大的损失。而且经他调查发现，同样品质的鲜奶在本省乳制品企业的收购价为每千克 1.8 元，而在像蒙牛这种企业的收购价却能达到 3.4 元，价格相差近一倍。考虑到地理位置的因素，他将目光瞄向蒙牛，并在心底暗暗较劲：一定要将蒙牛拿下！又一次通过"关系"，在朋友的介绍下，他与蒙牛的收购经理取得联系，并多次赴内

蒙古洽谈收购事宜,在产品品质上他慷慨许诺,在企业利益上他锱铢必较。凭借自己的地理优势将蒙牛牢牢吸引,凭借自己的合作诚意将蒙牛深深打动,更重要的是凭借自己的产品将收购协议收入囊中! 至此,他的企业又走上了一个新的台阶。

奉献他人　付出获荣誉

　　林承的成功极大地促进了当地农民养殖奶牛的热情,他为了方便广大农户养殖管理,建立了"托牛所"为农户养殖提供牛舍和现代化的饲养技术,甚至借钱给农户,鼓励其养殖。在他的带动下,当地奶牛养殖已渐成气候,并形成一种风气,农民的生活水平也有了很大的提高,这对于作为农业大省的黑龙江来说是一件很值得夸耀的大功劳。 由此,他获得了县级、市级、省级的优秀农民企业家,农业发展领头人等多项荣誉称号。他的成就也引起了国家的注意,国家为其养殖场投资 300 万元建设沼气池,平均每年都有有机粪便 1060 吨被送往沼气站,年产沼气约 38.6 万立方米,发电 23.8 万度,其中沼渣每年可为 630 余亩绿色水稻提供有机肥,创造产值高达 180 万元。他也被当地人民亲切地称为"三江之子"。在讲到所取得的这些成绩时,他动情地说:"政府永远是人民的中流砥柱,是人民的衣食父母,没有政府的帮助,绝对没有我林承的今天!"

卖牛养牛　对得起良心

　　2008 年,正是林承的事业如日中天的时候,众所周知的三鹿奶粉三聚氰胺事件发生了,这对于所有与奶制品相关的企业来说,都是一个晴天霹雳,全国的奶制品企业均处于低迷状态。"看着挤出的牛奶一桶桶倒掉,看着企业的亏损额一天天增长,我感到绝望和无助。但是我很清醒地知道我不能倒下,因为还有那么多相信我的父老乡亲在看着我,我要给他们信心。"林承苦笑道。但是随着这种低迷现象的持续,很多农户都已经失去了信心,他们选择将奶牛宰杀当做肉牛来卖,林承的养殖场无奈之下也选择了"卖牛养牛"的方式来维持企业的运行。正如林承所说,"三聚氰胺让我卖牛养牛"。但难能可贵的是,林承和他的天元牧业在这场风波中挺过来了,在政府的扶持下,很快林承的企业又恢复了往日的繁荣。事后,林承对三聚氰胺事件也发表了自己的看法:"这次萧条未必不是一件好事,因为它为每一位企业家都敲响了一次警钟,提醒你无论做什么都要对得起自己的良心。"

农民创业　走进大会堂

到 2010 年为止,林承的天元牧场占地面积 12000 余亩,总投资达 2200 万元,饲养奶牛 1100 余头,创造年销售总额逾 900 万元,并且形成了自己的农业产业链条。天元牧场是黑龙江省奶牛养殖业当之无愧的龙头企业之一。由于林承所取得的突出成就,2010 年他以一名农民企业家的身份被邀请到了人民大会堂参加颁奖典礼。他深有感慨地说道,"这不仅仅是一份荣誉,更是一份责任,时刻鞭策着我'造福于民,惠泽百姓',不管我取得多么大的成就,我始终记得我是一个农民,我是一个养牛的,我要做好我分内的事。"在被问及对今后企业发展有何规划时,他满怀激情地说:"我还要继续扩大规模,争取在 5 年时间内将奶牛总数扩大到 2000 头。同时我还要在养殖场附近建设居民小区,鼓励更多的农户来养殖奶牛,帮助农户解决贷款、子女上学等问题。希望借我的力量能带动更多的人富裕起来。"

农业发展　我有话要说

当被问到对当今农业发展出路的看法时,林承表现得很兴奋,他说:"这也是我一直思考的问题。对于现在的农民来说,他们的种植模式无非就是播种、收割、销售,然后再重复这个过程,日复一日,年复一年,何时才是个头啊? 农民何时才能过上富裕的生活?"接下来,他又谈到了他对农业发展的想法,他说:"我所鼓励的农业模式是经济型农业,能够形成一种农业发展链条,而不是周而复始地重复着几千年前老祖宗们的做法。当然,我一个人的力量是远远不够的,这需要国家的鼓励和政策上的扶持。"

以身作则　寄语大学生

　　他非常赞同大学生到农村从事农业创业的做法,高兴地说:"知识就是你们的资本,但创业也需要胆量,当你们害怕时,就想想那个只有初中学历,在创业初期连报纸上的字都认不全的林承,他都能创业,我们为什么不可以!"最后,他发出邀请:"如果有哪位大学生想来农村从事农业创业,天元牧场随时欢迎你!"

胡金龙和他的晶星休闲农庄

■ 文/毛文琳

创业者档案

胡金龙，男，小学文化水平。小学毕业后迫于家庭经济压力，在13岁时就跟随哥哥到杭州经营一些蔬菜食品生意。有了一定经济基础后，与人一起做起了运输生意，26岁成了运输队的负责人。直到32岁的时候，他被村里召回负责做农庄，一做就是几十年。在各级政府和科技部门的支持和帮助下，他经营的农庄已建成省级无公害精品水果基地1000余亩，无公害蔬菜基地400亩，特种水产立体养殖基地380亩，是集生产加工、出口创汇、都市休闲于一体的现代农业示范园区，并在2010年获得国家级标准化梨示范园。

所在地情况

滨江区位于杭州市南，钱塘江下游，距杭州市中心约7公里。"十五"期间，滨江区的改革开放和社会主义现代化建设取得了显著成就：全区生产总值从61亿元增加到150.6亿元，增长1.5倍，年均增长19.8%（全国年均增长8.8%，浙江省12.8%，杭州市13.6%）；技工贸总收入从228亿元增加到912亿元，增长3倍，年均增长32%；财政总收入从8.4亿元增长到37亿元，增长3.4倍，年均增长34.5%（浙江省年均增长14.7%，杭州市29.5%），其中,地方财政收入从 3.5 亿元增长到 18 亿元,增长 4.1 倍,年均增长 38.8%(浙江省年均增长 13.6%,杭州市 29.3%);全社会固定资产投资从 14.1 亿元增长到 89.5 亿元,增长 5.3 倍,年均增长 44.7%(全国年均增长 20.3%,浙江省 26.3%,杭州市 22.9%);三产结构比重由 3.8∶81.2∶15.0 调整为 1.3∶68.7∶30.0。

创业项目

晶星休闲农庄

创业感言

只有认真对待在做的每件事,用心负责,坚持到底,才会有收获。

创业故事

晶星休闲农庄,地处美丽的钱塘江南岸滨江区的顺坝农业园区,是浙江省农业标准化示范区、浙江省精品水果基地和农业出口创汇基地、浙江省高效生态农业示范点、杭州市农业科技示范园区、杭州市十佳都市农业示范园区。晶星休闲农庄可以获得这么多的荣誉离不开一个人的努力与坚持,他就是本故事的主角,晶星休闲农庄的老总胡金龙。正是他几十年以来坚持不懈的努力,才使今天的晶星休闲农庄在农业龙头企业中独树一帜,他在实现自己致富梦想的同时,更重要的是带动了当地产业的发展。带着对胡总创业经历的好奇,在 2011 年的 1 月 27 日,我专门前往晶星休闲农庄,对胡总的创业经历进行访谈。为了直接生动地记录胡总的讲话内容,本文采用了直接问答记录方式。

以工哺农创新业　昔日滩涂变农庄

问:您好,农庄当初是由谁发起创办的? 为何想到办一个农庄? 当初是怎样创办起来的呢?

答:因为我从小就生长在农村,在我的意识里,农业是基础的基础,民以食为天,发展农业对社会是有很大贡献的。我在 30 岁之前,一直在外面做生意,一年可以赚三万到四万元,积攒了一定的经济基础。1987 年那年,村里为了发展农业经济,专门将我们这些在外闯荡,有创业精神、有事业心并有一定经济基础的人召集在一起,商讨如何联合开发由钱塘江围垦出来的几百亩滩涂的事。农庄正式开始建设是 1987 年下半年，到了 1988 年 1 月 1 日开始正式运作。刚来的时候，一无资金，二无技术，要在刚围垦的荒无人烟、杂草丛生的滩涂上进行农业开发性生产，可以说是困难重重。当时，政府、农业局，浙江农业大学和农科院的领导和专家一起为我们出谋划策，浙大农业推广系负责帮我们规划。因为村里的初衷是想靠种地赚钱，所以问题就集中在和专家一起讨论到底种什么东西。当时专家的意见是种 400 亩梨，50 亩桃，再种些葡萄、西瓜、水稻，再养鱼、养猪。根据当时的市场行情，我们判断：400 亩地用来种粮食收入是稳定的，但用来种梨风险就太大了，一般来说 400 亩梨约有 800 多吨收成，之后还要包装、运输，最后这么多梨是否有人买都是问题，感觉风险实在太大，所以最后我们种了 50 亩的梨，30 亩的桃，同时围了 200 亩鱼塘用来养鱼。实践中，我们根据专家们提出的"主攻水果、水产，发展蔬菜，配套林网，综合开发，优化结构，良性发展，提高效益"的生产发展思路，提出了"高起点、高标准、高投入、高科技、高产品、高效益"的"六高"目标，并以大专院校、科研院所为技术依托，与他们建立长期的技术合作关系，努力提高农业生产的科技水平。期间，我们在 1996 年投资 100 万元开发休闲农业；1998 年投资 120 万元引进了日本梨棚架栽培技术，对蜜梨栽培技术进行改造；1999 年投资 150 万元与周边部队农场签约承包土地 500 亩，进一步扩大水果生产规模；2002 年投资 400 万元扩建梨棚架栽培 300 亩，新建冷库 550 立方米，进行水果采后冷藏保鲜；同时在 2002 年，我们创建了晶星都市村休闲中心和农产品保鲜加工厂，促进农产品增值增效。通过几年的努力，终于把这片荒无人烟、杂草丛生的滩涂改造成了"田成块、塘成方、路成荫、渠成网"的现代农业园区，为下一步发展农业标准化生产奠定了良好的基础。

问：农庄创办以后是如何一步步由小到大成长起来的？怎么会有做休闲农庄的想法的呢？

答：从 1995 年开始我们承包了农庄的经营权，一开始我们只是用来种地，没想到要做休闲农庄。我们只是把钱用在一些最简易的设施上，希望通过大面积的种植来获得更多的收入。后来，我们又在提高单位面积效益上做文章，在农业设施改良的基础上，我们不断培育农业品牌，提高精品产量，不断开拓产品的市场。现在，我们年生产各类"晶龙"牌农产品 5000 余吨，其中 1500 余吨出口到日本、新加坡、马来西亚、加拿大等国家，实现产值 3800 余万元，创利税 200 多万元，经济社会效益较明显。大约在 1999 年的时候，在当地政府和农业管理部门的引导下，我们尝试着涉及一些农家乐项目，开始主要是一些简易的休闲农业，如游客可以来钓鱼，在大食堂吃农家饭等。

但不久,我们欣喜地发现,随着人们生活水平的不断提高和生活节奏的加快,城里人越来越喜欢来农庄呼吸新鲜空气,吃农家饭,到池塘边钓鱼、散心、聊天、摘果、拔菜等,以缓解日常工作和生活的压力。于是,我们趁热打铁,因地制宜地利用精品果园基地、绿色蔬菜基地和水产生态养殖基地等农业生产资源优势,继续开发都市农业的观光休闲、垂钓等项目。经过多年的创新发展,新开发垂钓鱼塘53亩,创建了晶星都市村休闲中心,开发了集垂钓、观赏、品果、游览、采摘、棋牌、会议、餐饮、购物等服务为一体的休闲服务中心,使现代农业与旅游有机结合,通过第一产业和第三产业的交叉、渗透,建立起两大产业间的互动机制,实现了农业功能的拓展。在为人们提供亲近绿色、回归自然的田园风光的同时,还为他们提供了品尝新鲜农产品、购买绿色农产品的机会。在我看来,休闲农业主要是要把自己的精品、特色、亮点拿出来,只有形成集可观赏性、可品尝性、可休闲性于一体的休闲观光农业,才能有更好的发展前景。

顽强毅力攻难关　坚守信念不动摇

问:在创业过程中有没有遇到什么困难? 曾经想过要放弃吗? 最后是怎么渡过难关的?

答:遇到的困难太多了,但是我认为一个办企业的人,如果萌生放弃念头,那肯定是不会成功的。一个经营者在遇到困难的时候,首先要想的是怎么去解决问题。每个企业的成功都要经过几十年的磨炼,在这过程中,经营者坚忍不拔的毅力和强大的责任感很重要,这是维持企业发展的重要基础。像我们搞农业的,困难主要是资金短缺、自然灾害等,要解决这些困难,经营者首先要有一个富有远见的规划,比如抽调资金大量投入到设施农业中,提高抗灾能力。另外,作为农业,受不可抗拒的天灾的影响较大,俗话说,农业是靠天吃饭时。所以,我们每年会预留一定的储备资金,应对天灾人祸,避免突发事件或灾难性事件发生时的无奈。比如,2007年由于台风影响,农业产值就不太高,到了2008年情况更糟,遇上了全球金融危机,这时,我们就把以前预存的一部分资金拿出来发工资,稳定员工队伍,增加农业生产投入,缓解灾情等。由于我们的坚持,到了2009年产值就慢慢回升了,2010年的效益就更好了。

问:2008年的金融危机对你们的销售有影响吗? 你们的产品一般都通过什么渠道销售的?

答:有啊,对于我们农业来说有两方面:一个是农资涨价很厉害;另一个是工资的飞涨,生产成本提高很快,金融危机以后大家都觉得钱不够用了。在销售上,我们分内销和出口两部分。我们十分注重产品的品质和品牌效益。在国内主要依靠互联网和电视宣传,出口方面主要也是国外的一些客户认为我们产品质量好,就一直与我们保持购销关系。在浙江,我们是唯一一家出口蜜梨的农庄。我一直坚信农产品要提高效益,产品质量一定要与国际接轨,没有这样的意识你肯定难以发展,我们农庄正是因为做到了这一点,所以销售状况一直比较平稳。现在的关键就是作出我们产品的名气,做强、做大、做好我们的品牌。

问:看到您的农庄现在办得非常成功,您愿意谈谈在负责农庄之前还做过些什么工作吗?之前的工作经历给了您什么样的启示?您愿意和我们分享一下吗?

答:迫于家庭经济压力,我读书只读到小学就去生产队参加劳动赚钱了。13岁的时候跟着我哥哥一起去杭州做一些蔬菜生意,主要是将地里的收成拿到杭州去卖。到20岁的时候,我就跟着别人一起在杭州靠运输建筑材料来赚钱。后来,我买了辆手拉车,自己跑运输。那时的一辆手拉三轮车相当于现在的一辆奔驰车,我到26岁的时候就自己负责一个运输队了,一直到32岁。买车子的资金是前期积累下来的,那时手下有60个人帮我做事,后来又把业务拓展到做工程项目,搞了一个建筑工程队,可以说收入很不错,不仅娶了老婆,盖了楼,还有10万元的存款,在当时那10万元存款不容易啊。后来村里找到我,希望我能回来做农庄,我刚来到这杂草丛生的滩涂地时,觉得如果要做农庄压力肯定不小,心里也有些犹豫,后来村里的领导又找我谈话,说村里希望年轻人为村集体多做一些贡献,我想想也对,就坚持下来了。

科学管理出成效　品牌产品走天下

问:公司的部门规划是怎么样的?平时是怎么管理的?

答:我们公司有四个部门,一个是水果部,一个是水产部,一个蔬菜部,一个休闲部,每个部门下都有专业的技术人员专职管理。现在我又增加了个市场部,专门负责销售。我们是一家股份制有限公司,在管理上主要采取民主集中制。一般10—15天左右召开一次管理人员会议,汇报上一阶段工作,布置落实下一阶段工作,对遇到的问题广泛听取大家的建议和意见,群策群力嘛,从而使公司的决策更科学、更合理。同时,对各部门落实生产责任制,做到权责利明确,对各项工作实行标准化管理,做到统一生产规划、统一操作规范、统一技术培训、统一农资供应、统一品牌销售。在技术上,我们紧跟国外先进栽培管理技术,经常邀请日本、韩国、中国台湾等地的果树专家和浙江大学、浙江省农科院、浙江省农业厅等的专家来农庄实地指导和培训,详细讲解梨棚架栽培技术,病虫害综合防治技术,土壤、肥、水管理技术和果实套袋和蔬菜栽培等,全面提高员工的生产技术水平,提高品牌产品的科技含量。同时,我们也十分注重组织员工的标准化技术培训,在每道工序操作前对职工进行实际操作培训,取得操作合格证后方可单独操作实施,提高了技术的到位率,确保了标准的实施和技术的规范化,促进了标准化生产技术水平的提高。目前我们公司已有80余人获得了农民技术员绿色证书。

问:我了解到您公司出产的"晶龙"牌蜜梨先后获得过多项荣誉和认证,您能谈谈对此有什么看法吗?

答:我们积极引进推广应用日本梨棚架栽培技术,管道喷药和节水微喷技术,采后机械分级和冷藏保鲜技术,果实套袋技术和土、肥、水、草管理技术等先进适用技术,专门引进了台湾的分级选果机、割草机、开沟机等农业机械设施,提高了劳动生产率,促进了标准化生产。为保障食品安全,我们对农用投入品使用实行了全程监控。首先是我们园地内使用的农资必须向正规农资部门采购,并在入库前由质检员对包装、生产日期、有效期、成分、合格证等进行检验,检验合格后才可入库,做好记录。其次是农药、肥料等农资的出库使用必须由技术人员和生产分管领导开具使用方法和出库单才能领用,并做好记录,确保准确使用。最后是每批"晶龙"牌农产品采收前,我们都严格地进行成品检测,主要是利用农残速测仪检测农残,对蜜梨采收前还要用手持式糖度仪进行糖度检测,以达到对质量安全的控制。科学的管理和标准化的生产,使"晶龙"牌蜜梨的品牌效应得以提升,同时也极大地带动了杭州蜜梨的生产和销售,为杭州蜜梨走向世界,起到了良好的示范作用。

休闲观光新农业　产业效益顶呱呱

问:您能总结一下农庄现在整个发展状况吗?您觉得您公司成功的案例对当地的一些农户和产业发展能带来什么帮助吗?

答:回顾12年的发展历程,我们在以下几个方面走在了同行的前列,获得了可观的效益：2007年6月，我们通过了GAP认证，是浙江省首家通过GAP认证的企业；通过实施浙江省农业标准化推广示范项目，制定了"晶龙"牌蜜梨标准及其生产技术操作规程，栽培技术达到了浙江省内领先水平，大大提升了基地蜜梨的产量和质量；"晶龙"牌蜜梨先后被评为中国国际农业博览会名牌产品、浙江省十大名梨、浙江省名牌产品和浙江省精品水果展示会金奖；2009年我们共生产"晶龙"牌蜜梨1300余吨，其中出口263吨，创产值800余万元、创利350余万元，其中优质"翠冠"梨在香港市场上售价高达每公斤40元，比内地市场高出三倍。除此之外，我们充分利用水产养殖基地发展休闲农业，扩大农业的功能，为人们提供休闲娱乐场所，开发垂钓、游览、餐饮等休闲娱乐服务。2009年，我公司共接待垂钓等休闲娱乐人数达35000余人次，创产值480万元，创利40余万元，经济效益十分可观。示范基地的发展也促进了农民就业岗位的增加和收入的提高。我们每年招收外地农民工150余人，从事果园培育管理操作工作，人均年收入达15000元以上；而且基地的土地属于滨江区西兴街道星民村集体资产，我们每年要上缴土地租金100多万元，即为星民村每年增加收入100余万元，不但壮大了星民村的村级集体经济，也提高了当地村民的收入。

问：您觉得自己成功创业后，自己的社会地位有变化吗？从您的创业经历来看，您觉得农民创业致富的关键是什么？

答：在我看来，只有事业的成功，才能有相应的荣誉和享受，有作为才有地位。看到今天的成功，我觉得创业过程中的所有酸甜苦辣都是值得的。可以说最大的变化就是社会地位的改变，我感到自己越来越受到他人的尊重。看到公司有这么多的资产，手下有这么多的员工，培养出的一批有文化的青年人正为农业发展、社会进步作出贡献，我就感觉特别高兴。有时候在办公室干累了，我就去果园里干点活，一年四季有做不完的农活，体力劳动与脑力劳动的结合，让我感觉越活越年轻。做农业的人啊，乐在其中！我认为农业若要创业致富，两个方面很关键：一是要有坚忍不拔的毅力，不能半途而废；二是要有科学管理的理念，现代农业也是一个高科技的产业，只有标准化管理、科技化生产，才能有更好的效益。

楼建华和他的弟兄农业开发有限公司

■ 文/毛斐颖

创业者档案

　　楼建华,男,1954年生。楼建华是土生土长的枫桥人,高中文化程度的他,有着丰富的工作经历和深邃的洞察力。他曾经在家务农,也曾教书育人,还担任过村干部,后来他像很多枫桥人一样办起衬衫厂、羊毛衫厂,但生态农业早已列入他的发展计划。2007年7月出于对家乡新农村建设的支持以及反哺农业、回报农民的社会责任感,从事工商企业多年的他和兄长回到家乡,在诸暨市枫桥镇永宁村创建了浙江永宁弟兄农业开发有限公司。至今,公司总投资已达3500万元,建成了一个占地70亩,存栏生猪  8000头,年出栏生猪1.5万头以上的现代化养猪场,建成了农家乐服务中心和蔬菜配送中心等产业发展链。现公司是"绍兴市重点农业龙头企业"、"诸暨市农业规模企业",并与浙江大学合作建立了"国家自然科学基金试验基地"、"国家863项目试验基地"。

所在地情况

　　浙江省诸暨市枫桥镇永宁村成立于2006年九月,由原石砩、将军、陈昂、溪东、永联5个行政村合并而成。区域面积16.22平方公里,有1396户,人口3796人。全村有水田2400亩,旱地494亩,林地15110.45亩。永宁村交通较为便利,新造公路和永宁江穿村而过。村内设有邮政代办所、石砩完小、警务室等单位,有农贸集市一个,并已形成小规模的食品、百货、服装、鞋帽等商贸集散交易。永宁村村民勤劳朴实,村民一直以农业生产为主,茶、桑为传统产业,目前已发展了花木、蔬菜、西瓜、养殖等效益农业。近年来,户办织机加工业发展较快,全村已拥有各类织布机 961 台,成为村民致富奔小康的一大经济收入来源。

创业项目

永宁弟兄农业开发有限公司

创业感言

传统制造业需要寻找转型升级的突破口,向现代农业转型是一条很好的途径。

创业故事

山为伴,水为邻,枝头鸟儿叫不停;住农家,吃土菜,做回农夫乐逍遥。我早就听阿姨们谈论永宁弟兄山庄的美食美景,一直心存向往一定要亲身走进这有"世外桃源"之称的农庄一饱口福和眼福。也算是个巧合,为了完成农业创业的调查采访,我动用了母亲的人脉资源,找到了诸暨市畜牧兽医局局长吕才火,他得知我来意后立刻表示有个非常适合的对象,这便是我早有耳闻的弟兄山庄。在局长的安排下,我们在年前某个春寒料峭的早晨驱车前往永宁村。大概 30 分钟的车程里,吕才火局长给我讲了永宁弟兄农业开发有限公司的一些情况,在诸暨家喻户晓的弟兄山庄属于该公司农业产业链的一个延伸环节,它主要是养猪。种种描述让我对弟兄公司和楼总充满了好奇。

车子从国道转进新店湾村,沿着水泥马路跑了一长段到了村庄深处,然后拐到一条柏油马路上,吕才火局长示意我看看路两边,田里整齐的排着许多塑料大棚。可能是因为冬天刚过又要过年了,棚似乎都是空的,不过我听说到了季节,这里会产很多美味的提子。

不远处就是弟兄公司的核心基地——养猪场,楼总的办公室就在养猪场旁边一个两层的水泥房里,我跟着吕才火局长走进去,终于见到了"传说中的楼总"。他平易近人,感觉就是一个和蔼憨厚的大叔。他的啤酒肚比较明显,我想这就是那些与他相熟的老乡亲切地称他"建华胖子"的原因所在吧,这可不是恶意讽刺,从他们的语气里我听得出友好和称赞。

走进办公室,他特意为我们打开了空调,还泡了热茶,吕才火局长为我们做了相互的介绍，我们抓紧时间进入采访阶段。其间还有个小插曲也要提一下，当我询问能否录音方便我写稿时，楼总有些不好意思地说，"可以的，不过我的普通话不好，怕你听不懂"，我立刻表示感谢并用方言为他释疑"其实我们是老乡，懂的懂的"，谈话气氛一下子变得随意和活跃起来。之后，我便在访谈基础上形成了本报告。为了直接生动地记录楼总的讲话内容，本文采用了直接问答记录方式。

心系家乡建设　工业反哺农业

问：您是什么时候开始农业创业的？怎么想到来这里搞农业开发公司呢？当时有哪些具体考虑吗？

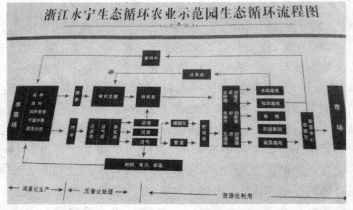

答：在这里创业是 2007 年开始的。这个企业啊，是我跟我哥哥两个人合作创办的，当时这个想法主要还是我哥哥想到的，就是想支援老家的新农村建设，我们本身就是这里人就回到这里来。这个地方是半山区，工业没有什么发展，在我们诸暨算起来也是比较贫困的一个村子，而且土地闲置的比较多，刚来的时候山湾里面都是草。当时我们是和村里合作的，村里土地入股180 万元给我们，股份就是占了 10％，我们那时的总投资是 1800 万元。我们的主体产业是养猪，种养直营，还搞了蔬菜基地、500 亩水稻基地，还有瓜果这一类。一方面猪是人们必需的消费品，猪肉的供给随着人们消费水平的提高是必须要跟上的，这样销路是没有问题的；另一方面，以前这里也有人养猪，但主要是散养户的，搞不太好，我们来搞这个现代农业，政府也是大力支持和倡导的。

问：你的家人怎么看待你创业的？村里人又怎么看？周围环境是否有

利于你创业呢？

答：家里人肯定是支持的，不支持怎么干呢？村里人应该说也是支持的，总体环境也是不错的。

情牵农民利益　科学规划双赢

问：您创业之初，资金、土地、技术、劳动力方面的问题是如何一一解决的？

答：资金没有什么问题，我们原来工商企业就有一部分，另外还向信用社借贷一些。土地就是上面提到的村里入股，另外还有从别人那里流转过来的土地，其中部分是村委会介绍的，也有部分是我们自己直接和农户谈的。技术方面应该说我们的项目知识性很强，不过我们招聘了专业人才。劳动力方面工价较高，但找起来相对还是比较方便的。

问：您创业之初，产品是如何销售的？现在是如何销售的？销售过程中有没有遇到过什么困难？

答：我们的猪肉销售是没有问题的！开始时是有经销大户直接到农庄来订购的，现在主要是通过企业订单销售的。

问：您在创业过程中有没有遇到不顺利的事呢？最后是怎么走过来的？

答：不顺利总是有的，像我们养猪就会有污染问题。后来我们就发展起生态工程，搞了设施农业，通过水稻基地把那些有害的资源进行无害化处理、资源化利用了。

问：您在创业过程中得到政府哪些方面的支持了呢？最希望得到政府哪方面的支持？

答：政府对我们的支持有两个方面：一个是政策上面的支持，一个就是经济上面的支持了。具体讲，政策上给了我们一些优惠，经济上就主要是税收了，我们农业企业不交税的。像土地流转这块还是很需要政府支持的，有时也需要资金支持。

问：您在创业过程中有没有与当地村民、村委会、企业及其他部门发生利益冲突？如果有，是如何发生和怎么解决的呢？

答：利益冲突肯定是有的，农民有时会想不通，但是这种事很少，是极个别的。那我们就通过各方给他们做工作，尽量不损害农民的利益。我们一直是站在这么一个出发点的，就是当有冲突的时候优先考虑农民的利益，我们企业宁可损失一点，毕竟土地是他们的。

问：您对目前创业环境还满意吗？觉得哪些方面还欠缺呢？

答：这个环境我是基本满意的，还差一点就在于我们规模化的经营与农民他们口粮田承包形式上的矛盾。他们是自愿承包的，这种形势下面你要集约化、规模化经营就有一定难度了，因为土地流转很难。比如说我想搞基地，这个基地要成片的，是不可能搞下来的，总有几个人哪怕你是出 2000 元他也不肯，这种人也是有的。

问：您目前生产经营过程中还遇到什么其他问题吗？

答：有倒是有，不过问题也不是太大，主要是产品的加工和保鲜方面的，我在考虑延伸产业链，所以要在这个方面研究研究。

现代农业致富 引领家乡变化

问：创业以后，您自己觉得在生活及社会地位方面有什么变化？别人对您和您家的看法有什么不同了吗？

答：我们农业企业搞好了肯定能赢得老百姓、政府部门的尊重。同时别人对我们的要求也高起来了。作为办企业的和一般农民肯定不一样，我们做事群众百姓都看着，要办好才行。

问：创业以后，对当地其他农民和产业发展带来了哪些变化？

答：像我们这种农业现代化企业对传统农业农村能带来很大的变化。一个就是传统农民变成了职业农民，通过职业培训和专业分工，使他们的养殖模式和理念更现代化和专业化了，像我们蔬菜基地、水果基地要求都是不一样的；然后另一个就是稳定了他们的工资、劳动报酬，在这里他们劳动力就有保障了，而且收入也提高了。

问：您对未来的发展有什么打算和计划呢？是否要扩大规模？

答：我们打算稳定现有规模，但是现有部分要发展得更现代化、机械化，要使这个农业产业工业化，延伸我们的产业链，向产销一体化努力。我希望我的产品能商业化、市场化，有市场优势。

问：目前影响您进一步创业的主要因素有哪些？

答：积极因素主要是因为吃饭是第一大事，农业发展前景很大，国家要稳定，没有粮食就不行。消极因素也是有的，就是我们来这里搞企业，会有个别村级领导和村民对我们不理解，这让我们觉得心里有些委屈。

问：您对未来发展有没有信心呢？依据是什么？

答：那肯定是有信心的。我是这么想的，我们国家搞建设，我们是有职责和义务把国家现代化建设发展起来的,而且任何国家都是无农不稳的,每个朝代都必须要保证吃饭,所以我搞现代农业的出路应该是不错的。

问:在农业创业前您做过哪些工作? 这些工作对您现在创业有哪些帮助?

答:我做过的工作很多:务农,教过两年书,数学语文都教过,办过衬衣厂,办过羊毛衫厂。对我现在的帮助就是这些经历使我的管理经营理念的思路扩大了,知道了在市场竞争中怎样去拼搏。

问:从您的创业经历来看,您认为什么是农业创业致富的关键因素? 个人特长和经历、家庭条件、社会关系、当地资源条件、政府支持还是其他?

答:我觉得个人的特长和经历是最主要的,文化程度、政府政策、创业氛围、自然条件、地理位置当然也是很重要的影响因素,但是人是可以去选择它们的,也可以通过一定方法去适应它们、影响它们。另外,我觉得家庭条件和社会关系也比较重要,这个其实还是和你的个人特长和经历相关的。

问:您认为当地农业未来发展的出路在哪里?

答:我觉得出路主要还是在现代化上,说到这个现代化,就主要包括机械化、设施改善、科技进步。

问:那您对大学生到农村从事农业创业有什么看法呢?

答:我是很赞成的,农村现代化发展还要靠你们呢。

访谈在愉快的氛围里结束了,楼总应我所求带我去猪舍外拍,不过因为带我来的吕才火局长要赶回去办事,楼总也有事要忙,我便没有进入养猪场参观。事后了解到养猪场里面设施齐全,都装上了空调,楼总笑称这是猪的"五星级宾馆"。

经营竹林　打拼幸福

■ 文/金　豪

创业者档案

潘妙红,女,出生于 1971 年 5 月,高中文化。生在农民家庭的潘妙红自小跟着父母种田,高中毕业后为改善家里的经济条件外出打工,挣钱养家。她曾尝试过创业,先后经营家具装潢、山核桃加工。2008 年她向政府承包了 98 亩竹林,从事竹林的维护和经营。她经历过事业的兴衰,尝遍了人生的酸甜苦辣,但她始终抱有一颗创业致富的雄心。为了实现自己的梦想,让家人过上幸福生活,潘妙红不懈努力着。

所在地情况

万市镇位于浙江省富阳市的西北部,南邻桐庐,西北接临安,属三县市交界结合部,是富阳市的西北大门。全镇行政区域面积 155.14 平方公里,2007 年年末总人口 23127 人,其中非农业人口 1497 人。胥高公路斜贯全镇,南接 320 国道,北通杭徽高速公路。近年来,万市镇党委政府率领全镇干部群众,进一步解放思想、更新观念,坚持把发展作为第一要务,按照"好字优先谋发展,干字当头抓落实"的要求,大力实施"工业兴镇"、"科教兴镇"和可持续发展战略,着力构建"新兴产业强镇,山区特色名镇,人居环境佳镇"的区域品牌。经济社会事业取得骄人业绩。2007 年全镇实现工农业总产值 14.63 亿元,农村经济收入 17.92 亿元,农民人均收入 8213 元。

创业项目

竹林承包经营

创业感言

家人给了我最大的支持,而我唯一想要的就是让家人过上好日子。

创业故事

浙江省富阳市万市镇是个地处浙北的山区小镇。在这个农民占绝大多数人口的小镇上,看不到成片广袤的农田,有的尽是连绵不绝的群山丘陵和漫山遍野的竹林。在群山的怀抱中,有一个人正依附当地的自然资源逐步迈向自己的财富梦想,她便是潘妙红。这个出生在农村里的妇女,通过自己的努力让家人过上了幸福的生活。就在 2011 年年初,潘妙红全家住进了新盖的小洋楼。

为了探究潘妙红致富的秘密,通过朋友的介绍,我于 2011 年 1 月 27 日前往万市拜访。驱车途中,沿着蜿蜒的山路,我看到了秀美的自然风光,感受到了最淳朴、最自然的气息。我在潘妙红的家中见到了她,热情淳朴是她给我留下的最深印象。简单的寒暄之后,我们的访谈便开始了。

承包竹林搞创业　打拼幸福好生活

问:您是什么时候开始创业的? 为什么想到要创业呢?

答:其实我以前就有过创业的经历,我和别人一起合伙搞过装潢,也投资过山核桃加工。现在的竹林是在 2008 年年初的时候承包下来的,到如今有差不多三年时间了。当初想到要创业,就是为了不想一辈子种田,想让家里人能够住上小别墅,过上舒坦的日子。

问:当您跟家里人说了这个想法后,他们是怎样的态度?

答:家里人都是老实的农民,对于创业,脑子里自然没有什么概念,也没有类似的经历,更没有创业致富的把握。我之前创业并不是非常成功,于是,当我再次提出想要承包竹林的时候,家里人都是不太赞同的。竹林是花了 30 万元承包下来的,30 万元对我们家来说可不是一个小数目。家里人之所以反对,是因为一时间要筹集这 30 万元非常困难,更怕这 30 万元的投资有风险。竹林的维护不是一件很容易的事情,在管理方面还需要很大的开销,若遇上自然灾害,就会造成很大的损失。另外,家里人对承包竹林能否赚钱仍是顾虑重重,就怕这些钱打了水漂,血本无归。但是家里人也都想改变一下生活现状,谁不想要过上好日子呢?创业肯定是有风险的。因为我的坚持,家里人最后还是支持了我的决定,也为我承包竹林提供了最大的帮助。

问:您为什么选择承包竹林这个项目?

答:我们这里是山区,没有大面积的平地,所以大规模的商品作物种植搞不起来,这里也没有任何鱼塘,发展不了水产养殖。来的路上你也应该看到了,这里有的只是大片的竹林。正好 2008 年中央提出了关于土地流转的相关政策,政府拍卖竹林的使用权,于是我就抓住这个机会,通过承包竹林来发家致富,这也算是充分利用现有资源。

创业艰辛多困苦　望得政府广相助

问:创业应该需要做好充分的前期准备吧!我想问问您在创业之初的资金、土地、技术、劳动力等方面的问题是怎么一一解决的?

答:创业开始,这些问题确实很重要。资金主要是从信用社贷款获得的,又向亲戚朋友借了一些钱,再加上几年下来自己积攒的一些积蓄,凑齐了 30 多万元的承包款和竹林维护费用。至于技术,我们都是农民,没知识和技术,在村里也没有专门的技术人员,竹林的维护和经营全靠自己种田的经验和感觉。这么大一片竹林,全靠自家人打拼是不可能的,到了特定的时节,比如说出笋的时候,我们雇了人来帮忙干活,包吃包住,工资按天结算,每天 120 元。不过现在雇工越来越困难了,包吃包住,120 元的报酬,往往还是招不到人。

问:我有一个疑问,竹林可以生产哪些竹产品呢?当初这些产品是怎样销售的?

答:一片竹林可以带给我们很多东西,竹子可以加工成家具、工艺品等,竹条可以做成扫帚,竹笋可以加工成罐头、笋干,也可以直接去市场上销售。一般来说,竹子是有专门的收购商来收购的,我们自己没有加工的技术和设备，所以竹子一般是直接卖给收购商的。竹条，我们自己把它做成扫帚，然后在集市上出售。竹笋分成两种，春笋和冬笋。春笋也是卖给收购商，加工成罐头、酱菜和笋干，至于冬笋就直接在菜场上卖。

问：现在又是如何销售的？在销售过程中有没有遇到困难？

答：现在也还是一样，就这么几条销售途径。说实话，承包竹林确实有钱赚，但是收益不大。我们这里是个小地方，市场小，也不像临安的竹子那样出名，所以就没有什么大客户。这一点也算是销售过程中遇到的最大困难吧。

问：创业的过程肯定不是一帆风顺的，您在创业过程中有没有遇到过一些阻碍？最后是怎样走过来的呢？

答：要说阻碍，我觉得资金问题是限制发展的最大障碍。竹林的维护、打药、雇工都需要钱，由于资金的短缺，竹林的维护得不到有效的资金保障，常常会带来很大的损失。另外，因为没有专门的技术人员，缺乏专业的技术支持，竹林的维护和生产受到了很大的影响。你说到怎么走过来，我想，家里人的支持是我走到现在所依靠的最大支柱吧。无论是筹集资金还是帮忙维护竹林，家里人都给予了最大的帮助。竹林遭受损失了，家人也跟我一起来承受，鼓励我坚持下去。我觉得，无论是物质上还是精神上，家人都是我创业过程中最坚强的后盾，使我在面对阻碍的时候还能够找回创业之初的勇气和信心，继续走下去。我很感谢我的家人。

问：您跟村里其他村民的关系如何？您在经营竹林的过程中有没有与当地村民或者村委发生过利益冲突？

答：我们村里大家都相处得十分融洽，基本没有发生过什么大的利益冲突，要说有，也就是在筹借资金过程中发生一些小分歧，不过都不是大问题，协调一下便能得到解决。

问：您在创业过程中有得到政府或相关部门的支持吗？是哪些方面的支持？还希望能得到政府的哪些支持？

答：我觉得政府的一些相关政策算是对我们农业创业的支持吧。一方面，政府关于土地流转的政策，使我有机会拍下竹林的使用权，来依靠竹林发家致富；另一方面，政府关于农民优惠贷款的政策，在我筹集资金的过程中也帮了不少忙。不过这些都不算是政府直接的支持，我指的是资金补贴方面的支持。我们当然非常希望政府对我们农民创业有更多、更直接、更全面的支持和帮助。对于我个人而言，具体来说：首先，我希望能够得到一定的补贴，来缓解资金压力；其次是技术上的帮助，农民没有科学的理论，希望政府能够开展一些技术培训或者是指派一些专家来进行技术指导；最后希望政府在宣传上提供一些帮助,来扩大我们万市的知名度,进而开拓市场,拓宽销路。

问:经过这三年时间,您对目前的创业环境满意吗? 您可以分为自然环境和社会环境两方面来说说。

答:总的来说并不是很满意。先从自然环境方面来说吧,这几年气候变化频繁,恶劣天气增多,暴雨、暴雪等气候灾害对竹林造成的破坏还是比较严重的,由此造成的损失也十分巨大。前几天的大雪,就压断了不少竹子。当然,对于自然环境,我们也是没有办法的。至于社会环境方面,我不知道社会环境具体指的是什么,就我理解,我认为政府的帮助还不够到位。另外,产品的销路不好,销售渠道比较狭窄。这些问题都需要政府和社会的帮助和支持。

买车盖房当老板　带动村民共富裕

问:您觉得自己在创业后,生活上有哪些变化? 比方说生活水平或者社会地位方面。

答:简单地说就是生活水平提高了,社会地位也提高了。承包竹林确实带来了一定的收益,但是因为还有银行的贷款和向朋友的借款要还,所以一年下来并没有很大的盈余,不过总体来说生活水平还是有提高的。2010年下半年的时候,我们还盖了新房。社会地位,在村里认同

我的人也多了,在村民中的地位也可以说是有了一定程度的提高。

问:您的创业对当地其他农民和产业的发展有什么影响?

答:我想应该算是起到了一个带头作用吧。开始大家可能对承包竹林能否致富存在种种疑问和不安,现在通过我的创业,大家都跃跃欲试。另外,通过雇佣劳动力来管理和保养竹林,也帮助解决了一部分劳动力的就业问题。至于产业的发展,竹林承包在我们这里是这两年刚开始兴起的,以前这些竹林都是政府在管理,直到前几年才慢慢承包给私人,所以要发展成产业还需要一定的时间。

学习技术促发展　笑看竹林有信心

问：您对未来的发展有没有做过任何计划和打算？

答：具体的计划现在倒是没有，不过我可以和你说说我的一些想法。我现在主要是把竹子和竹笋卖给收购商，但是这样获得的收益不高。我在考虑能不能把竹子和竹笋粗加工之后再销售，来增加利润附加值。还有就是如果有可能的话，参加一些培训班，学习一点关于竹林维护和生产的专业技术，或者是请个专家来竹林看看，指点指点。

问：就目前来说，您觉得影响您进一步创业的主要因素有哪些？

答：最主要的因素应该是土地吧，因为承包的土地规模有限，想要在现有土地规模上扩大竹林的生产效益有些困难。另外，资金和技术也是很重要的因素。竹林带来的收益在扣除了应还债款后剩余不多，如果要进一步大展拳脚，没有资金的保障肯定是行不通的。技术方面，如果说没有专业的技术指导，要提高竹子的质量和产量也是十分困难。此外，就是受到了地区的限制，所在的乡镇经济发展与同地区相比较为落后，产品的销售市场狭小，销售途径窄。

问：您对未来的发展有没有信心？

答：信心是肯定有的。我觉得农民在中国人口中所占的比重还是很大的，解决农民的生计问题，改善农民的生活条件肯定是中央工作的重点，我相信我们政府会推出一系列有助于农民创业的相关扶持政策。从我个人来说，竹林已经营了3年时间了，对于经营的过程也越来越熟悉，并且积累了一定的经验。再加上之前的欠款逐步还清之后，就会有更多的资金来维护和经营这片竹林，前景应该是不错的。当然信心也主要来自于家人一直以来的支持。

自然资源是关键　未来还靠大学生

问：从您承包竹林的经历来看，您认为什么是决定农业创业致富的关键所在？

答：我觉得自然资源是关键吧，因为农业创业毕竟离不开自然条件，该不该创业，该选择哪一个项目创业，这些都是由自然条件决定的，并受到自然条件的制约。像我们这样的山区，如果要搞大规模的商品谷物种植是不可能的，因为没有平原土地来给你种；要搞水产养殖业也很困难，没有池塘给你养鱼。我们这里有的只是山、竹林，所以搞一些苗木的栽培还是比较可行的。所以农业创业归根结底还是由自然资源条件决定的，即使有资金、有技术、有经验、有能力，但是没有自然条件，整个创业还是行不通的。

问：我觉得就富阳范围来看，万市的发展是比较落后的，您觉得万市未来农业发展的出路在哪？

答：我们这里的生态环境还是很不错的，我想以后可以搞一个生态农业园，朝旅游度假方面去发展。现在不是很流行农家乐吗？我们这里也可以尝试一下搞个农家乐，因为这里的环境确实很好。不过，交通问题确实对这里的发展有很大的影响。我觉得要是能够解决好交通不便问题，在万市发展生态农业园，搞农家乐还是十分可行的。

问：最后我想请您谈谈您对大学生到农村从事农业创业的看法？

答：现在的大学生可能没有多少人愿意来农村创业，说实话，我也不希望我的孩子将来大学毕业了之后再回到农村来。不过大学生来农村创业是值得推崇的，相比我们文化水平不高的老百姓来说，大学生受过高等教育，有技术，有能力，因此他们更有优势。大学生来农村从事农业创业，能够带动当地村民从事农业的热情，能够引领某一农业产业的发展，更能够吸引国家对农村农业发展的关注。另外，我认为大学生通过深入农村，也能获得另一种他们在学校和城市里所不能感受到的特殊体会，收获更多方面的人生经验。大学生到农村从事农业创业对于农村农业的发展和大学生自身素质的锻炼和提高都有好处，所以总的来说，我还是支持大学生到农村从事农业创业的。

离开潘妙红的家，我坐上了回程的汽车，山路依旧蜿蜒，我的心也跟着起伏。在访谈的过程中，潘妙红多次提到了她的家人，是家人给了她创业的勇气和信心，是家人帮助她克服创业过程中的所有困难和挑战，而她所努力奋斗的一切都是为了让家人过上幸福的生活。我被她朴实而真诚的愿望所打动，在她的眼里我看到了决心和希望。祝愿她和她的家人幸福！

盆景艺术大师和他的怡景园

■ 文/华思伟

创业者档案

吴耀明,男,1964 年
12 月出生,初中文化。
1985 年至 1997 年之间
在外承包做绿化工程,现
经营土地面积 50 亩。曾
荣获多项荣誉称号,河南
信阳市民间艺术大师、河
南省盆景艺术学会副秘
书长、河南省中州盆景学
会艺术家、信阳市优秀农
村实用人才、潢川县科技

致富带头人、潢川县委"双强"党员、信阳市花木协会常务会长、信阳市盆景
协会副会长等。

所在地情况

潢川县位于河南省的东南部,南依大别山,北临淮河,地处豫、鄂、皖三
省的连接地带,为豫东南的中心。潢川区位优势独特,交通通讯发达,京九、
宁西铁路,阿深和罗叶高速,国道 312 和 106 干线,京九、乌沪两条光缆和西
气东输两条支线均经过潢川,形成了五个黄金"十字交叉",使潢川县具有沟
通南北、承东启西的独特交通中枢条件。

潢川自然资源丰富,气候温和,雨量充沛,光热丰裕,四季分明,盛产稻
米、小麦、油菜、红麻、水产、畜禽、花卉、茶叶等。2000 年潢川县被国家批准
为"全国花卉生产示范基地"。目前全县种植花木面积 22 万亩,有 200 多个

属,2400多个种,2008年潢川县实现花木产值16亿元以上。其中卜塔集镇以种植花木闻名,是信阳市的农业特区、河南省花木生产示范基地、"全国花卉生产示范基地"和"中国花木之乡"。截至2005年,全镇已成立花木经销公司160多家,有5000多位花木经纪人长年在全国各地从事花木销售工作。目前,全镇3.06万亩耕地有3万亩全部种上了花苗,实现了规模发展、连片种植。2005年全镇实现国民生产总值3.17亿元,农民人均纯收入3720元,人均储蓄存款7693元。扩建的怡景园新址位于沪陕高速和106国道交叉,沪陕高速潢川白店出口以北200米处,交通便利,地理位置优越。

创业项目

河南省潢川县怡景园花卉专业合作社

创业感言

在外做生意求人不容易,凭借一技之长回乡创业不求人! 创业就像滚雪球,循环起来慢慢做大!

创业故事

潢川县往南两公里就是全国闻名的"花木之乡"卜塔集镇,这里的地里种的不是庄稼,种的都是经济价值很高的花花树树,还有很多人建起了自己的盆景园。提起做盆景的吴耀明,当地盆景界以及经营花木的人就知道你说的是"吴大师"。现在的"吴大师"是"怡景园"盆景园园主,他创办的这个"怡景园"是信阳市规模最大、品种最多、精品最多的私家盆景园,每年产值超百万元,他所培育的盆景参加各种盆景花卉大赛获奖无数。在他的带领下,目前潢川县已有数十个盆景园,每年产值千万元。同时他也是潢川县怡景园花卉专业合作社的社长,即将通过审批成立的吴家园林有限公司的总经理。他的企业已经通过审批成为该产业的国家二级资质企业,这也就意味着这个企业达到了注册资金1000万元以上,银行流动资金 300 万元以上,前期投入 500 万元以上的标准,等到新基地正式运营以后年正式产值保守估计最低 150—200 万元。

然而 25 年前,20 岁出头的他因家里困难,日子过不下去,就卖掉了家里的那头小猪,拿到 280 元,夹个包出去闯荡天下。在外一闯 12 年,这期间做过很多工程项目,也曾赚过很多钱,也曾风光过,但是 1997 年在外做生意失败,他带着 10 多万元的债务回家独自创业……一晃又是十几年过去了,现在的吴耀明不仅事业有成,而且获得了很多荣誉和奖项,他的事迹也频繁地出现在很多大型媒体的新闻里。笔者也正是在新浪网新闻、网易新闻中心、人民网的时政专题、央视网的创富频道以及河南省的大河报等知名媒体上看到了他的创富新闻,才萌生了进一步探寻他创业故事的念头。

为了探究他创业成功背后的故事,经过笔者与他的沟通,笔者于 2011 年 2 月 9 号拜访了他,并在访谈的基础上完成了这个报告。

闯荡生意失败　回乡盆景创业

问:您是何时开始创业的? 如何想到创业的(经济利益、从众心理、家庭压力、政府提倡等)? 当时是如何考虑的? 能否介绍一下当时的情况?

答:我是 1997 年回乡做盆景开始创业的,在那之前一直在外面做绿化工程生意,1985 年家里很穷,生活比较难,卖了一头小猪 280 元,带着这笔钱就一个人夹着包出去做生意,做了 12 年。一个人在外做生意非常艰苦,很不容易,同时工程款非常难讨,一是总是求人,二是款总是要不回来。当时 1997 年的时候做生意失败,自己的钱赔光了,还欠了别人 10 多万元,想到自己还有一门会做盆景的技术,就想着还是回家做盆景,所以 1997 年回来创办了怡景园。(注:右上图为吴耀明手下的盆景艺术。这些盆景在国内多次获得大奖,有的盆景一棵就价值 15 万元)

问：当时您家里人如何看待您创业的（是支持还是反对）？村里人如何看？周围的环境是否有利于您创业？

答：家里人都比较支持的，我在外闯了这么多年，搞盆景艺术这一方面有技术，也积累了经验。当时村里人也没意见，刚开始创业的时候也有很多困难，第一就是好多树做不了，经常一个人跑到江苏、浙江、广州等找这方面的国家级大师名师进行交流研讨，学习他们的经验和技术；第二，大家都在做花卉林木这一类的，当时从卜塔集到外围的土地都非常难租，最后从自家的一个同姓亲戚那里找了一点土地，开始了艰难的第一步。

困难重重　步步为营

问：您当初如何想到从事这个项目创业的（个人专长和经历、亲友推荐、政府提倡、传媒影响）？

答：一是个人的技术基础；二是在外奔波得多，看得多，了解的知识也多；三是受卜塔集花木种植经营的大环境影响。

问：您创业之初资金、土地、技术、劳动力方面是如何一一解决的？

答：当时做生意已经欠了外面 10 多万元，哪有现钱，我的启动资金是我在做生意的时候已经提前预备一批做盆景的树材，也就是一批货，就是为了防止做生意失败留的后路，就像下棋一样得留一步，不能没有退路。然后资金就是循环利用，滚雪球越滚越大。

土地是从自家同姓亲戚那里租的一点地，技术是靠自己做盆景的技术，劳动力是靠全家人，没有雇人，当时的条件很艰苦啊，只能靠一家人共同努力。

问：您创业之初产品是如何销售的？现在是如何销售的？销售过程中有否遇到过问题？

答：产品销售我们不担心，因为本身我们就是花木之乡，花木大县，声名在外，不用出去，外面的人会自己直接过来采购。现在也还是这样的销售方式，自己不用出去开辟市场。现在的市场前景还是很不错的，但是销售上还是有问题。一般来说，我们这一带不像江浙一带，我做的盆景艺术价值高，一般的人"吃不动"，存在一定的销售压力。也有想过去到上海、江浙等富裕的一带开辟市场，现在人力物力还达不到，主要是人力达不到，盆景艺术周期很长，要好多年才能出来，中间需要的人工比较多。也有去常州考察过，也预定过一个地点，但是战线拉得太长，顾不上，最终还是放弃了，还是等壮大以后再考虑这个事情。

问：您在创业过程中有否遇到过不顺利的事情？最后是如何走过来的？

答：不顺利的事情一个是货源紧张，盆景艺术也是资源性的，需要的树桩、树材等很匮乏，现在只能是自己人工培育；一个是现在想扩大再生产存在经济压力，现在物价一直上涨，而卖的价格一直涨不上去，太高了，别人接受不了。还有，现在国家给我们的农业发展项目上的贷款是一个季度还利息，一年就得还清，盆景是一个生产周期比较长的产业，那些林木一年两年根本长不出来，这边我刚投资下去，盆景还没出来，那边就得把贷款还上，所以我没法利用这笔钱发展，国家这方面扶持的力度不够理想，希望国家能根据产业的不同采取不同的贷款政策，适当延长我们的贷款和还款时间。

土地方面也还存在压力，县政府答应要给我解决70亩地，现在已经落实40亩，就是现在白店乡新建的怡景园，后续的30亩落实估计有点困难，现在的土地流转比较困难，而想扩大再生产又需要土地。

问：您在创业过程中有否得到过政府等相关部门的支持？如果有，在哪些方面？如果没有？为何没有得到？最希望得到政府哪些方面的支持？

答：得到政府的支持主要就是帮我协调解决了这一块40亩土地的流转，之前1997年创业的时候基本上没有得到政府的支持，自己也去找过县长县委书记，一直到有一定规模和影响力之后，政府才开始重视。现在贷款方面也得到了政府的一些支持，我现在是和其他几家企业"捆绑"在一起，获得了贷款，相互担保。

最希望政府能从项目上对我们"倾斜"一下，农业上的花木项目能公平地多给我们一些机会，政府的项目信息很多，但是我们知道的很少，能多让我们参加招标，多给我们创造一些公平的机会。

问：您在创业过程中有否与当地村民、村委会、企业及其他部门发生过利益冲突？如果有，为何发生的？如何解决的？

答：基本没有，我人老实，该花的钱花到位，自己吃点亏，就不会跟谁有什么摩擦了。

问：您对目前创业环境满意吗？如不满意，在哪些方面？

答：对目前的创业环境还比较满意。不满意的也就是刚才提到的那些方面，想创业也就是那几个问题。

称呼的小改变　地位的大变化

问：创业以后，您自己觉得在生活及社会地位方面有哪些变化？

答:感觉比以前强一些，现在规模扩大以后，县委县政府还是比较重视了，有媒体来采访，领导过来视察，县政府往往都推荐到我这来。

问:创业以后，别人对您和您家看法有哪些变化？

答:以前，走在外面，有事找领导，别人就直接叫我，"你一个小花农怎么着……"，现在见面都称"吴总"

了，称呼变了，感觉社会地位也上升了。

问:创业以后，对当地其他农民和产业发展带来了哪些变化？

答:这个不容易说，解决了一些农民劳动力的就业，规模大了以后，需要多用一些农村劳动力。花木的经营没有盆景园林的艺术价值高，自信一点地讲，这方面可以提高我们当地花木的附加值，把花木经营提高到一个新的档次。每次外面人来我这里参观，其实相当于给全县的花木盆景"做广告"，也相当于创造品牌效益了。

坚持以花为媒　跨省多元发展

问:对未来的发展，您有何计划和打算？

答:下一步，等机遇发展成熟以后，我打算跨省发展，向江浙一带发展，以合资或者独资的形式，开辟新的更大的市场。为了这个目的，我现在还在大力储备。同时，也将进行多元化发展，要建立一个生态园林，一个吃住游玩一体化的农家休闲山庄，类似农家乐的那种形式，但是肯定还将进一步发展盆景艺术，将这些有机地结合起来，继续坚持"以花为媒"！

问:目前影响您进一步创业的主要因素有哪些？

答:还是刚才谈到的那些方面:土地、资金、政策等，尤其是政府的贷款政策最好能区别对待，花木盆景循环周期太长，一年就还款的资金根本不敢动，也动不了，没法循环，对我们来说这贷款没什么用，其实这也是资金的问题。技术方面没什么大问题，但是很缺技术工人，盆景艺术的高级技工更缺，这是这个行业的普遍现象。技术工人又很难培养，我刚培养出来的技术工人又很容易被别人挖走。（谈话席间，吴总接过一个电话，电话中他还希望对方给他找 2-3 名懂盆景技术的工人，他说现在很缺技术工人。）

问：您对未来发展有无信心？依据何在？

答：那肯定有信心，毕竟我还想跨省发展，我的信心足得很啊（吴总很自信地笑着说）。这些信心基础在于，第一，我有技术，靠技术吃饭；第二，即使没有政府的支持，发展慢一点，靠循环，滚雪球，我也能一步一步地去实现我的目标。我现在储备的货源已经达到我的预想，如果能得到政府更有效更大的扶持，我可以更大胆地去做。我的下一步发展的"战略储备"、"战略战术"都准备得差不多了，就是现在很缺乏下一步发展的启动资金，这也是时间早晚的事情，早一点循环起来，雪球越滚越大，我就启动得越快，越早一点走出去开拓新的市场。

不断学习积累　铺就致富之路

问：在创业以前您做过哪些工作？这些经历对您现在创业有哪些帮助？

答：1985—1997 年做绿化工程是铺垫，当时 20 多岁出去闯天下，有赚钱的时候，但也总会有点什么事，钱又没了，中间创了好几次业，到最后才成功。前些年，国家大力提倡绿化，搞绿化工程我一下子投资几十万元，但有些单位企业总是拖欠工程款，一年还个三万元、五万元的，就把你套在里面了，没法发展。这几年发展得稍微好一些，规模扩大以后，有了一定的声誉，积累了一定的社会人脉关系，在外面就很容易得到企业单位的信赖，获得工程项目。以前搞花木和绿化，现在回来搞盆景方面，一方面是个人爱好，另一方面也因为当时在外面打拼的时候，周末没事就出去转转，参观学习，不断积累了一些盆景园林方面的知识和经验。

问：从您创业经历来看，您认为什么是决定农业创业致富关键因素（如个人特长与经历、家庭条件、社会关系、当地的自然资源条件、政府支持等创业环境）？

答：创业也是自己慢慢地一步步走出来的，我主要是发挥自己的一技之长和经历，不发挥特长也不会选择盆景创业，社会关系都是慢慢培养出来的。至于家庭条件，当时哪有家庭条件啊，想都不敢想有今天的发展。我们这里的自然环境和政府的支持都还可以吧。

问：您认为当地农业未来发展的出路在哪里？

答：卜塔集的花木产业未来发展的出路主要在于发展大规格树种、景观造型树,没有高端的发展,根本走不进市场,以后必须进行高标准的绿化,像日本的很多企业单位一样,走进去就是大型的景观造型树和高标准的绿化。还有,我们这非常缺乏盆景和景观造型技术方面的人才,这很限制我们未来的发展。所以必须得加强这一方面。

问:您对大学生到农村从事农业创业有何看法?

答:我是不太支持大学生到农村创业,没有政府的支持根本走不动。在农村这个新环境中,大学生缺乏实践,也缺乏各种经验,在一个村子中,他不一定能得到村长和大户们的支持,也难以得到老农民的相信,这个环境不太适合大学生的发展,缺乏太多的支持,难度很大。所以我觉得大学生从事农业创业对农村的意义不大,当然这只是我的个人观点。

时间过得很快,访谈不知不觉就进行了将近三个小时,吴总还在兴致勃勃地和我们讲着创业中的酸甜苦辣。看得出来,这一路的创业历程有多么的曲折和深刻,已成为他整个生命中不可磨灭的一笔宝贵财富。每每谈起创业路上的点点滴滴,吴总都是意气风发,让我们也深刻感受到他创业路上那种充满朝气、敢拼敢闯的劲头。面对未来,吴总充满信心,他有自己的思想,也许他又一次走在创业的大道上,只是这一次将走得更有目标,更加坚定!最后,祝愿吴总的吴家园林有限公司像"滚雪球"一样继续壮大,完成他心中的创业蓝图和梦想!

第三部分

非农民的
农业创业致富故事

甘薯大王刘书强

■ 文/何金广

创业者档案

刘书强,男,1959 年 11 月出生于河南省许昌市襄城县。1978 年高中毕业,1980 年开始在襄城县烟草公司工作,1998 年离开。2002 年,偕妻子闯荡上海滩,开始创业历程。虽在上海时间不长,开饭店两年,却挣得了人生第一桶金。2003 年年底回到家乡,2004 年创办襄城县阳光保洁有限

公司,后改名阳光物业管理有限公司。公司业务一度垄断整个襄城县,年营业额将近 400 万元。2010 年 6 月,瞄准脱毒甘薯产业,发起成立襄城县希望种植专业合作社,并与河南省农科院植物脱毒研发中心和河南财鑫集团公司建立长期关系,创建脱毒甘薯研究与种植基地,随后又得到烟草公司投资兴建基础设施。如今,刘总已是县政协委员,中国脱毒甘薯联谊会 A 级会员。

所在地情况

襄城县,位于中原腹地,东倚伏牛山脉之首,西接黄淮平原东缘,为许昌市属县,辖 6 镇 10 乡 434 个行政村,面积 897 平方公里,耕地 82.5 万亩,总人口 79 万。襄城县属暖温带大陆季风气候,四季分明。一般冬季受大陆性气团控制,夏季受海洋性气团控制,春秋为二者交替过渡季节。县境河流属淮河流域的颍河和沙河水系,有汝河、颍河和沙河 3 条常流河,和一条引汝灌区总干渠(白干渠),水资源丰富,但时空分布不均,可利用量不大。土壤为

黄洪冲积形成,分褐土、潮土、砂礓黑土 3 个大类、6 个亚类、24 个土种,土地资源丰富。县境煤炭与石油储量较为丰富。另有丰富的礓石(水泥的主要原料)与红石资源。

据统计,全年粮食总产 69.9 万吨,再创历史新高,连续 7 年丰产丰收。蔬菜种植面积 37 万亩(复种),其中无公害蔬菜 7.8 万亩,发展有机蔬菜1500 亩。2010 年全县实现地区生产总值 195 亿元,增长 14.5%。城镇居民人均可支配收入达到 13895 元,增长 12.8%。农民人均纯收入 6389 元,增长 10%。

创业项目

脱毒甘薯与烟叶种植

创业感言

希望种植,种植希望!

创业故事

襄城县历来是种烟大县,是中国烟草种植三大发源地之一,曾被毛泽东誉为"烟草王国"。这里的农户,几乎家家都有种烟的经历。而甘薯,又称红薯,这里的人们,尤其是上了年纪的,对其反应大都是回想起改革开放前靠红薯保命的日子。那个年代,他们几乎每顿饭都要靠红薯填饱肚子,也正因为如此,许多人甚至想到红薯就恶心,更别提去吃了。

然而,就是这种让老农户们想起就想吐的再普通不过的食品,如今在中原大地却焕发了新中国成立后的第二春。而刘总,这个同样经历过那个年代,同样厌倦吃红薯的人,也看到了脱毒甘薯产业的无限前景,不顾一切地扑向它。

实际上,十多年前,他还是一名端着国企铁饭碗的职工,是什么让他走上了创业这条路?两年前,他的公司蒸蒸日上,与脱毒甘薯产业毫无关系,甚至不知道什么是脱毒甘薯,又是什么让他与既爱又恨的红薯结下了不解之缘?

笔者因机缘于 2011 年 4 月 9 日来到襄城县希望种植专业合作社,在此挂职近两个月,深度了解合作社状况,有幸与刘书强结下忘年之交,并在此基础上形成本报告。

坎坷求知路　一世学海情

笔者第一次见到刘书强,就与刘书强海阔天空地聊起来,刘书强毫无保留地述说着过去的风雨历程……

1959年11月,刘书强似乎不逢时地出生了。那个时候,共和国刚经历"大跃进",进入三年困难时期。幸而,刘书强父亲是烟草公司老员工,家庭还算过得去,幼年的刘书强并未吃到太多的苦。

刘书强自幼好学,一直嗜书如命。然而,正当刘书强开始上学的时候,共和国的那场运动冲击了整个国家的教育系统,刘书强失去了一生中最佳的学习时期,这也成为他一生的痛。尽管如此,刘书强并未放弃对知识的追求,他利用所有能利用的机会去学习。终于,1977年恢复高考,刘书强又上了高中,并于1978年毕业。由于基础薄弱,乡里高中教育水平又太差,刘书强毕业当年并未参加高考。直到1979年,刘书强在一挚友的鼓励下,才与其一起参加了高考,结果,好朋友顺利考上武汉大学,自己却出师不利。不行,再来一次,结果又折戟沉沙。终于,心灰意冷的刘书强在生活压力下,放弃了走这个独木桥,于1980年进入了襄城县烟草公司,做起了合同工,而这一做就近20年。在工作期间,刘书强也始终未放弃学习,始终保持着对政治、经济、社会的关注,对历史、文学、艺术的热情,甚至到现在还喜欢与年轻人激情谈论NBA,俨然一个老男孩。

冲浪上海滩　清洁一县城

1998年,国企改制浪潮席卷烟草行业,已近不惑之年的刘书强下岗了。一时间,刘书强仿佛失去了人生方向,整日在社会上游荡。然而,"心若在,梦就在",经过几年的沉寂,2002年,刘书强终于下定决心,偕妻子闯荡上海滩。

从一个中原小县城来到这个国际大都市,刘书强的视野顿时开阔许多。美丽的外滩,闪耀的东方明珠,高层次的生活品质,一切都是那么的陌生,又是那么的令人兴奋。然而,来这里不是游玩的,是来打拼的。路要走,梦也要追,最终,刘书强夫妇选择开一家拉面馆,在都市一角开启了创业历程。

经过两年的奋斗,刘书强积攒了一些钱。但也是经过这两年的风雨,刘书强也感觉到,自己并不适合这个城市。2003年年底,带着满腔的不舍,刘书强又回到了生他养他的襄城县,开始了第二次创业。

正是在上海开饭店的时候,对市场嗅觉灵敏的刘书强接触到了保洁行业,看到了老家在这个行业的商机。很快,刘书强在2004年开办了襄城县阳光保洁有限公司,后改名阳光物业管理有限公司。创业初期,刘书强仅投资18000元,短短几年,公司业务就一度垄断整个襄城县,固定资产达到近百万元,年营业额近400万元。在县城的任何一家饭店吃饭,刘书强都会对人自豪地说:"看这些餐具,都是我们公司负责消毒的。"而这一切,都是靠刘书强的诚信经营理念与异于常人的战略眼光。

病魔势汹汹　笃定甘薯情

正如所有创业故事描述的那样,一切都不是一帆风顺的。2010年年初,本就患有糖尿病的刘书强突然失明了,这对于一个事业正蒸蒸日上的男人无疑是一个几乎致命的打击。

然而,经历了一段情绪低落期,刘书强又重新恢复了生命力。他一方面积极配合治疗,一方面将公司日常事务交给人负责,自己只负责重大事务的决策。这时的刘书强依然保持着往日的爱好,开始常听收音机,网络新闻看不见就让身边的人帮着念。也正是这段时间,刘书强得以静下心来思考事业,思考人生,寻找人生再次升华的机会。

不久,那位考上武汉大学的幼年挚友突然联系到了刘书强,这位30多年未见的老朋友如今已是北京体育大学的图书馆副馆长。他把刘书强接到北京同仁医院,在这里,刘书强病情渐渐好转,虽然依旧无法自理,但已能隐约看到人影。

就在即将离开北京的时候,已经对甘薯产业产生兴趣的刘书强偶然听说"世界薯业博览会"在北京召开,刘书强不惜花140元的高价买了进场门票。博览会对脱毒甘薯的宣传深深吸引了刘书强,回到襄城县就开始对脱毒甘薯做更加详细全面的了解。这段时间,刘书强看到了脱毒甘薯产业的无限前景,也知道了河南的薯业巨头——郸城财鑫农副产品实业有限公司。在公司联系人名单里,刘书强很快选择了联系河南省农科院植物脱毒研发中心的蒋旭教授。

蒋教授在得知刘书强的意图后,很快就与刘书强见了面,并深深佩服刘书强独到的眼光——在公司那么多联系人里,唯独联系了蒋教授!原来蒋教授正是国内脱毒甘薯领域的权威专家，而公司这一块也是由蒋教授全权负责。一见如故的两个人很快就建立了深厚的友谊。

科技来主导 兴办合作社

在与蒋教授交流过程中，除了深切佩服蒋教授渊博的知识、开阔的视野，刘书强也更加坚定了进入脱毒甘薯产业的决心。从蒋教授的口里，刘书强对红薯的用途与优点有了更加科学的认识，并深入了解到脱毒甘薯产业在国内的发展。

作为食物，红薯含有膳食纤维，胡萝卜素，维生素A、B、C、E及钾、铁、铜、硒、钙等，营养价值很高，是世界卫生组织评选出来的"十大最佳蔬菜"的冠军。日本国立癌症预防研究对有明显抗癌效应的蔬菜排名，其中熟红薯、生红薯被排在第一、二位。美国费城医院也从红薯

中提取出一种活性物质——去雄酮，它能有效地抑制结肠癌和乳腺癌的发生。

在淀粉加工领域，红薯淀粉在医药、化工、军事、印染、铸造等行业使用广泛，另外，生物化工醇、燃料乙醇、可降解膜、淀粉纤维制衣等社会需求量也巨大。尤其在全球能源日趋紧张的当下，乙醇作为一种可再生环保燃料将快速发展，生物乙醇计划在全球范围内逐步推开，而红薯可能就是摆脱将来粮食和能源危机的最后一张王牌。

传统红薯连年种植，出现了品种退化，致使红薯产量一年不如一年，种植面积也不断下降。出现这些情况，有些农民认为是地力原因。其实红薯减产的主要原因是由于昆虫传毒，使甘薯携带了病毒，抑制了甘薯生长的发挥，导致甘薯产量降低。甘薯脱毒就是将甘薯中所带的病毒脱去，恢复甘薯生长本性，这正是当前国内竞相发展的一项重大技术改革。实验证明，经过脱毒，每亩甘薯的增产幅度均在80％以上，国内脱毒甘薯试验田最高亩产已达2万公斤，这对普通薯农来说简直是天文数字。尽管如此，脱毒甘薯产业

在国内的发展还属起步阶段。

带着对脱毒甘薯产业的无限热情,刘书强在蒋教授指导下,于2010年6月发起成立襄城县希望种植专业合作社,将千家万户的薯农联合起来,力争把襄城县这个"烟草王国"打造成"红薯王国"。

农业创业难 力把乡民领

然而,想归想,做归做。想把这么多一直单兵作战的农户联合起来还真不是件容易事。

首先是土地流转问题。对于农民来说,土地就是他们的根,他们的命,哪能这么轻易被流转。刘书强经多方咨询,并通过自己的认真思考与不断实践,总结出在当地行之有效的两种土地流转模式:一是高价承包。刘书强将村子里闲散的土地以高于市场价(600元/亩)三分之一的价格(800元/亩)承包了近500亩连片土地,原来不连片的用换地方式使其连片。这些土地将作为合作社的示范基地,由合作社统一规模化生产。二是服务型流转。即由农户带地入股合作社,合作社统一以优惠价格为其提供农资供应、育苗、机耕、植保、加工、销售等服务,农户也可以在合作社工作领取薪酬,年终合作社利润按股分配。

其次是农民思想问题。许多农民都是种了几十年红薯,从未听说亩产可以达到五六千斤甚至上万斤,以为这又是在放"卫星","大跃进",何况襄城县由于种红薯时间太久,土壤内病毒积累过多,红薯亩产量能达到2000斤就已很不错。刘书强为转变农民传统思想耗费了大量精力,操心不少。由于合作社成立后,在2011年才正式引进财鑫公司的原种进行育苗,刘书强决定在第一年仅试种,自己基地可以面积大一点,但其他农户根据需要多则两三亩,少则不到半亩。而在选择农户时,刘书强也很注重战略步骤。由于合作社计划在两三年内将苗子推广到全襄城县,所以刘书强就选择在襄城的各个乡镇找可靠的农户布且仅布一个点,目的就是要引起轰动效应带动周边农户,另一方面也是防止种苗繁育混杂,影响合作社声誉。

刘书强说,等明年合作社流转到上万亩土地,有可观的收益后,就将合作社利润的至少10%作为公益金,为村子修建基础设施,并补贴贫困家庭。

志展大宏图　上阵父子兵

就在合作社红红火火地办起来时，襄城县烟草分公司也找上门来援助。实际上，由于近年来种烟比较效益降低，农民种烟积极性大幅下降，为稳定烟叶生产，提高烟叶品质，襄城县在国家烟草总局的规划下开展了烟草基地单元建设，其中土地流转和烟农专业合作社的建设成了他们的大难题。靠着对刘书强为人的了解和对合作社迅速发展的惊讶，烟草公司的领导直接找到刘书强帮忙解决问题，并答应为合作社免费投资建造种烟所用的育苗工场和烘烤工场，大量交通与水利设施，并提供化肥与农药等物资，而脱毒甘薯在生产时也可适当使用。刘书强在离开烟草行业 10 年后再次与其结缘，但这次，刘书强占足了主动权。

也正是烟草公司的介入，刘书强的战略也更加明晰，他要在三年内流转 5 万亩土地，一方面满足烟草基地单元建设，另一方面，重点发展脱毒甘薯及其他农作物生产，尤其利用烟草三年轮作造成的闲散土地。以后还会发展循环农业、观光农业。

虽然刘书强的眼睛依然没有恢复，但他相信重见光明的日子不远了。而他正在做大学生村官的儿子也加入了合作社的创建，并逐渐成为合作社的中坚，成为大学生村官创业的典型。

相信在他们父子二人以及无数农户的共同努力下，"红薯王国"必将成为襄城县又一个响亮的称号！

小小马铃薯　敲开致富路

■ 文/吕　婧

创业者档案

　　林也诗，男，1967 年 6 月出生于广东湛江一个中医世家，拥有工商管理硕士学位。1987 年担任珠海市拱北公安分局刑警大队大队长，1997 年注册成立一家营销公司从事"南菜北运"，1999 年任上海威得利建材公司销售部经理，2000 年任南京铸鑫家具厂总经理，2002 年从事

房地产开发任总经理，2005 年至 2008 年创办拉萨唐会娱乐公司任总经理。如今在长阳土家族自治县创办了湖北任森农业科技发展有限公司，该公司目前有批准建筑用地 49.8 亩。公司已获得省级、市级重点龙头企业等荣誉。林也诗本人被誉为"中国薯王"。

所在地情况

　　公司位于长阳土家族自治县白氏坪经济开发区。长阳是湖北省宜昌市所辖的一个自治县。位于鄂西南山区、清江中下游，居于承东启西的重要地理位置。属亚热带大陆性夏热潮湿气候区，光照充足，雨量充沛，四季分明。气候呈"立体型"多样性分布：低山河谷地区（海拔 500 米以下），终年无雪无霜，热量资源丰富；中山（海拔 500—1200 米）地区为典型的温带气候，高山（海拔 1200 米以上）地区为典型的寒带气候，冬季寒冷。特殊的气候造成了农作物生长的多样性。同时，长阳境内富含铁、锰、汞、煤等 30 余种矿产资

源,水电资源也居于全国前列。境内多民族杂居,以土家族为主,文化底蕴深厚,历史悠久,民风淳朴。近年来全县经济发展迅速,至 2010 年年底全县人均收入达 4000 多元。

创业项目

马铃薯加工

创业感言

"危机"二字,一个意味着危险,一个意味着机会,只要不放弃任何一次努力,危机也会变成商机!

创业故事

我们从商铺林立、新楼栉比的县城沿着江边驱车几公里,路过山壁、农田、工厂、屋宇,一座挂满红灯笼的石桥终于引我们来到了位于白氏坪开发区的湖北任森农业科技发展有限公司,映入眼帘的是新建的办公楼、厂房、喷泉、宿舍、食堂……厂房上刷着振奋人心的标语:"质量是品牌的生命,责任是质量的保证"、"态度决定行动,行动决定命运"。

湖北任森农业科技发展有限公司位于长阳土家族自治县白氏坪经济开发区,这个带动全县农产品加工业的龙头企业填补了湖北大型马铃薯、红薯淀粉厂加工的空白。同时,它以植物蛋白回收产品作为食品添加剂、保健制药、有机肥添加剂等,目前在国内开发和生产尚属首例,为现代农业综合化经营找到了一条新路。

白氏坪曾经只是一个农副产品加工园区,自从 2006 年 5 月被国家发改委批准成为省级经济开发区后,随着各种国家政策的扶持和县政府的高度重视,大批企业纷纷来此安营扎寨,经济开发区的形势日新月异。广东富商林也诗于 2009 年带着他在四川开办过马铃薯深加工企业的经验来到这里,创办了湖北任森农业科技发展有限公司。

林也诗现在是众人眼中拥有千万资产的成功老总,却并没有想象中的盛气凌人,他以一种深沉的姿态和低调的处世风格给人一种平易之感,颇有长者风范。

弃警从商　筚路蓝缕

在旁人眼中,林也诗俨然就是一位总经理专业户,现在的成功似乎也理所当然。但是他的从商经历并非一马平川，而是颇具传奇色彩。

1967 年 6 月，林也诗出生于广东湛江一个中医世家。1985 年，林也诗当上广东省珠海市拱北公安分局刑警，因表现突出两年后即顺利升任拱北公安分局刑警大队大队长。正当事业如日中天之时，他却突然决定弃警从商，1997 年 3 月下海注册成立了一家营销公司，凭借他对市场的敏锐洞察力和善于营销的头脑，他巧用南北蔬菜的价格差通过南菜北运一年便赚百万元，羡煞众人。然而生意场上，胜败无常，第二年因为大雪，几十车蔬菜烂在了南菜北运的路上，致使公司业绩急转直下，勉强撑到最后已是血本无归。

迫于生计，他怀揣借来的 300 元离开广东前往上海开始打工。幸而这次千里马遇到了伯乐，刚到上海，他的营销才能就被上海一家建材公司看中而被直接任命为销售部经理。每月他勤勤恳恳尽心尽力为公司创造几百万元的销售业绩，而当时的工资每月仅 700 元。然而正应了一句俗话"木秀于林，风必摧之"，在他的营销才能充分施展后，他发现迎来的并不是公司对他的嘉奖而是大家对他的提防。他很快明白这其中的缘由——公司是害怕自己了解得太多会另立门户与之抗衡。

既然如此，他毅然决定离开上海转而到了南京。在上海工作了半年，身上积蓄仅有 3000 元，到南京后生活又再次陷入窘迫。为了租最便宜的房子，在他的软磨硬泡下，房东只好允许他先支付两个月的租金。但是，仅仅这两个月的租金，就花掉了身上的 1400 元。在南京闲散了几周，随着身上的钱袋越来越瘪，找工作变得越来越紧迫。

"'危机'二字，一个意味着危险，一个意味着机会，只要不放弃任何一次努力，危机也会变成商机。"这是他在任森一次员工培训大会上所说的。他果然在"山重水复疑无路"时惊喜地发现了商机——南京偌大的建材市场在楼梯方面居然一片空白！只要抓住机会，必然会"柳暗花明又一村"！可是没有资金、没有店面怎么办？他继续在建材市场找寻出路。一天，他注意到同是广东人的陈服兴在转让门面，陈服兴在南京建材市场卖复合板。在用家乡话交谈过后，得知陈服兴仓库里的复合板因长期大量积压而资金周转困难，林也诗想到了自己曾在营销方面获得巨大的成功，他很自信地告诉陈服兴他有办法将复合板卖出去。陈服兴将信将疑，毕竟同是天涯沦落人，陈服兴还是决定与他合作。了解到复合板有优良的防潮性能后，他想出了一个让顾客信服的方法——到南京广场去用水煮复合板！此举果然灵验，不仅吸引了潜在顾客的眼球，甚至引来新闻媒体纷纷采访报道，积压的复合板很快便被一抢而空。得到了这笔启动资金后，林也诗和店主分享了他发现的卖楼梯商机，店主也感激地将店面拿出来共同创业。这次创业机会不易，为了节省广告费,他每天爬400多层楼梯到每家每户送传单。艰难打拼一年多,他和陈创办的江苏省南京市铸鑫山木业(后改称铸鑫家具厂)赚了200多万元。

卖楼梯几年后,已经实力雄厚的林也诗投身如火如荼的房地产行业,与香港华威地产公司合作,出任公司总经理。在南京地产行业,林也诗再次成为行业翘楚。

转向西部　着眼农业

房价炒作愈演愈烈,房地产商都在这巨大诱人的市场中欲罢不能,然而林也诗再次一反常态,从房地产业中全身而退。

作为一名旅行者他来到了日光城拉萨,为那里旖旎的风光和古朴的文化而留恋。他创办了唐会娱乐公司,将西方娱乐文化引进拉萨,使更多来拉萨的中外游客能感受到古老东方文化与现代西方文化的碰撞。

在西藏他注意到,与东部发达地区的乡村相比,当地很多乡镇都还很落后,很多人都没有脱贫。作为一名共产党员,他认为应该担负起肩上的责任。于是连续三年,他都亲自深入西藏多个乡镇资助困难户。

早在1997年和1998年间,他就曾多次到过云贵高原地区,当时他被贵州一些地方农民的贫困生活所震撼。直到2006年,国家提出了关于农业创业方面的支持政策后,他突然意识到自己是有能力为中国为数众多的农民做点什么的。

正好在这时,有人向他介绍四川土豆品质好,加工成淀粉市场大。经过了解,他发现土豆确实蕴藏着帮助农民脱贫致富的巨大商机。

经查阅资料发现:马铃薯的赖氨检含量较高,且易被人体吸收利用,脂肪含量为千分之一左右。矿物质比一般谷类粮食作物高一至二倍,含磷尤其丰富,还含有柠檬酸、苹果酸、草酸、乳酸等。马铃薯是含维生素种类和数量异常丰富的作物,特别是维生素C,每百克鲜薯,含量高达20至40毫克,一个成年人每天食用半斤鲜薯,即可满足需要。马铃薯是一种粮饲菜兼用的作物,营养成分齐全,还兼具降血压和减肥的功效,马铃薯食品已成为目前的一种消费时尚。马铃薯食品将逐步成为我国城乡调剂和丰富人民日常食物结构的主食,在日常膳食结构中占有一席之地,马铃薯加工产品的消费将进入快速增长时期,市场发展前景十分广阔。

目前我国是世界上的马铃薯生产大国,种植面积和总产量均居世界首位。西南山区马铃薯的播种面积最大,约占到了全国总面积的 1/3。但是在我国,马铃薯多限于鲜贮、鲜运、鲜销、鲜食,马铃薯水分多,加之没有现代化的储藏设备和科学的加工技术,每年全国因此而损失的马铃薯为 25%～30%。目前我国马铃薯用于加工淀粉的比例却极小,与马铃薯生产比较发达的国家相比,还有很大差距。到目前为止,我国符合国家生产标准的马铃薯淀粉厂只有 20 几家,年生产能力为 10 万吨左右,而我国仅马铃薯精淀粉及变性淀粉的市场容量在 15 万吨以上,马铃薯淀粉产品在今后几年内仍需进口,市场缺口很大。

这么好的机会怎能不让他心动不已?小小土疙瘩不仅蕴藏着巨大商机,而且让作为共产党员的他能为农民致富真真切切地作出一些贡献。

没有过多犹豫,2006 年,林也诗与合伙人一起在四川西昌市美姑县创办了美姑普慧薯业发展有限公司。公司发展很快,他在公司中占有的股份从最开始的 15% 到 68%。直到邂逅长阳,他再次决定不安逸于现状,又迎来了一次事业上的从零开始。

邂逅长阳　成立任森

林也诗第一次到长阳是被朋友邀来旅游的,偶然的邂逅让他对长阳"一见钟情"。正是有了这次"一见钟情",才有了县政府和任森农业的"两情相悦",迎来了如今的和谐共赢局面。

长阳土家族自治县是鄂西南山区的一个小县城。境内峰峦叠嶂,山溪纵横,更有孕育了土家族文化根脉的清江自西向东贯穿全境,享有"八百里清江美如画,三百里画廊在长阳"之誉。

不仅为长阳秀丽的风光所迷醉,他更是发现这里有发展马铃薯加工企业的天然优势所在:318 国道、沪蓉高速纵贯长阳全境,又有宜万铁路经过这里,境内乡村公路、水路四通八达,运输条件明显比四川西昌要更便利;特别是山区形成的梯级立体气候,马铃薯在河谷地区 5 月开始收获,逐次向山顶,延续到 10 月,可以解决原材料贮藏难题;清江两岸水质优良,这是提高淀粉质量的重要保证;更让投资者心动的是,地方政府为促进经济发展而推出的经济开发区投资优惠政策——各种最低标准的县级行政性事业性收费、地级税收奖励、县政府提供财政支持以最优惠价格供地,等等。正是看中了这些,在对长阳多个盛产马铃薯的乡镇进行深入考察后于 2009 年 7 月 21 日,林也诗注册的湖北任森农业科技发展有限公司正式落户湖北省长阳土家族自治县经济开发区。

当被问及什么是农业创业成功的关键因素时,林也诗坦率地承认是地方上的政策好。企业要跑起来,靠的是资金和原料这两条腿。

据悉,任森农业获批准建设用地 49.8 亩,总投资预计达 1.1 亿元,其中企业自有资金 5000 万元,贷款资金 6000 万元。一期投资 6200 万元,其中企业自有资金 3000 万元,借贷资金 3200 万元。其中当地的农信社与之签约了1800 万元的贷款。

原料从何而来呢?虽然当地马铃薯的种植历史悠久且产量稳定,但是农民自发性的种植并没有形成大规模,对一条日加工鲜马铃薯 360 吨,日生产精制淀粉 60 吨,年加工 12 万吨马铃薯、6 万吨红薯,年生产精制淀粉 5 万吨的马铃薯精制淀粉生产线而言还远远不够。因时制宜,县农业局通过采用上寻支持、下重扶持、办好示范、订单生产等多种措施,做大做强全县马铃薯产业。预计在 2—3 年的时间内,全县中山地区将形成 10 万亩种植规模、年产 15 万吨高淀粉商品薯。2010 年秋冬全县已经推广了以脱毒种薯为核心的马铃薯高产栽培技术,播种脱毒种薯面积达到 6.0 万亩,同时创建马铃薯加工薯的生产基地和万亩高产优质示范片。等规模形成后,长阳和周边县市的几十万的马铃薯农民们将能够在自家的田地里发家致富。

值得一提的是,当初很多人听说长阳要建开发区时都不免为这个山水秀丽的县城捏了一把汗,污染了可怎么办?让我们欣慰的是任森公司采用了国内最先进的全电脑数控生产技术和设备,绿色环保,节能减排,符合国家产业、环保政策和质量管理标准体系。

艰辛备尝　志当薯王

当谈到创业成功的经验时,林也诗毫不犹豫地袒露"人生经历是最大的财富"。十几年商海沉浮,他走南闯北,东奔西跑,充分体现了广东商人的敢拼敢闯。如今有了自己创办的企业,他更是毫不松懈。在公司刚成立的一年里,他经常亲自下车间,进厂房,常常工作到凌晨,极少有时间在豪华的办公室里享受片刻休闲。

采访的当天正好赶上任森公司的一次职工演讲比赛。现场的气氛很融洽,奖品丰厚,大家一个个都热情澎湃。不光是年轻的管理者,就连一辈子没看过几本书的车间大伯也走上了讲台。得知原来这样的活动在这里并不算新鲜。公司从一开始就很重视文化建设和软实力的打造,他们以员工培训为契机,对 65 名新员工进行"技术操作培训"、"管理系列培训"、"心态和人生价值培训"等三个不同层面的培训,让所有员工都体现自己的价值,特别是共赢理念。自 2010 年 7 月开始,至 2011 年 1 月 6 日,公司给员工培训了40 多场。林也诗亲自授课演讲,他先后向员工讲授了《坐老板,做老板》、《态度赢在起点》、《经营人生系列培训》、《在不同的圈子做好角色转换》、《共赢理念》等人生价值修养课程。有刚刚踏入社会来到任森的员工告诉我们,他们都很珍惜在这里得到的培育和历练,在公司他们感受到了无尽的温暖。

公司有这样的举措也不是偶然。林也诗在业余时间最大的爱好就是看书,尤其热衷探索《易经》奥秘。在他看来,掌握了自然的规律,才可能把握市场的走向。

交谈中得知公司中有十几名员工是实实在在的 90 后,刚刚从学校踏入社会。结合他自己的奋斗历程,他对年轻人的期望是"成为一个完整的人,有血有肉的人。人生在奋斗中可能会碰到很多我们没有碰到过或者意想不到的困难或问题,个中的酸甜苦辣和不懈的坚持就会让你成为一个有血有肉的人"。

对于林也诗而言,虽然已取得如此成就,但绝不会仅满足于此。公司计划新上一条植物原胶生产线,到 2015 年,实现年销售收入 20 亿元,推动任森公司成为行业内的龙头老大。

采撷蓝色珍珠

——从大学起步的蓝莓事业

■ 文/齐晓婷　冷逸民

创业者档案

王民强,男,毕业于大连大学。毕业后在大连大学蓝莓研究所参与科研工作。大连森茂现代农业有限公成立以来,主要负责公司的技术与销售工作。

所在地情况

大连,辽南沿海城市,农业与工业、旅游业共同发展。大连地处北纬 39度,水土、气候等自然条件十分适宜蓝莓生长。大连蓝莓栽植面积约为20000 余亩,年产值 1 亿多元。庄河是大连蓝莓主产区,记者从庄河市农村经济发展局了解到,目前,庄河已基本形成了一条比较完整的蓝莓产业链,形成了两大蓝莓发展区。庄河市 2009 年被授予"中国蓝莓之乡"荣誉称号,2000 年又被授予"中国优质蓝莓生产示范基地"称号。

创业项目

蓝莓育苗与规模种植

创业感言

可是遇到困难了就得想想,你既然已经坚持到这里了,为什么不能再坚持下去呢?

创业故事

在辽南的海滨城市大连,除了传统的水产养殖、苹果种植,还有这样一个新兴产业,正如一颗冉冉升起的明星——蓝莓产业。这些小小的确如珍珠般美丽的蓝色果实每年给大连带来 1 亿多元的产值。可几年前,这个异国的品种并不为人所知,在大连的蓝莓产业更是一片空白。这飞跃式的进步里很大要归功于缘起于大连大学蓝莓研究所的大连森茂现代农业有限公司。

经过几次联络,我终于有幸在 2011 年 2 月 13 日,采访了王民强经理。32 岁年轻有为的王经理,一身休闲西服,给人感觉朴素而干练。

大学起步

在和王经理的交谈中,时光回溯到了 2003 年,在日本留学 9 年的王贺新教授,带着学习多年的蓝莓专业知识回到了祖国。"王教授是 2003 年回中国的,他本身在日本就是研究蓝莓,而且是日本蓝莓协会的会员",王民强经理向我介绍说:"王教授本身就很喜欢蓝莓研究,而且看到了中国的发展前景还是不错的。"

在农用土地面积极少、劳动力价格极其昂贵的日本,蓝莓的种植面积却越来越大,而作为农业大国的中国,蓝莓产业却刚刚起步,发展前景巨大。王贺新博士看到了这点,于是回国后马上在大连大学成立了蓝莓研究所,而今天的王经理正是当时研究所里的研究员。

科学研究总不是一帆风顺的,"王教授是带着技术回国的,可是日本的技术不适合中国,日产的设备根本用不上,于是王教授带着我们不断地摸索,从 2003 年开始,经过 2003、2004、2005 年 3

年的尝试,前前后后引进了180多个品种,反复地实验、积累经验,终于找到了一系列适合咱们当地的技术"。经过努力,技术方面已经不成问题了。

中央在2004年举办了全国蓝莓交流会,王贺新教授也参加了。可见蓝莓产业非常受到国家的重视。

农村创业

到了2006年春天,拥有了成熟技术的研究所变身成为今天的森茂现代农业有限公司。不过,这个公司的创立,很有故事,不像其他创业者看准目标积极行动,反而有些赶鸭子上架的味道。"其实我们一开始并不想做公司",王经理给我讲了这个有趣的故事:"我们起初是研究,进而给一些蓝莓种植户提供技术服务,仅此而已。但是时间长了,就有很多人问我们:既然你们什么都会,干吗不自己办个公司呢? 问的人多了,王教授就说,那咱干脆就开个公司做育苗吧。"

"当时蓝莓行业还是新兴农业,在别人眼里是阳光行业,而且在中国需要苗木的人很多,国家也很支持。"事业今天越做越大,反倒停不下来了!

所谓万事开头难,"蓝莓感觉上回报率很高,可刚开始其实只投入,看不到回报。启动资金是王教授投资了一百多万元,可是蓝莓育苗需要田地、引种还要工人,首批资金当年就用光了,王教授也没有多少钱了,我们几个人就每人凑了些,把公司支撑下来",王经理接着说:"搞蓝莓日常花销特别大,最愁的是每月发工资,钱一花就没,所以最初那一段时间还真是为钱犯难。"

让人头疼的不只是资金,还包括土地和人力。"一开始干100亩育苗,但是露天又没有温室育苗效果好。我们就去找温室,可是那时候没有钱,只能去偏僻农村租那种土温室,不是现在钢架的这种,而是那种竹条支的塑料大棚,时不时地还要自己修、自己盖。"王经理现在回想起当年的艰难,脸上还有些犯愁的表情:"当时也招大学生,但是他们都嫌苦,干干就都走了。"这种创业的阵痛期持续了大概两年。说到创业之初的艰辛,王经理还是记忆犹新。

苦乐坚持

大学毕业之后的王民强留在了研究所,王教授工作繁忙,公司的事情就渐渐交给了他。二十几岁的年轻人也饱尝了一次创业的艰辛。

工作太辛苦,大学生不愿意干,招工人也没必要,而且花销太大。"怎么办?能怎么办,自己干呗。"王经理回忆着:"工人一天做8小时,我们忙的时候,早上五六点起床,一直干到天黑,有十几个小时。"

"困难的事可多了,我就给你讲这个温室吧。温室每天都得有人监控这温度、湿度,春节也是,可春节谁愿意待在这啊,那只好我来了"王经理说着当年的难事,反倒笑了起来:"我告诉你,我就住田头上一个四五平方米的小土坯房,茅草盖的屋顶,门还关不上。那一年啊是2007年的春节,大连下雪还刮大风,就把电线刮断了,点不了电褥子。那一晚上难过啊,第二天我起来一看,屋里桌子上、炕沿,连我被子上都是雪呢!"

"其实我开始并不想在这里干的,我那时也是刚刚大学毕业,也像所有大学生一样,想找个条件好点的单位,何必受罪呢,对吧?可仔细想想也不是这样。"

难道在这样只能苦中作乐的日子里,王民强就没想过要放弃吗?"能没想过吗?可是遇到困难了就得想想,你既然已经坚持到这里了,为什么不能再坚持下去呢?就这样一点点走了过来。"

从2008年以来,公司渐渐度过了困难期,可仍然面临着种种困难。首先是土地短缺,蓝莓需要的是大规模种植,至少要百亩以上,这可能要涉及一百多户农民,想要土地,就需要一户一户接触,总有那么几户不太合作,就严重影响到土地的来源。另外更严重的可能是人才问题,蓝莓不同于传统农业,需要的技术人才非常多,但是现在的工作环境不是很好,总会流失大部分的人才,"我们每年都招聘十几个大学生,但真正留下的只有三四个,人手严重不足"。这是现在王经理最头痛的事情。而且现在国内的蓝莓育苗公司,尤其是外资合作的公司很多,苗木也竞争比较强烈。虽然公司还是存在着一些问题需要解决,但已走出低谷的王经理看起来坚定而自信。

未来飞跃

大连森茂现代农业有限公司的蓝莓事业已经走出低谷,走上了正轨。

据王经理介绍,公司现在占有着大连地区苗木供应 40％的份额,带动着大连地区 2 万余亩蓝莓种植产业,让大连的传统农业焕发了新的生机,蓝莓而今已经成为了庄河、亮甲店地区的代名词。

最初几年,蓝莓大多进入超市,现在影响力逐步加大,小小蓝莓变得家喻户晓。随着近年来蓝莓作为健康食品而大受追捧,有时果子还没成熟就被预订一空,尤其在春节前,更是供不应求。市场前景是多么广阔!

同时,森茂公司还看准了土地条件更为优越的山东地区。从前年的秋天开始,在日照建立了蓝莓种植基地,拥有一百多个大棚,而且规模在不断扩大。"不仅山东,我们在丹东、安徽黄山和云南都有蓝莓基地,规模都不小。"王经理提起公司的未来发展,满是微笑:"如果可能的话,我们希望能与其他公司合并,争取上市,这件事正在运作中,如果顺利,5 年内能完成吧。"

创业感悟

作为一名成功的创业者,王经理很谦虚地说:"也没什么感悟,怎么说呢,我们做的是农业,所以自然条件是很重要的,毕竟是靠土地吃饭,环境不合适,怎么也不能成功。还有人力资源、地理位置都很关键。另外,农业嘛,尤其是种植,工作环境比较差,面朝黄土背朝天,个人的坚持很重要,尤其是大学生或者城里人想要在农业上有所成就,就得能吃苦。"

小小的蓝莓,如同蓝色珍珠,散发着诱人的光泽,然而它的美只向着能够珍爱它的人绽放。从四个土温室起步,到如今的四个大基地,王民强经理和他的团队,看到了这蓝色珍珠的美丽,为它真诚地投入青春,它定会回报给他们比蓝莓更加瑰丽的事业。

让清涧红枣红遍天下

■ 文/马改改

创业者档案

白世安,男,1962年7月出生在黄河边上的一个小山村,清涧县双庙河乡贺家畔村——中国的红枣之乡。1982年师范中专毕业后,开始在家乡任教。十多年教育生涯中,曾连续7年获"模范教师"称号。

1992年,市场开放,第一次贩枣淘得人生第一桶金,赚了近2000元。1995年开始,弃教从商,踏入红枣产业。先后在广州,深圳,北京等大市场摸爬滚打四个年头,曾开过红枣加工厂,亲自经历收购、生产和销售等各个环节。2003年9月,收购负债累累、名存实亡的人和仙枣业公司,一年时间就使其走上正轨。经过几年的苦心经营,目前,人和仙枣业公司已成为"清涧县非公有制综合实力五强企业"之一,"榆林市农业产业化经营龙头企业",其销售网络覆盖大半个中国,"人和仙"品牌在全国大枣行业已成为知名品牌。

所在地情况

清涧县位于黄河陕晋峡谷西岸,延安、榆林交界及无定河、黄河交汇处。县境内属黄土高原丘陵沟壑地形,土地资源丰富。地下素以出产"石板"著称,民谚有云:"米脂的婆姨,绥德的汉,清涧的石板,瓦窑堡的炭。"县境内无任何矿产资源,红枣为唯一的地表资源。清涧属温带大陆性季风干旱气候,土壤和气候形成了红枣生长得天独厚的自然条件,所产红枣个大、皮薄、肉厚、核小、甘甜爽口,可溶糖、维生素、淀粉等含量远远高于全国各产地。清涧在 1996 年被中国农协会首批百家名特产品大会命名为唯一的"中国红枣之乡"。

清涧,山川灵秀,黄土宜人。在历史的长河中,清涧藉杰出人物勇立潮头、各领风骚、功震华夏、名垂青史。清涧道情、清涧剪纸等民俗文化源远流长,独具特色。由于历史原因和自然条件的限制,清涧目前仍属国家重点扶贫县。但是,清涧是一块充满希望的热土,全县人民正大力调整产业结构,培育壮大"一红二白(红枣、羊子、洋芋)"主导产业,在这块红色土地上,正干着火红的事业。

创业项目

"陕北大红枣"加工贸易

创业感言

让清涧红枣红遍天下

创业故事

陕北清涧,被誉为中国的红枣之乡。在全国各地的商场超市,几乎都可以见到陕北清涧生产的各种红枣加工产品,而看到最多的厂家则是人和仙枣业公司。人和仙枣业公司的创始人,这个使清涧红枣走向全国的传奇人物,不仅实现了自己的创业梦想,而且也带动了整个清涧红枣产业的发展。这个人就是白世安,人和仙枣业公司现任董事长兼总经理。20 多年前,他还只是一名普通的人民教师,与红枣产业并没有一丝关系,是什么使他走上了创业这条道路呢?在 7 年前,他又是如何将一个亏损上百万的小企业从生死边缘挽回,避免了破产倒闭的命运?近几年,白世安在"人和仙"的体制改革中扮演着什么样的角色,使其在短短几年内就飞速发展壮大,造就如今辉煌的局面?

为了探究其中的秘密,我于 2011 年 2 月 16 日拜访了他,在访谈的基础上形成了本报告。

漫漫求学路　悠悠红枣情

1962 年,白世安出生在陕北清涧黄河边上的贺家畔村,这里被誉为中国的红枣之乡。这些黄河边上的红枣，在母亲河的哺育下比别处的红枣更大，也更香甜，白世安就是吃着这黄河滩枣长大的。

穷人的孩子早当家，白世安从小就吃苦耐劳，什么都肯干，什么都抢着干，而且还跟别人比着干。上小学时，每年秋天队里打枣过后，他都给学校勤工俭学捡枣，他永远是捡得最多的那一个。小小年纪，白世安就跟着父母背着枣到 40 里外的乡上给队里卖枣挣工分。有一次，父亲背了 117 斤，母亲背了 86 斤，而 10 多岁的白世安背了足足有 15 斤！在冬天的夜里，白世安也经常跟着父亲到山里的石崖底给队里找枣。

母亲河畔，黄土地上，红枣树下，小小的白世安一直都在默默地捡枣，帮父母干农活，并坚持学习。他心里只有一个信念：一定要好好学习，将来让家里人都过上好日子。

上初中了，白世安才去过县城，在简陋的候车室里度过一夜，也就是那时候才见过汽车。他被那个初次亲身接触到的事物给吓得不轻，甚至在之后 5 里地的路程中只敢从公路边的排水沟和公路下边的园子地里走过，就怕公路上会有汽车撞到身上。

白世安聪明，又勤奋刻苦，功夫不负有心人，他顺利读完了高中，并考上了中专师范。这样的学历在当时陕北那个小地方可以说是相当高的，乡亲们都说，"山沟沟里出了个才子"。后来农村实行土地责任制，枣树分到每一户，可卖枣总是很难，有时候，辛辛苦苦收来的枣子因为卖不出去或是年成不好，最后都烂在了树上，一年的辛苦劳作化为泡影，更多时候枣子卖不到好价钱，收入也少得可怜。1982 年师范毕业后，白世安被分配到县城中学任教，对于他这样的穷苦农家出身的人来说，无疑是一个令人羡慕的铁饭碗，这意味着他从此摆脱了面朝黄土背朝天的命运，真正跳出"农门"，吃起了"皇粮"。多年的努力换来这样一个结果，白世安也算是心满意足了。

十多年的教师生涯中，白世安一直是一个合格称职的老师。在教师的工作岗位上，他将本职工作做得一丝不苟，以育人树才为己任，兢兢业业，勤勤恳恳，认真负责，得到了同事和学生们的一致好评，并且曾连续 7 年获"模范教师"称号，有县上的、地区的，也有省里的。

弃教勇下海　迈出创业路

1992 年春天，邓小平同志做了关于中国经济体制的重要讲话。这次讲话迅速传遍了神州各地，也唤醒了各地的经济，市场经济终于在中国的土地上正名了。先知先觉的白世安也开始了他的致富之路,第一次贩枣就赚了两千元,淘到了第一桶金。尝到了甜头,他的思想有点活了。看着周围的人都开始做红枣生意,并且可以赚到不少钱,白世安也开始"不安分"起来。一方面,已经做了十多年教师的他,不希望自己一辈子都待在教师这一个岗位上,他的人生不应该如此贫乏,而应是更加充实而丰富的;另一方面,虽然教师这个职业社会地位很高,但是,这份工作的工资却很固定,子女都要上学,教育支出不是一笔小数目。内外的双重因素使他毅然决然放弃了自己面壁十年,寒窗苦读所得到的那份安定的工作,一头跳进了茫茫的商海之中。

宏祥公司是白世安的一个老乡创办的红枣加工企业。在当时,这是清涧县最早的红枣加工民营企业,白世安看在眼里,除了羡慕,更多的是激励他进一步确认自己的创业愿望。那时候,他天天往宏祥公司跑,在那里学习红枣加工技术。

幸运降临到白世安身上,凭借高学历和好人缘,他在1995年被聘到巨鹰公司(也是清涧的一个红枣加工企业)在北京的销售点做销售部经理,而后,他又到广州、深圳等大市场打拼,从收购、生产到销售每一个环节都亲自干过,积累了大量的经验。

天赐好时机　实现创业梦

2003年,绝对是白世安人生中不平凡的一年。刚刚成立不到两个年头的陕西清涧人和仙枣业公司因经营和管理不善,亏损上百万元。此时,曾经叱咤一时的人和仙枣业公司已是名存实亡,即将破产。当时白世安已回到家乡,他敏锐地察觉到,这正是一个他大显身手的机会。除了他,没有人敢去碰这个烫手的山芋,亏损上百万元,濒临破产的一个小企业谁敢接手,谁有这个本事和魄力拯救人和仙枣业公司?大胆的白世安就敢,他凭着自己的坚毅和勇敢,自信和智慧,真诚和大度,勤奋和努力走马上任,以"零资产"收购了即将破产的人和仙枣业公司。

公司首先面临的最大问题,就是没有启动资金。为解决这个问题,白世安大胆选择走分红入股,分担风险的道路,"团结一切可以团结的力量",推行股份制,说服很多枣农以家里的红枣凑份入股,当时甚至有枣农以1000元入股。在资金问题解决后,摆在白世安面前的第二个问题就是人力资源。凭借自己多年的经商经验,白世安深知,在一个企业中,必须存在一个核心,这样才能形成一个合力,而这个合力就是公司的团队。他大胆招聘和启用人才，任人唯贤。当时的慧眼识英才，造就了如今"人和仙"强有力的合作团队。在公司的管理机制上，白世安引进激励机制，进行量化考核，按照绩效分配，极大地调动了员工的积极性。在企业文化建设上，从零开始，定稿商标图案。

标志外形为果型(枣形)，延伸为天之太阳，人之心脏，寓意为火热的事业之心，火红的事业像早晨的太阳蓬勃向上。"仙"字的左半部分，寓意为敢于竞争，勇于攀登，且美丽潇洒飘逸；右半部分寓意为生命不息，追求卓越，顽强拼搏，力争达到光辉的巅峰。白色象征纯洁。英文单词 IMMORTAL 的含义为："流芳百世的人，流芳百世的事业，人不老为仙"。标志通过图案、文字、颜色的有机结合，集中体现出人和仙枣业公司的思想理念、追求目标、奋斗精神、文化内涵、美好愿景。同时改版纸箱包装，重新设计外包装袋，尤其在销售上不惜一切抢占市场制高点，采取灵活多样的战术，加大市场投入，强化品牌宣传。

仅仅用了一年时间，"人和仙"又重新注入了活力，它"活"过来了，这被认为是白世安创造的一个奇迹。真诚的耕耘，换来的是丰硕的收获。2005年人和仙枣业公司被评为"清涧县非公有制综合实力五强企业"之一；2006年公司产品获得了国家农业部颁发的无公害农产品证书；同年12月被评为"榆林市农业产业化经营龙头企业"；2007年，"人和仙"红枣系列产品经中国绿色食品发展中心认定为"绿色食品"和"有机食品"；2007年通过了ISO9001：2000国际质量体系认证；同年，"人和仙"商标被陕西省工商行政管理局评为"陕西省著名商标"，成为清涧县红枣综合加工骨干企业。

开辟新天地　致富不忘本

人和仙枣业公司原厂地在清涧县党校，那是一块租来的土地。2007年年末，白世安突然被通知那片土地要回收，这是"人和仙"发展道路上的一次新危机。雪上加霜的是，公司内部股东之间矛盾重重，很多股东纷纷要求退股。刚从死亡边缘回来的"人和仙"又一次陷入了内忧外患的困境。对此，白世安毫不惧怕，再一次以他的智慧、沉着与勇气去迎接挑战。白世安毅然决定独自挑起大梁，成为这次内部动荡后"人和仙"最后留下的最大股东。

他认为，人和仙枣业公司必然是还要继续存在的，所以当务之急是必须先找到新的厂址，尽快让公司有落脚之处，这样产业链才可以继续运转下去。在经过多方探寻后，白世安凭着他敏锐的经商直觉将厂址选在了县城郊外的十里铺，那里土地足够广阔，以后也有进一步扩建的可能。选定厂址后，他随即就开始了公司的建设。在2008年春节，当别人都在和家人一起享受家庭团聚的天伦之乐时，白世安却要带领他们的团队为"人和仙"的生存和发展筹划，开辟他们的新天地。经历过寒冬的历练，"人和仙"终于也迎来了他们的春天，"人和仙"有了属于自己的家，白世安又一次将"人和仙"从生死边缘挽回，而这一次则是更加彻底的重生，同时也将预示着更大的突破与超越。

顺利渡过这次危机，重生后的"人和仙"生机勃勃，也注入了更多的新鲜血液。为了提高生产效率，扩大生产规模，公司投入大量资金引进先进机器，有枣酥片加工器、智能烘烤机、红枣分选器等。这些在当地都是极其罕见的，白世安深知，这些投入都是值得的。"舍得"，就是指先舍才有得，为了能更向前迈进一大步，"人和仙"摆脱过去小企业的影子，走科技企业的路子。事实证明白世安的判断是正确的，这些先进的机器和技术对"人和仙"的发展起了重大作用，可以说是如虎添翼。

如今公司建立了自己的无公害生产基地，与300多户枣农建立了长期稳定的合作关系，这为当地的枣农带来了极大的福音，枣农们再也不用愁收来的枣子卖不出去或是卖不到好价钱了。

白世安说，"我也是挨苦日子过来的，深知农民的难处。只要有机会，就一定要造福一方百姓。'人和仙'有今天，是因为我每天都坚守着这样的信念：把每一件事都做得问心无愧，对得起曾经帮助过我的亲戚朋友，对得起全体股东和员工，对得起广大客户和枣农，对得起自己的心"。"人和仙"还曾经为六个村子修路捐款，也常常帮助那些生活极度困难的农民。"企业小的时候，是自己的；企业大了，就是社会的，国家的，人民的。"

当谈到未来。白世安充满信心，说道，"公司正准备建立自己的冷库，用于储备红枣，进一步扩大销售，同时还会继续将'人和仙'这个品牌做强做大，让清涧红枣红遍天下"。

多年来，"人和仙"一直坚持这样的理念，那就是"以人为本，事在人为"，人要有思想，有诚信，有精神，有个性，有文化，有理想，有作为，有奉献，有爱心，有创新，有修养，有胆略，有决心，有自信；坚持这样的企业精神，那就是"激流勇进，敢为人先"，要学会游泳就得先去勇敢地跳水，去适应水的温度、速度等。遇到激流更需勇敢，勇敢就需要胆量。勇敢不是草莽，是冷静思考，反复权衡后的行动，是力量智慧与机遇的融合。在激烈的市场竞争中取胜，就得有"敢为人先"的思想和精神，就得苦练基本功，只有发展才是硬道理。

　　谈到他创业成功的秘诀时，白世安坦言，"其实我也只是一个普通人，任何成功都是靠脚踏实地，一步步走出来的，要有坚定的信念，还要肯吃苦"。他也确实是这么做的，这一点公司员工最清楚。有些员工进公司一年了都不认识他们的总经理，后来到年终开会时才知道平时跟他们一起风里来雨里去，比谁都能吃苦，什么活都干，永远充满干劲，公司里最普通的那个人竟然就是他们的老总，怎么看都不像是传说中总是穿着西装，打着领结，坐在办公室的经理。

　　笑谈往事，从容应对，从来都是成功之后的境界，今天的云淡风轻并不代表当初没有经历过惊涛骇浪，如今大家只看到"人和仙"的辉煌，却很难想象白世安当初的艰辛和付出，正是这样的精神和理念曾两次将"人和仙"从生死边缘挽回，我们相信，"人和仙"有这样的精神必定会更强更大，清涧红枣也必将会红遍天下。

水产大王和他的三特渔村

■ 文/邵慧斌

创业者档案

王端红,男,出生于1966年3月。1983年参加高考并考入浙江师范学院,毕业后担任教师工作,于1994年下海经商,先是从事水产品销售,后由于种种原因开始办起农家乐,并初具规模。"三特渔村"在台州市甚至浙江省都具有一定的影响,王端红也曾被评为台州市第一届"农技标兵"、三门县"十大杰出农村实用人才"、三门县2007年十大新闻人物之一。2006年,王端红发明的冰冻杨梅获得国家专利。

所在地情况

浙江省三门县就是个名不见经传的小县城,每年的经济都排在台州市的后几位。三特渔村位于浙江省台州市三门县鲍家村。渔村距县城8公里,闹中取静。三门县位于东海之滨,又是丘陵地带,农业渔业都较为发达。三门县下的几个乡镇都是以养殖为生。三门水产也因为其特有的地理环境而拥有独特的口感,尤其以青蟹著名。但是三门整体的经济状况并不乐观,农民、渔民只是局限于几亩田地、几口鱼塘,没有将产业做大、做强的意识。近几年,三门县政府欲以蟹为媒,招商引资,建立三港三城,推动三门经济的发展。

创业项目

"三特渔村"渔家乐

创业感言

我们要自己赚钱给自己花!

创业故事

浙江省三门县,位于东海之滨,三门湾畔,三面环山,一面临海,得天独厚的地理环境孕育了三门丰富的农业资源,水稻,小麦,各种时令果蔬,还有海港里各种新鲜的水产……祖祖辈辈的三门人过着耕种捕鱼自给自足的生活,或是做点水产生意,却终归是小打小闹,但是有这么一个人,却在这片土地上闯出了自己的天地。如今,他的渔家乐已获省市多项荣誉,他成立的三门水产合作社也是年年丰收,他,就是三特渔村的董事长——王端红。

带着一份敬仰,我前往"三特渔村"想去了解这位神秘的人物,是什么样的人才能铸就三特今日的辉煌?

车子从县城出发,穿过几个零星的村落,一直在狭窄的村道上开了将近30分钟方才到达。对于三门这么一个小县城来说,这样的路途真的已经算远了。刚下车,一个不高的房屋出现在眼前,前面是一片空地,几个"三特渔村"的员工在门前闲聊,悠闲地晒着太阳,没有想象中的奢华,却又让人倍感亲切,或许,这就是农家的独特魅力吧。

走进"三特渔村","三特渔村"的总经理马勤武接见了我们,在小小的办公室里,我们回顾了"三特渔村"过去几年的风风雨雨……

走下讲台　走上漫漫创业路

谈起"三特渔村"的董事长——王端红,不能不令人惊讶。这是一位有着传奇色彩的人物,1983年参加高考,幸运地成为了我们小县城里唯一一位考上浙江师范大学的学生,在县城里引起轰动。毕业之后的王端红被分配到乡镇的一所小学当老师,工资不很高,生活却也过得平稳又安逸。平静如水的日子过去了近十年,当年的壮志早已被岁月磨灭。然而,或许是浙江人骨子里的不安分,王端红不甘于自己一辈子就在这小小的三尺讲台上度过,再加上当时正在兴起的"下海热",让他动心了。但是下海经商不是一件容易的事情,没有经验的他,在风起云涌的商场里,随时都有可能赔的一无所有。教师虽然工资不高,但毕竟是个稳当的职业,而下海却要承担巨大的风险,他有过踌躇。一次偶然翻阅《新民晚报》,却让王端红下定了决心,毅然

地走上了从商的道路。报纸中的一条
新闻里提到，越来越多的家庭搞起了
"公私合营"，即使在夫妻双方都是职工
的家庭里，也出现了其中一方"下海"的
状况。而王端红的家里，恰好是这种情
况，自己是教师，妻子是医生，吃的都是
"公家饭"，哪怕自己去经商，妻子的工

作还在，还不至于吃不饱饭。于是，在经过认真的考虑之后，于1994年，王端
红告别了他的教书生涯，走上了经商的道路。

靠海吃海　收获创业第一金

三门县位于旗门港之南，拥有丰富的水产资源，想着"靠海吃海"的王端
红搞起了水产批发的生意。凭借之前认识的码头的熟人，还有在冷冻厂里
的朋友的帮助，这水产生意做得风生水起，他赚到了下海之后的第一桶金。
生意的成功让王端红顿时有了信心，也准备放手大干一场，闯出自己的天
地。水产生意越做越大，却也有陷入困境的时候，水产不比其他，不易存放，
如果货物运不出去，腐烂变质了损失需要自己承担，生意场上，大单的货物
赊账是常有的事，可是一旦货款久久收不上来，资金链就跟不上，这也是件
麻烦的事情。好在一路上虽磕磕碰碰，但是却也是一次次化险为夷。

随着经营规模的不断扩大，简单地收购和批发已经无法满足自己生意
上的要求，于是在几经选址后，王端红在相对偏僻的三门县鲍家村成立了自
己的三门湾特色冷冻厂，生意步步走向正规，原始资产不断累积。此时此刻
的王端红日子已经过得相当滋润了。

勇于进取　"农家乐"里闯天地

可是，他就是这么一个永远都不知疲倦的人。一次，在视察自己冷冻厂
的时候，他发现自己的厂子"山清水秀，空气清新，无废水废气之污染，无汽
笛闹市之纷乱，可观东海日出，看渔舟唱晚"，于是兴办农家乐的想法油然而
生。那时，还是2004年，在当时，还没有"农家乐"这个名词，全国也根本没有
几家像模像样的农家乐，然而，王端红想到了，他也这么去做了。在自己冷

冻厂的基础上，再有所扩增，养上几只鸡鸭，挖出几口鱼塘，一个有模有样的"农家乐"就这样成立了，三门湾特色冷冻厂也改名为"三特渔村"。

　　然而成立之初，农家乐的生意并不好做，"三特渔村"一路跌跌撞撞地走了一年多。2005年年底到2006年，党中央提出了建设"现代化新农业"，号召各级做好农村农业建设，带领农民创收，其中有一点就是鼓励农家乐。此时的"三特渔村"积极响应政府号召，把握住了这次难得的机会，使自己完成了从小打小闹到正规化的成功转型。2006年12月28日，"三特渔村"的几个高层领导带着自己筹备已久的作品参加了省里举办的特色菜大赛。参加此次大赛的单位是从全省300多家农家乐中精选而出的31支队伍，而"三特渔村"却凭借"海八仙"独揽了此次大赛的热菜、冷菜、点心、综合四块金牌。一次大赛，独揽四块金牌，这谈何容易，而"三特渔村"却做到了，马经理一直谦虚地说，这是"一不小心"，一不小心拿了第一块金牌，一不小心拿了第二块，又一不小心拿下了此次大赛的所有金牌。可是如此荣誉，又岂是"一不小心"所能做到的？在300多家农家乐中脱颖而出，这背后又隐藏着三特人的多少心血。"海八仙"，张果老的跳鱼咸菜、汉钟离的原味望潮、铁拐李的青蟹豆面、吕洞宾的家常淄鱼、曹国舅的御厨牡蛎、韩湘子的茄汁缢蛏、何仙姑的荷花显真、蓝采和的玲珑白虾，一道道因为农家的做法而保留了海鲜最原本的鲜味的菜肴，再经过经典的民间传说的包装，顿时熠熠生辉。"三特渔村"也因为这次的大赛而积聚了一定的名气，为了保护"海八仙"和"三特渔村"的权益，"三特渔村"的领导第二天就前往北京注册了"海八仙"的商标，从此"海八仙"也成为"三特渔村"的招牌菜。

　　"三特渔村"的招牌打响了，前往"三特渔村"游玩的人越来越多，每到周末、节假日，周边县市，甚至外省的游客都纷至沓来。游客不远千里来到"三特渔村"，在游玩之余，总要吃吧，"三特渔村"以最纯正的农家菜和最新鲜的海鲜来招待各地的来客。为了保证食物的农家风味，"三特渔村"开辟了自己的农场、果园、茶园，游客不仅可以自己体验耕种采摘的乐趣，还可以品尝到不打农药不施化肥的绿色果蔬，"三特渔村"的海鲜供应来自"三特渔村"自己的养殖基地，保证了海鲜在三门湾的水里养殖出来的独特口感。别人是用力去做好农家乐，而"三特渔村"是用心去做好农家乐。除此之外，王端红又想出新招，游客吃饱喝足，认可了这里的食物，而且难得来一趟这里，总会想带点什么回去吧，于是"三特渔村"又推出了"海八仙"海鲜大礼包。优质的水产经过特殊的处理后，保证了海鲜的口感，又延长了它的保质期。"海八仙"刚一上市，就受到了游客的喜爱，"三特渔村"也把"海八仙"的专卖店开向外县、外市乃至外省……

"三特渔村"红火了，可是王端红和他的三特团队并没有就此停步。他们不把农家乐局限在这小小的农庄里，更把眼光放到了海上。当人们整天忙碌在水泥森林中，面对着庞大的就业压力和生活压力的时候，海上就成为他们可以放松身心的优良去处。坐上渔船，驶向广阔的大海，远远望去，只是一片一望无际的蔚蓝，天是蓝的，水是蓝的，一种前所未有的宁静和舒畅，涤去满心的疲惫，换得一身轻松。"三特渔村"以其敏锐的经济视角，捕捉到这一商机，又利用自身独特的地理条件，开发了海上观光的项目，购买5艘渔船，专门供游客乘船出海。迎着海风，沐浴着阳光，看渔民向海上撒下一张大网，一会儿，活蹦乱跳的鱼虾就随着那张大网被捞起。刚刚捞上来的海鲜，在船上经过简单的烹饪，保留了食物最鲜美的原味，这又是怎样一种享受？这种新兴的旅游观光模式越来越受到现代人的追捧，家庭或是单位组团前往的更是络绎不绝。最近，"三特渔村"还看中了一个小岛，岛上都是鸟蛋，在阳光的照耀下，一只只鸟蛋就像一颗颗璀璨的珍珠，格外美丽，"三特渔村"正努力着开发这个小岛，把它列为海上观光的一个项目，相信不久的将来，"三特渔村"又会奉献上更别具一格的渔家观光模式。

　　"三特渔村"在注重渔家观光的同时，还注重对三门文化的传承和发扬，王端红还特地命人将老县政府大院一幢老房子及亭旁邵家村一处老宅院搬迁到渔村，增加渔村的文化氛围。又听说三门的石雕工艺是小有名气，可是随着时间的流逝，越来越多的民间工艺渐渐淡出历史的舞台，王端红硬是从乡下搜集了近两百扇石窗，打造出了一道石窗长廊。走在"三特渔村"，你感受到的不仅仅是一份远离闹市的宁静，更有一份步入桃源的淡雅。

规模发展　打造"三特"新王朝

如今的"三特渔村",早已不是刚刚成立时的那个小小农家乐,如今单单是休闲农庄,就占地500余亩,农庄内还有咸水塘、淡水塘和咸淡水塘三类养殖塘近80亩,用于游客观光垂钓。在养殖塘周边的小山上,还种有毛竹、桂花、文旦等点缀渔村风光,在小山的梯田上,还种植着青菜、土豆等蔬菜满足渔村日常生活。还有海上观光区、休闲娱乐区,乡间小别墅等多个景观,能满足不同消费群体的各色需求。由于在农家乐方面的优秀成果,"三特渔村"曾先后获得省级休闲渔业示范基地、浙江省星级乡村旅游点等称号。"三特渔村"的规模在不断地壮大,员工从2005年的9个人增长到了如今的200多人,公司资产也在日渐增长,"三特渔村"在原来的三门湾特色的基础上,也有了新的定义,特色海鲜加工,特色渔业休闲、特色果蔬种植。而王端红和他的"三特渔村"却仍在为他理想中的生态农家乐园而不懈努力着……

综看如今的"三特渔村",无限风光,可回想"三特渔村"创立之初的艰辛,说不完,道不尽……搞农业创业的,要打交道的不仅是政府,还有当地的村民。当初,为了扩大渔村规模,"三特渔村"向村里购买了数百亩土地,县里的、镇里的文件都批下来了,可是工程却迟迟无法动工,村里的村民不同意,每天去工地上闹,土地赔偿问题不解决,村民们是不会让你动工的。无奈之下,"三特渔村"又坐下来和村民协商交流,经过多方的努力,总算将土地问题解决了。尽管创业路上举步维艰,可是三特人秉承着"方法总比困难多"的思想,在县政府的支持下,努力地走到了现在,而且,前方的道路越来越宽敞。"三特渔村"计划着,希望能够在2015年的时候,公司能够上市,成为一家股份有限公司,其实"三特渔村"在很早的时候,就已经是集团化的经营模式了。

反哺家乡　诠释共同富裕之精神

"三特渔村"成名了,王端红富了,可是他更多想到的却是大家,他曾多次出资帮助村民建设村内和村外的道路,赞助村里贫困家庭的孩子上学,出资筹办青蟹节。为了帮助一些渔民把水产卖出去,还专门成立了三门水产合作社,帮他们联系买家,提供帮助。王端红还专门安排村里的一些闲着的老农去"三特渔村"渔村工作,解决了他们的就业问题。一人富,不算富,王端红用自己的行动,带动越来越多的人致富……

最后,当我问到,"三特渔村"未来的目标的时候,马经理的一段话让我感触颇深,"'三特渔村'是三特人的三特,'三特渔村'是三门人的三特,'三特渔村'是台州人的三特,'三特渔村'是浙江人的三特,而我们就要努力将'三特渔村'做成中国人的三特乃至世界人的三特"。豪情壮志,却代表了三特人最真诚最朴实的想法,相信在不久的将来,我们一定能见到一个全新的"三特渔村"!

"三特渔村"就在我的家乡,我是亲眼目睹了"三特渔村"的一步步成长,从无到有,从小到大,其实农业创业的机会就在我们的身边,就看我们如何抓住它,并用心地做好它。在访谈期间,我听得最多的两个字就是"认真",只要用心去做了,你又有什么可以遗憾的呢?

敢闯敢拼的大学生苗农

■ 文/施可南

创业者档案

华浩其,男,1981 年 11 月生,家中独子。本科学历,大学期间学习的是水产养殖专业,这也是他父亲从事的行业。从2002 年开始种植苗木至今已有8 年多的时间,他经营的杭州浩其苗业现在已经发展到具有百余亩地的规模。他的创业故事被中国苗木供求网、浙商网、天津网等多家网站报道,激励了许多的年轻大学生创业者。

所在地情况

闻堰镇地处浙江省杭州市萧山区西部,濒临钱塘江与富春江、浦阳江的三江汇合处,东靠湘湖旅游度假区,南接义桥镇,北与杭州高新技术开发区接壤,与杭州市区隔江相望,面积 23.68 平方公里,总人口 2.5 万左右。闻堰农业由传统的纯水稻乡镇一跃成为南片花木重镇、三江水产之源、浙江龙井之乡,特色农业不仅面积稳定,效益提升,而且知名度越来越高,"吃新茶到闻堰"、"吃江鲜到闻堰"成为品牌。目前,产业基地面积已达 8950 亩,大田结构调整面 98.5%。

创业项目

苗木种植

创业感言

　　只要敢闯敢拼就没有不可能！

创业故事

　　在萧山区闻堰镇，提到大学生创业，人们就会马上想到一个人，如今他的苗圃已经是闻堰规模最大的苗圃之一，年产苗木二三十个品种，年销售额近千万元。在闻堰，他引进了钢架大棚设施、自动喷灌、机械化操作等高效种养模式。然而，在 8 年前，刚刚大学毕业的他，顶着各种压力，面对着各种反对和闲言碎语，放弃了稳定饭碗，卷起裤腿，种起了父母都不看好的苗木，谁会想到 8 年的时间这个当时初出茅庐的大学生现在已经是闻堰远近闻名的老板。那么他是如何用 8 年的时间来完成自己的创业理想呢？

　　带着这样的疑问，我于 2011 年 1 月 29 日拜访了他，参观了他的苗圃，并在访谈的基础上形成了此报告。

从象牙塔到农田

　　华浩其毕业于水产养殖专业，他父亲做的也是水产养殖这一方面的工作。8 年前，对于一个大学毕业生来说，找份安稳的工作几乎是摆在所有 4 年前踏入大学校门，4 年后走出大学校门的人面前的最佳选择。但是华浩其是个不安分的人，他既没有像大部分人那样想——找份安稳的工作，也没有顺着自己大学里的专业走下去，继续沿着父亲的老路，干水产养殖。这在当时大部分人看来是不可思议的，即便是现在也是匪夷所思的。找一份全新的自己没有一点基础的工作，而且还是涉农创业，这意味着自己需要解决创业带来的一切问题，包括资金、土地、劳动力、技术，还有需要自己寻找联系客户，没有任何帮助。除此之外，最重要的是需要承受来自家庭、周围村民的不认可和质疑。

孤独的奋战

　　当华浩其告诉父母，自己想用自己的双手创业，开始种植苗木，父母极力反对。当时的华浩其刚好大学毕业，面临着择业的压力，经过反复权衡之后，华浩其准备做自己感兴趣的苗木种植。在跟我们讲述自己当初为什么选择苗木种植这一行时，华浩其十分开心地说这是自己的兴趣所在，并鼓励大学生创业时一定要选择自己感兴趣的项目做，这样会有更多的动力在里面，坚持走下去的力量也大。

面对父母的极力反对，华浩其仍然保持着这份对苗木的热爱。但是迫于无奈，只得作出这样一个艰难的决定——独自一人来到苗木田里，并对自己说，我做不成功，就不回家了！

就这样，华浩其开始了他艰苦卓绝的创业之路。

当时在闻堰，种植苗木的人也不少，相比于华浩其的初出茅庐，他们显得更成熟，拥有的市场也更大更稳定。那些传统的苗农都盯着传统季节性苗木栽培，因为这已经是他们做了很久的生意了。而华浩其呢？他在当地第一个引进"容器苗"，这种种植方法现在仍然是华浩其种植苗木的一种方式。可是没想到，由于技术不成熟，第一年30万种苗竟然全军覆没！这时候，冷嘲热讽的声音四面而来。面对四起的质疑声和讽刺，华浩其认定自己的目标，毫不动摇地继续种植容器苗。"容器苗起苗快、成活率高、密度大、不受季节限制，一年四季都可以种植。"根据专家的观点，华浩其反复试验几十次，一边观察一遍记录，时不时就联系省市专家、农技人员，虚心请教。经过精心培育，最后他的容器苗因商品性好，植株大小一致，上海、江苏等地客户纷纷赶来下单。

而想起第一次的销售，华浩其仍然印象深刻。最初村子里有人答应，只要他种出来，就买他的苗。但是等到华浩其终于种成功了第一批苗，准备寻找客户的时候，当时信誓旦旦的人竟不约而同地纷纷表示当时只是开了一个玩笑，这对于初出茅庐，没什么销售经验的华浩其来说，无疑是个打击，但同时更是一个大机遇。华浩其回忆，当时假如把苗木都卖给了村里那些答应要买他苗木的人，他的销路就永远都是村里的那些人，根本不可能打开外面的市场，自己的苗木规模也永远都只是两三亩地，在村里其他苗农面前永远都只是一个小弟弟，无法跨出事业关键的一步。

既然没人上门来买，那就自己走出去卖！当时华浩其盯上了网络，在网上发布自己的苗木信息，据他所说，当时在网络上卖苗木的人还不多，凭着做不成功不回家的决心和年轻人的满脑的创新思维，华浩其骑着自行车，一家家单位跑，一天跑三趟，终于有客户被这位不安分的大学生感动了，接了单子。

华浩其回忆，最初销售的时候都是自己亲自送货上门，就是这份勤恳和热忱，华浩其不断积累客户群，自己的苗木销量也越来越大。就这样，完全凭借自身的努力，华浩其打开了市场，走了出去。终于，他实现了盈利，事业也走上了自己理想的发展轨道。

在谈到政府资助时，华浩其一脸的无奈，当时自己事业刚起步的时候，并没有得到政府过多的资助，反而是现在，每年都有一部分的资助，并且每年的资助数目都有所增加。

祸兮福所倚　是挑战更是机遇

2006 年萧山众多行业都遇上寒冬，苗木种植业也未能幸免于难，需求量一路下滑。许多的苗农亏损严重，华浩其和同村的众多苗农也不例外。

我们去到他的苗木地里参观时，发现在华浩其的苗木田劳作的已经不是他本人，而他现在主要负责销售，那么在他的地里打理苗木的人是什么人呢？华浩其告诉我们，其中一些就是 2006 年遭受苗木寒冬坚持不下去的苗农，在当时面对巨额的亏损数字时，打退堂鼓的想法战胜了坚持下去的执著。

华浩其凭借着以前用自己的真诚换来的以及平时积累的稳定的客户群，在 2006 年的苗木寒冬中，损失相对比较小，如果只是苟且度过这个"寒冬"，那有什么意义呢，过了这一关，自己还是落后别人很多。这时，华浩其不安分的心思又动了起来——跑出去，找市

场。那年，他跑遍了各地的苗木交易市场，买进其他苗农争相想要卖掉的苗木，自己种植，扩大自己的种植规模，虽然冒着巨大亏损的风险，但华浩其相信没有什么是做不到的。当时，与众多苗农生意惨淡的景象形成鲜明对比，他家苗圃里却车子进进出出，格外热闹。近些年来，华浩其陆续引进新机械，种耕机、农药喷雾器、钢架大棚，周围村民也奇怪，引进设备需要巨大的投入，不如多雇佣一些劳动力来的现实。谁知道后来，劳动力成本一涨再涨，周围村民马上看到了新技术带来的难以忽视的利益，仅安装的自动喷灌系统，年节省人工费就达 10 万元。而那些传统的苗农，则只能在旁看着，羡慕他的盈利，更敬佩他的先见之明和胆识。

经历了这一年，华浩其的苗木种植规模扩大了，在这一行干下去的决心

更加坚决了，更重要的是他在种植苗木方面显得更成熟了，对市场的把握更加准确了，对销售更加内行了，懂得如何适时地运用市场规则作出有利于自己的决策了。在访谈中，他也提到花木行业有一定的波动周期，大概3年为半个周期，就是说从销售好的一年到销售差的一年大约经过3年，今年刚好是销售高峰的一年，明年应该还会延续这样的销售业绩。花木的销售形势会应时而变，但是作为销售者，不能在销售低迷的时候得过且过，要懂得坚持和创新，注意市场的动向，把准市场的脉搏，这样就能在别人亏损的情况下，收获旁人难以想象的利益。

妙笔生花出新意　希望田野续传奇

华浩其开始创业的时候就是看上了容器苗的未来前景，虽然路途艰辛，第一次的尝试以惨败告终，但是他仍然坚持不懈，继续种植容器苗，终于皇天不负有心人，成功属于坚持不懈的人。现在在华浩其的苗圃上一大片一大片的容器苗构成了一处独特靓丽的风景，小巧、便捷、四季都可以种植，让人不得不佩服他的远见。

而现在，在华浩其的苗木地里除了最初的容器苗，还随处可见大型的上档次的树木。经华浩其介绍，最初这些也是种植品种，但是由于成本较高，没有大规模的种植，现在规模上来了，大量种植大型的上档次的树木的时机也成熟了。在地里的几株大树是几个月前刚买进来的，现在还只是光秃秃的，缠着布匹，华浩其介绍道，这些大树种植3至5年便可以卖个好价钱，利润就相当可观了。

除了这些上档次的大型树木，华浩其接下来苗木种植的一个重要部分就是"精品"，也就是改绿化为美化，把一些本身样子不是非常养眼，或许只能在高速公路两边做绿化带的树苗经过人工的调整，使其具有美丽的外观，在观赏性上上升一个可观的高度，这样一来，树苗的价值又提高了不少，相信这又将是华浩其成功道路上的非常重要的一个里程碑。

在自己家门口做成功之后，华浩其并没有就此止步。华浩其在访谈中也坦言，现在的土地征用的差不多了，自己家附近的土地使用基本已接近饱和,这土地可是农业的头件大事,没土地,什么都别谈。于是在 2010 年年初,他又在戴村承包下一块与现在位于闻堰家附近的种植地差不多大小的地,开始在外开拓基地。从最初的两三亩地到现在的约两百亩地,华浩其的规模翻了将近 100 倍。华浩其也从一个种苗木的小弟弟升级为闻堰镇规模最大的苗圃之一的拥有者,他现在的苗圃年产苗木二三十个品种,年销售额近千万元。

为什么他会如此有创新意识,敢为人先呢?这个问题或许是很多人的疑问。在我们的访谈中,华浩其既显得成熟老练,对市场动向和社会现实有着十分准确的认知和把握,又富于朝气,在思维方式上,充分表现了 80 后强烈的创新意识和敢于接受挑战的勇气。这一点对于年龄稍长的创业者来说,借鉴意义在于,要革故鼎新,不要故步自封,保守传统,要敢于卖出创新的一步;对于更年轻的创业者来说,意义更重大——要坚持自己的想法,不要被外界的话语干扰,做自己喜欢的,做好充分的准备,保持那份坦诚和执著,机会总会垂青于这样的人的。

农业创业不是件容易的事,特别是对大学毕业生来说,从华浩其的成功中我们可以看到,兴趣是第一要素,创业的过程有时候会显得枯燥无聊,如果是自己的兴趣所在,那一定能给自己很多的力量;其次,决心是必需的,如果没有一个坚定的决心,就容易给自己在半途遇到困难时打退堂鼓找到借口;再者,一点冒险精神或许能给自己更多的机会。

未来活跃在中国希望的田野上的一定是我们年轻的一代,未来的农业创业故事也必定属于这样有理想有抱负的年轻农民!

倪所长和种子的不解之缘

■ 文/赵佳莉

创业者档案

倪焕军,男,1964 年 11 月生。出生于浙江省嵊州市甘霖镇下倪村一个普通农民家庭的倪焕军,毕业于浙江农业大学园艺系(今浙江大学农学系),本科毕业后被分配至嵊州市蔬菜水产公司,后由于改革开放进行公司体制改革,被迫下岗。在 1995 年创建浙江省嵊州市蔬菜科学研究所,开始自行创业。现拥有  嵊州市嵊科种业有限公司和嵊州市蔬菜科学研究所。

所在地情况

浙江省嵊州市,位于浙江省中部偏东,曹娥江上游,东邻奉化、余姚,南毗新昌、东阳,西连诸暨,北接上虞、绍兴。现有人口 70 余万人的嵊州历史悠久,交通便利,产业集聚且优势明显,有领带、电机、厨房用具、丝织服装、茶叶等五大支柱产业。适宜的自然条件、农民的辛勤劳动也促成了嵊州"果蔬之乡"、"中国花木之乡"的美誉。近年来,嵊州的产业结构优化升级,包括农民在内的人均收入逐年上升,居民生活水平显著提高。

创业项目

蔬菜科学研究和推广

创业感言

对种子的研究就像一次次探险旅程,沿途虽然充满了坎坷,但我仍乐此不疲,因为我知道,这是关系到企业前途和农民切身利益的事。

创业故事

浙江省嵊州市四面环山,中为盆地,剡溪横贯其中,地貌构成大体为"七山一水二分田"。一方水土养一方人,在这个小桥流水人家的鱼米之乡,有一个人依靠嵊州得天独厚的自然地理条件,潜心从事蔬菜种子的科学研究和推广,全身心地投入就是16年。这个人不仅使自己走出了十几年前的下岗危机,实现了自己的财富梦想,还带动了当地农民积极发展农业致富。提到他的创业历程,大家都非常敬佩。这个人就是倪焕军——浙江省第一个通过甜玉米审定的民营科研机构——嵊州市蔬菜科学研究所的所长。为了揭开蔬菜科学研究所的神秘面纱,在朋友的介绍下,笔者有幸于2011年2月16日下午拜访了他,并在访谈的基础上,形成了本报告。

下岗创业　柳暗花明

问:是什么样的契机,让您有了创办一个民营科研机构的念头?

答:从农大毕业后,我被分配到嵊州市蔬菜水产公司,心想终于变成了"城里人",待遇各方面也都还可以,打算就这样安安稳稳地过下去。后来由于改革开放进行公司体制改革,我所在的公司被解散,一夜之间我便下岗了。说真的,当时的压力挺大的,身边其他中专毕业甚至高中都没毕业的人都找到了不错的工作,而我一个大学本科的毕业生却下岗了,心里的酸楚别人是体会不到的。于是我在家里想了几天,琢磨着能干些什么。后来我想,自己是农村里出来的,又是农科出身,有一定的知识储备,在公司的时候还接过县里的项目搞过蔬菜基地,算是有几年的实践经验,不如自行创业,继续在老本行上下工夫,没准还能干出一份事业呢,于是就成立了当时的嵊县蔬菜科学研究所。起初我们所主要还是从事蔬菜种子的经营销售,生意还挺理想。但是县里其他一些种子公司也在经营种子,竞争压力还是比较大的。如果想要在激烈的种子市场竞争中成为最出挑的那一个,只销售大家都有的产品肯定是不够的,必须要有自己的品牌产品。于是在进行蔬菜种子经营的同时,我本人也开始进行新品种的引进、试验、示范和推广,并对当地传统名优蔬菜如嵊州四季葱、黑油冬、黄芽菜、嵊州高脚白等,进行提纯、保优、繁制。新千年伊始,开始着手玉米育种。应该说,那个时候,我们的研究所才算是真正意义上的"民营科研机构"吧。

经历风雨　茁壮成长

问:我们知道科研机构一般以国有的居多,您的民营科研所在创办初期肯定遇到过一些困境吧,能和大家谈谈您是怎样克服这些困难的吗?

答:困难当然是有的。首先遇到的就是资金问题。科研所的启动资金缺口大,当时我们夫妻俩拿出了许多年的原始资本积累还是不够,就找朋友东家借西家凑,又向银行借贷了一部分,总算是把资金问题给解决掉了。还有一个比较大的问题就是土地。我虽然是农民出身,但是由于考上了大学,毕业后又被分配到了县城里,等于说变成了居民户口,我原本在村里的田也很自然地被收回了。但是种子的制种、新品种的研究都离不开土地,发展不免一度受到了限制,所以目前我的一些试验田和制种所需要的土地主要还是从各村农户那里租用来的,日常对农田的管理通过当地的农户,但是品种的选育还是要靠自己,毕竟它还是有较强的专业要求的。另外,劳动力的话主要还是靠雇佣当地的村民来解决。

问:您创业之初的产品是如何销售的? 现在又是如何销售的? 销售过程中是否遇到过一些问题?

答:由于之前在蔬菜水产公司的时候有过种子销售的经历,我本人也比较重视销售这一块,虽然公司解散了,原来的一些销售渠道还是在的,所以在销售方面的困难就小了很多。现在,除了店面销售、电话洽谈以外,网络这个平台对销售起到了越来越大的作用,很多人就是通过互联网联系到我的。其他的问题倒是不大,就是由于种子的特殊性,有时候一定时间内没有销售完,种子就会报废,有过这么几回,心还是很痛的。还有就是种子的存储条件有一定的要求,仓库必须做到防虫害防潮。

问：您在创业过程中是否得到过政府等相关部门的支持？如果有，在哪些方面？如果没有，为何没有得到？您最希望得到政府哪些方面的支持？

答：政府的支持当然是离不开的。在刚起步的时候，银行贷款就对我们资金的周转帮了很大的忙。2009年嵊州市政府出台了对通过品种审定的项目给予经费奖励，虽然嵊科甜208是2008年通过审定的，2010年的时候政府还是把奖金拨给了我。另外我的项目还得到了浙江省科技厅的支持，有幸被列入了科技成果转化项目，这也算是政府对我们的一种支持吧。我们也和中国农科院、浙江省农科院有过合作，在北方建立了制种基地，在品种推广方面和绍兴市种子管理总站有合作。最希望得到的支持还是土地，毕竟有了土地和其他基础设施的支持，我们才能更方便地进行科研推广活动。

问：您在创业的过程中有否与当地的村民发生过利益冲突，如果有，为何发生的，又是怎样解决的？

答：因为我们所做的科研活动离不开村民的支持，像试验田的日常管理、制种都需要村民出人力田力，我们当然也会给他们相应的报酬，研究的新成果也与他们共同分享。可以说我们所从事的工作是切切实实给他们带来好处的，所以在这一过程中并没有出现过利益冲突，相反，村民倒是很支持我们的工作。

新品研发　优质高产

问：我们知道杂交水稻之父袁隆平的杂交水稻研究历程可谓充满了艰辛和苦楚，那么同样身处种子研究第一线的您在新品种的研发上曾遇到过怎样的困难呢？

答：与为世界人民作出重大贡献的袁隆平院士相比，我们普通百姓只能算小打小闹（笑），不过农作物新品种的研究的确是一个漫长的过程。就拿我2008年刚刚通过浙江省农作物品种审定的嵊科甜208玉米种子的研究来说吧，我是从 2002 年开始甜玉米选育的，期间经过了一轮轮的选种育种和连续三年的区试（全省有 8 个区试点，必须连续三年通过区试才有品种审定的资格，品种的审定需要经过严格的筛选），到正式审定下来就花了差不多 7 年的时间。在选种育种过程中遇到的困难除了周期长、不确定因素大以外，自然灾害也是一个比较大的问题。如果当年天气异常恶劣，有严重自然灾害，那么研究数据就无法得到，试验必须重做，时间精力上的损失还是很大的。我们能做的，就是通过项目实施，改善生产条件，提高抗御自然灾害的能力，一般的年景仍可以获得稳产高产。通过提高种子质量、采用高产高效生产技术措施，保证玉米鲜穗的产量和品质。

问：听说您通过浙江省农作物品种审定的嵊科甜 208 与同类甜玉米相比有较大的优势，为什么当初会有研究甜玉米的想法，能详细介绍一下这个新品种的情况吗？

答：甜玉米是一种含糖量高、适口性好、风味独特、营养丰富的特用玉米，可以像水果一样生吃，也可以像蔬菜一样蒸煮煎炒。随着人民生活水平的不断提高、膳食消费结构的变化，水果型甜玉米在总量需求上在不断地增加，具有巨大的市场潜力。据统计，我国甜玉米年种植面积大约 20 万平方公顷，仅次于美国，但产量和品质却只处于中等水平。与国外水果型甜玉米相比，目前我国主要存在的问题是当前市场水果型玉米国外品牌综合性状优良，种植效益较好，但种子价格昂贵；而国内品牌在食用品质上与国外品牌存在较大的差距，农民的认同率较低，市场竞争力弱。因此，我当时就认为选育和推广高产优质、拥有自主知识产权，并且制种成本低、种子价格具有竞争优势的水果型玉米品种十分有必要，并且这件事刻不容缓。于是我就有了研究新型甜玉米的想法。我们所这次研究并推广的水果型甜玉米新品种"嵊科甜 208"具有优质、高产、抗病、含糖量高、皮薄等优点，值得高兴的是该品种生育期适中，株型半紧凑，丰产性好，抗性也好，综合性状优良，适合在我省及相同生态区域种植。

问：据我了解，目前市场上主推的甜玉米品种是国外的一个叫"华珍"的品种，您觉得您的甜玉米与它相比，优势在何处？

答：（听了我的疑问，倪所长起身离开了，正当我疑惑之际，他又带着一本蓝色的册子回来了。）这一点我们的确考虑到过，在品种的审定申请中我们还专门做了对比研究。（说完，他把那本蓝色的申请资料册递到了我的面前）你看，这是我们在 2008 年到 2009 年一年期间通过在杭州、金华、嵊州等地种植后，采集数据结果得到的主要技术资料对比（如下表）。可以看出，我们的种子在产量上要高于国外引进的品种"华珍"，品质和抗药性与"华珍"相仿，但种子的销售价格却明显要比"华珍"低得多。可以说，在这场中外的"竞赛"中，嵊科甜 208 是赢家。这也是为什么我看好它的发展前景的原因之一。

附表：

品种	亩产量	品质	抗性	种子市场价
嵊科甜 208	856.8 公斤/亩	较好	较好	35 元/公斤
华珍	834.2 公斤/亩	较好	较好	260 元/公斤

问：既然您提到了发展前景，我想问您认为目前从事的工作——新品种的研发，有什么积极的意义？

答：最直接的当然是通过掌握制种的核心技术和获得新品种的知识产权拥有优良新品种的"独家生产销售权"，进而在与同行业的竞争中获得有利的战略地位，取得更好的经济效益。这样，我们自身的生活条件、社会地位也自然上去了。对于广大农民而言，我们的研究成果可以让他们在降低投入成本的同时，让新品种充分发挥产量和品质优势，帮助农民增产增收，提高种植收入，改善农民生活，同时也间接地优化了农业的种植结构，促进贫困山区的经济发展。此外，品种新了，口感和质量上去了，消费者们也肯定喜欢吃，也有利于改善消费者的膳食结构，利于身体健康。其实现在中国的农业状况不容乐观，工业用地不断增加，农业用地不可避免地在减少，再加上农业的财富积累远远不及工业、服务业那么快，很多农民都把家里的田荒在那里进城打工去了，我们的农业总体上还是远远落后于发达国家的，这么一来，农业上的国际竞争力就变弱了。我认为通过我们科研所里所有员工的共同努力，能够培育出更多优质高产、抗病性好的新品种，还可以为提升中国农业的国际竞争力献出绵薄之力，这也是我本人很乐意看到的。

问：聊了这么多关于新品种的事，还没有向您了解您现拥有的蔬菜科学研究所和嵊科种业有限公司的关系是如何的？

答：是这样一个情况，蔬菜科学研究所是我 1995 年建立的，主要承担全市名、特、新、优蔬菜品种的引进、试验、推广、示范职能及本市名、特、新、优种质资业的提纯保优工作。后来为了新品种推广的需要，又在 2010 年成立了嵊州市嵊科种业有限公司。我们公司主要分为生产部、加工部、仓储部、检验室、销售部等部门，形成了一条小的从制种到成品销售的产业链。

信心满满　整装待发

问：从您创业的经历来看，您认为什么是决定农业创业致富的关键因素（如个人特长与经历、家庭条件、社会关系、当地的自然资源条件、政府支持等创业环境）？

答：个人特长和经历吧。就我自己来说，出身于农民家庭，选择农大也有出于自身成长经历的考虑，之后又进了蔬菜水产公司，等于一直在和农业打交道，就有了一定的专业知识支持，公司解散后很自然地就继续沿着农业这条路走下去了。如果没有这些经历，我想自己大概也不可能与种子结下这份缘。

问：对未来发展您有无信心，依据何在？有何计划与打算吗？

答：现在我的公司和科研所每天都在有条不紊地运作着，我们的员工非常敬业，家里人也很支持我的工作，所以对于未来的发展我充满了信心。很多人说要把企业做强做大，我的想法是，在稳定现有规模的基础上，通过技术上的提升把我们的产品质量进一步提高，为广大农民争取更好的经济效益。至于我本人，更多的还是希望家人身体健康，生活幸福美满，其他的也没有什么奢求了。

问：您认为当地农业未来发展的出路在哪里？

答：主要还是要依靠科技吧，只有技术上有了创新，农业才能有较快地发展，毕竟科学技术才是第一生产力！

问：您对大学生到农村从事创业有何看法？

答：坦白地说，现在的大学生到农村创业的并不多，主要还是怕苦怕累，觉得大学毕业还待在农村没面子，也没前途。其实我们农业还是很需要一些有技术的新鲜血液进来做支撑的，农业创业也并不只是会种田那么简单，因而我本人很支持有志向有才能的大学生到农村去创业。不过农业创业总体来说道路漫长历程曲折，只有肯下苦工夫，能耐得住寂寞，才能出成绩有所作为，关键还是要能坚持下去。

时间过得很快，访谈不知不觉就进行了一个下午，倪所长说下次有机会会和我们分享更多创业的经历。临行前他告诉我们，他们最新研究的新玉米品种嵊科甜金银 838 已经通过了 2 年的区试,相比对照组具有一定的优势,有望在近几年里通过品种审定。我们也衷心希望嵊科甜金银 838 能够早日通过品种审定,为中国农民带来更多的利益。也祝愿倪所长的蔬菜科学研究所和嵊科种业有限公司能够越办越好!

豆腐干的八千里路

■ 文／江婧嫄

创业者档案

　　周重，男，1969 年 12 月 19 日生。陕西省延安市甘泉县人，初中毕业后，被劳山林业局招工，曾搞过护林防火、选林育苗工作，随后被当地的美水酒厂借调搞营销工作。1999 年创办"八千里"食品有限责任公司，任总经理至今。公司以生产"八千里"牌甘泉豆腐干和鲜豆腐为主，兼营其他豆类食品开发加工，产品品种达 50 多种。2006 年被陕西省个体劳动者协会、陕西省私营企业协会授予"陕西省优秀私营企业家"称号，同年被评为甘泉县十大杰出人物，2007 年 4 月被甘泉县委、县政府授予"甘泉县劳动模范"称号，2010 年被延安市委、市政府授予"延安市劳动模范"称号。现任甘泉县豆腐干协会会长。

所在地情况

　　甘泉县地处陕西省延安市宝塔区南 37 公里处，因为县城南有美水泉而得名，总人口 8.02 万人，其中农业人口 5.67 万人，总面积 2300.7 平方公里。210 国道、西延铁路和黄陵—延安高速公路穿境而过，交通十分便利。甘泉属陕北黄土高原低山丘陵沟壑区，为半湿润内陆性季风气候。全县耕地总面积 60.9 万亩，农村人均 11.8 亩。2007 年全县实现生产总值 14.27 亿元，农民人均纯收入达 3135.6 元，城镇居民可支配收入 9300 元。甘泉主产豆类、玉米、谷子、荞麦、薯类、烟叶、西瓜等。县内有较为丰富的矿藏,已探明石油蓄油面积 272.1 平方公里,储量 7478 万吨;矿泉水含有丰富的矿物质和微量元素。近年来,甘泉县坚持"石油兴县、菜畜富民、项目带动、产业支撑"的经济发展战略,国民经济和社会事业持续快速发展。甘泉双青豆,豆皮和豆瓣皆为碧绿色,富含蛋白、钙、磷、铁等矿物质含量丰富,并富含人体必需的 18 种氨基酸中的 17 种,具有很高的营养价值。目前,甘泉双青豆原产地标记保护认证正在申报审批中,"甘泉豆腐干"地理标志证明商标认证也已被国家商标局正式受理。

创业项目

豆腐干加工

创业感言

质量永远是企业经营的主题,创新永远是企业活力的源泉,诚信永远是企业不变的承诺。

创业故事

高中的时候,宿舍有位来自甘泉的同学。每年寒暑假回来,都要为我们带上几十袋"八千里"豆腐干,豆腐干成了大家非常喜爱的休闲美食。现在的我在外地上学,一次带了几袋豆腐干给同学们,他们也都赞不绝口。

这次参加农业创业调研,我第一个想到的调研对象便是"八千里"豆腐干品牌的创始人周重先生。寒假回到家,我一边托父亲联系周总,一边开始查阅"八千里"公司和周重先生的相关资料。这些资料,让我对这个白手起家的创业者的勇气和品格佩服不已。幸运的是,在父亲的帮助下,联系到了周总,他同意接

受我的访谈。兴奋之余,我准备好访谈提纲,第二天便乘车前往公司的所在地——甘泉县。

从延安市到甘泉县,走高速公路只需要 1 个小时车程。进入甘泉县城,正值中午,路上行人穿梭,市中心的集市热闹非凡。在县城不长的主干道,我看到了几家"八千里"豆腐干销售代理点。"八千里"豆腐干的市场果然不

小。短暂休息后，我们来到了位于甘泉县城南郊的"八千里"食品有限责任公司。

走进大门，第一眼看到的便是一排整齐的白色生产车间。宽敞的院子内，除了那一排车间，最显眼的要数墙上的几个红漆大字"时逢盛世，励志振兴地方产业　机遇新政，肩负八千里重担　专心打造甘泉名片 心系一万年的宏愿"，显示着企业所有者的非凡气度和壮志雄心。几分钟后，周重从他的办公楼里下来。他很有精神，亲切地招呼我们，并主动带着我们参观了生产车间。车间很大，几排机器摆放整齐，工人们在机器边忙碌，空气里是浓浓的豆香味。周重一边跟工人们打招呼，一边随手检查生产线上的加工材料，还为我们详细介绍了生产过程。从豆子的清洗、压榨，到豆腐干的制作、调味和包装成箱，全在这个车间进行。这一番参观，着实让我感叹豆腐干生产的机器化和生产环境的清洁。走进最后一个车间，我看到了春节礼盒装豆腐干正在装箱，还有几百箱的普通豆腐干已经装上车。周总告诉我们，这些产品将要运往延安，现在的产品，能生产出来多少就能卖多少，市场非常广阔。

参观完，我们一行人来到了周总的办公室。宽大的办公桌，精致而典雅的茶具，还有书架上摆放的各种奖杯和奖状，让这间办公室豪华而不失文雅，很是大气。我们环茶桌而坐，开始了这次访谈。在茶香中，我们聆听了周重的创业之路。

厚积薄发　开创品牌之路

周重是甘泉县人，1984 年，他初中毕业。周重的父亲在林业系统工作，周重便内招进劳山林业局，开始了他的职业生涯。在那个汽车还很不普及的年代，年轻的周重觉得开车很是不错，于是自己主动学习了这门技术。学会了开车，但却没有车可以开。那时，甘泉县有一个国营白酒生产企业，叫做"美水酒厂"。借着父亲的关系，周重借调到了美水酒厂。在那里，他做营销工作，经常开车到延安市，推销新产品，拓宽产品市场。在几年的工作中，周重注意总结延安市场的特点，逐渐熟悉了延安市场，并建立起广阔的人脉关系,这为他今后的经营奠定了基础。

1998年,是周重人生的一个转折点。这一年,已是改革开放进行的第20个年头,私营企业发展逐渐壮大,而许多国有企业效益下降,美水酒厂也是其中之一。周重眼看着酒厂的经营走下坡路,觉得工作不会有什么发展前途,这样下去,他的时间也都浪费了。于是,他毅然辞去国营酒厂的工作,要靠自己的双手,打造出一片新天地。这时的周重,还没有想到,自己的事业会与小小的豆腐干有关。

辞职后的周重,认识到这样毫无准备的创业是不会成功的,他需要积累经验,厚积薄发。这时,有一个人为周重提供了这个机会。这个人姓强,周重称呼他为"强哥"。强哥在自己家开了一个作坊进行豆腐干生产,他还有一份政府部门的工作。强哥请周重帮忙经营自己的豆腐干加工厂,每月的工资1500元。这份工作,不但提供给周重一个在商场磨炼的机会,还给了他一份在当时来说非常高的收入。周重欣然答应,开始经营这家处于半停产状态的小作坊。

这个豆腐干生产场,生产处于非常不正规的状态,有人要货就赶紧请亲戚来生产,平时就停产。没有先进的设备,只有两口锅,靠柴和碳加热,每到生产的时候,总是烟雾缭绕。周重决定先去县里最大的豆腐干生产厂——"美水牌"豆腐干加工厂看看。通过对美水豆腐干厂的调查,周重看到了豆腐干加工的巨大利润空间。但他也意识到,自己所在的厂与别人的差距。为了了解更先进的食品加工技术和管理方式,周重专门去西安的食品加工厂家进行调研。这一次调研,让周重惊叹不已,他看到了一个现代化的食品加工模式。回到甘泉县,周重下定决心要改造企业。他提出用10万元购进新的设备,建造新的生产车间,扩大生产规模,提高产品质量。他的这一提议,得到强哥的大力支持。很快,强哥向银行贷到了10万元资金。资金有了,周重果断将作坊停产,组织工人在以前作坊(也就是两口窑洞)旁盖了一个100多平方米的车间,然后买了锅炉、磨浆设备、压榨设备等先进机器。这一次改造,花了半年时间。

半年后,也就是1998年8月,周重打造的豆腐干生产厂——"美泉"豆腐干加工厂开始生产。品牌叫"美泉",也是想与"美水牌"造成混淆,更容易打入市场,提高销量。尽管这样,刚开始"美泉"豆腐干的销售依旧不顺利。美水厂一天可以做到五六百斤,而自己的厂每天生产一两百斤都卖不了。可是周重并没有放弃,他知道,"美水"豆腐干虽然名气大、规模大,但是他们的卫生并不好。周重一开始就有一个理念,靠质量赢得消费者。"食品企业主要是卫生,抓质量根本是抓卫生。卫生不好,口感就不行,保质期也短,质量就下降。"周重说。于是,他严抓器具的卫生,器具清洗、高温消毒等工序一个都不能少。除此之外,他力求做到每一道工序精益求精,单是豆子的清洗就需要四道工序。这样严格的生产,让周重对自己的产品充满信心。销路打不开,他就亲自开车出去推销。功夫不负有心人,在 1998 年年底,也就是改造半年后,"美泉"就追上"美水",成为与"美水"产销量相当的豆腐干生产企业。当时豆腐干加工的利润率能达到 50%,仅用半年时间,10 万元贷款就回本了。

企业经营取得了如此大的成功,强哥对周重更加信任。1999 年,强哥决定厂里 1000 元以下的开支由周重负责。1999 年 6 月,"美泉"豆腐干生产供不应求。周重想要扩大生产规模,把企业再向前推进一步。可就在这时,强哥的妻子开始插手经营,周重和她的经营理念发生了分歧。周重希望继续严把质量关,而强哥的妻子却觉得那样成本太高,周重的经营理念无法贯彻到生产中,他的工作积极性也受到了打击。看着自己一手经营起来的厂在老板娘的管理下一天天走下坡路,他又一次作出了一个重大决定:自己单干!

虽然是初次创业,但是周重非常有信心。凭着自己在"美泉"积累的经验,加上这几年对于市场的了解,周重相信他的豆腐干厂也一定能成功。他向亲戚借钱,加上自己的一些积蓄,凑了 10 万多元的初始资金。然后,在县南的一个加油站附近租了 7 间平房,按照美泉厂的标准,购置了设备,开始了他的事业。

任何创业都不是那么容易的。1999 年 11 月,周重的"八千里"豆腐干加工厂红红火火地开了工。白天,厂里忙着生产,晚上,他领着工人钻山沟,收豆子。他跑遍了方圆四五十公里的每一个村庄。开始,周重一天做两三百斤,想着慢慢往大做。但是,就是这两三百斤豆腐干,也卖不出去,产生了很多积压。卖出去的也大都是赊销,资金出现困难。到 2000 年 4 月,厂里一直赔本,豆腐干积压了 400 多箱。当时很多人觉得"八千里"这个牌子和豆腐干搭不上边,还是"美水"、"美泉"好。周重对于这个品牌的解释是:"千里"扣一个"重"字,"周"字又刚好是"八"划,合在一起,就是"八千里"。所以说,"八千里"豆腐干其实就是我的名字。周重非常喜欢岳飞"三十功名尘与土,八千里路云和月"的少年英雄气概,因为对自己产品的信心,周重并没有将品牌改名。他坚信,市场相信质量,而自己的豆腐干一定是质量最好的!

2000 年 5 月,国内首个五一黄金周为周重带来了转机。随着旅客增多,市场对豆腐干的需求猛增,周重积压的几百箱豆腐干一举全部卖出,供不应求。销售出去的"八千里"豆腐干马上得到了市场的认可,产销量逐渐增加。

"质量是最好的广告"，周总笑着说道。就这样，"八千里"豆腐干生产度过了最艰难的时刻，走上了正轨。

敢为人先　攀登行业之巅

豆腐干加工的巨大利润吸引了众多厂家。到2001年，甘泉县就有10多家豆腐干加工厂。虽然质量有细微差别，但总体来说属于同质产品。各厂家为了争取消费者，甚至开始了压价竞争。其实，周重早已意识到，虽然自己的产品质量好，但是并没有很强的竞争优势，必须想其他出路，才能保证盈利。

善于思考的周重，考虑到一般消费者把豆腐干买回去都是要调制后食用的，他想，能不能直接生产调味豆腐干，这样，大家吃起来更方便了，产品比别家就有了明显优势。周重深刻体会到，做企业，要想成功，必须走在前面。"走到前面的起引导作用，消费者的口味以你的为标准，这就是走在前面和走在后面的区别"，周重说道。找到这个突破口，他立即进行调味豆腐干的研制。他亲自走上大街，和卖凉皮的人探讨口味，还请教了自己的厨师朋友。周重曾特意跑到西安的调料市场，调查调味品的调制。有了这些经验，他几番尝试，最终作出了满意的口味。

调味品研制好后，周重马上生产了少量调味豆腐干，免费送给销售商品尝，检测"八千里"调味豆腐干是不是受欢迎。结果是喜人的，销售商品尝后，纷纷要求购进这个产品。这样，调味豆腐干开始面市。半年后，"八千里"调味豆腐干成了受大家热捧的休闲美食，消费者中产生了不少"八千里"调味豆腐干的粉丝，他们一天竟能吃10多袋！大家对这个既方便又美味的产品赞不绝口。调味豆腐干越卖越火，市场扩大到了延安，受到众多消费者的喜爱。周重的生产厂一下子火了起来，一天24小时工作依然供不应求。调味豆腐干，不但让周重迅速占领了市场，还带来了更高的利润率。看到这里的商机，其他豆腐干生产厂开始纷纷效仿，都做起了调味豆腐干。但是，周重敢为人先的魄力，使"八千里"成为行业的领头羊，在市场上占据了主导地位。"八千里"食品有限责任公司从此每年一个台阶，走上了快速发展之路。

2002年12月，周重的生产车间搬迁，企业规模进一步扩大。2006年，周重认为现有规模还是不够，想继续扩大。终于，2008年，甘泉县政府将豆腐干定为甘泉县的名片，大力支持豆腐干企业发展。2008年，政府批了地，"八千里"食品有限责任公司有了扩大规模的条件。2009年,周重着手兴建新厂房。2009年6月初,周重随延安市招商引资团到上海,和上海旺欣豆制品机械公司签署订购机械合同,没想到,旺欣公司看到周重带过去的天然绿色豆腐干制品,非常感兴趣,遂提出以500多万元的设备在"八千里"食品有限责任公司入股,并代为提供技术和研发新产品,以期获得更大的利润,这极大鼓舞了周重的斗志和信心。

2010年10月,新的厂房完工。11月,"八千里"食品有限责任公司举行了隆重的开业庆典。2009年,"八千里"食品有限责任公司的销售额1700多万元,2010年,销售额已达2200多万元,利润率可达20%。现在公司占地面积20000平方米,有职工110人,日产量6吨,产值3000万元。新设备投产后,周重又开发出十几种休闲豆腐干,还开发了十几个鲜豆腐品种,实行冷链销售,保质期能达到一周,销售半径可以延伸到300公里。如今,"八千里"食品有限公司可以生产两大系列50多个品种的豆制品,成为甘泉县豆腐干企业的龙头。周重的八千里路正越走越好、越走越远!

志在千里 勇拓省外市场

凭着"重视质量、讲诚信"的经营理念,周重的豆腐干厂取得了巨大的成功。2005年,"八千里"豆腐干荣获第十二届杨凌农高会"后稷奖";2006年,公司通过ISO9001质量管理体系认证;2008年,获C标志和QS认定。"八千里"还被认定为陕西省著名商标,连续五年被陕西省消费者协会评为消费者信得过的品牌,在陕北市场占据了主导地位。

当然,周重的八千里路并没有就此止步。谈到未来企业发展的规划,周重非常有信心。他意识到现在的市场主要在陕北,西安市场很广阔,但并没有被完全打开。两到三年内,周重要把西安的市场和销售网络建立起来。同时,进一步扩大生产规模,再建立一个车间,生鲜豆腐和休闲豆腐干分开来生产,大幅度提高产量,满足市场需求。

其实,周重的目光不止于此。"八千里"食品有限责任公司还要走出省外!周重说,五到十年内,原始积累基本完成了,厂子就要走出去,在西安、河南直接建厂,勇拓省外市场。河南对食品加工企业的政策非常好,西安和河南有更多的人才,可以为"八千里"食品有限责任公司的发展提供更好的条件。志在千里的周重,要让"八千里"驰名中国。

作为食品加工企业,"八千里"产生了巨大的社会效益。企业提供就业岗位达 200 人,带动全县 1.3 万豆业种植农户发展双青豆种植,仅此一项年户均收入可达 1800 元,还带动了养殖业的发展。除此之外,公司先后出资 30 多万元资助贫困大学生、下岗职工和南方灾区,为甘泉县农业建设、加快新农村建设步伐作出了积极贡献。谈到这些,周重只是淡淡地说道,这没有什么,个人好了,总要回报社会,这很正常。

周重认为农产品加工行业的潜力非常大。他说,我国农产品加工刚起步,技术和市场都不够成熟,可做的文章很多,看新闻就知道,国家对涉农产业扶持力度大,金融上也比较支持。当我问到大学生在这一领域创业前景是否看好,他说道:"大学生创业,想法是好的,但一定要看准项目,要深入调查研究,不要头脑过热。要有坚强的后盾,特别是资金后盾。再好的项目,没有资金支持是不行的。"他指出,时代不同了,创业的起点高了。过去的成功模式已经时过境迁了,一定不能照搬。他看着我,一字一句的说道,年轻人创业,特别是搞加工企业,不要忙,先积累经验。"我的经营理念是:质量永远是企业经营的主题,创新永远是企业活力的源泉,诚信永远是企业不变的承诺。"他说,"做企业,最重要的是质量,一定要讲诚信,还要积极创新,这样才能成功"。

谈到这里,这次愉快的访谈也结束了。在回家的路上,周总的话语和他的人生经历久久在我脑海中回荡。他的果敢、稳重和智慧让我佩服不已,他对大学生的那一番提醒更让我受益匪浅。创业不仅需要勇气,更需要积累、思考和创新。我相信,周重的八千里路一定会越走越好!

何秋如与她的沉香之路

■ 文/黄　琨

创业者档案

何秋如,女,1957 年 8 月出生于广东省湛江市,家中共有 3 口人,中专文化水平。1975 年,在工厂办公室担任管理工作;1987 年,在湛江市塘蓬镇开办花岗岩采石场,仅一年便宣告失败。1988 年,到湛江市区开办石材专卖门市部,一年后因客户问题而歇业。1996 年,到中国人寿保险公司组成阳光团队,做

起保险业务,用以还清债务。2000 年,"如新石材"开张,后迁入湛江市粤海建筑材料市场,由于业务发展,以合股方式迁入湛江市乐华建材市场,开办"新如新石材"。2006 年,到佛山市陈村花卉世界古玩城开办奇石艺术馆。2007 年,由于奇石艺术馆生意不佳,转营沉香,更名为"黄氏沉香世家"。

所在地情况

佛山简称"禅",是中国古代四大名镇之一,2007 年有常住人口 592.3 万人。佛山市地处珠江三角洲腹地,东倚广州,西通肇庆,南连江门、中山,北接清远,与广州同处珠江三角洲经济区中部,共同构建"广佛经济圈"。2009 年,佛山全市生产总值达 4814.50 亿元,位居全国各大城市第 11 位。佛山气候温和,属亚热带季风性湿润气候,雨量充足,四季如春,自古就是富饶的鱼米之乡。这里农业发达,农村居民人均纯收入 1.07 万元。这里还是黄飞鸿、李小龙、康有为等历史名人的故乡,是中国粤剧的发源地,著名的武术之乡、民间艺术之乡、陶瓷之乡、美食之乡。

创业项目

　　"黄氏沉香世家"沉香专售店及沉香种植基地

创业感言

　　只要不服输,有胆识,看准市场就果断下手,任何人都会有成功的一天。

创业故事

　　改革开放后,滚滚创业潮给一个又一个创业人带去了富裕的生活,同时也给许许多多的人带去了对成功的渴望。一个自认为不会做生意,一辈子与生意无缘的人,却为此毅然投身创业大潮。然而,世事总不如人愿。一次次的创业,一次次的短暂喜悦后,接踵而来的却是一次次的负债,一次次的歇业倒闭。就在大家都认为她会泄气的时候,她却再一次站了起来,并获得成功。她就是何秋如,"黄氏沉香世家"的店主。是什么原因使她一次次尝试而不放弃? 又是什么样的原因给她带来了最后的成功? 带着这些问题,在 2011 年 2 月 5 日,我们来到了佛山市陈村花卉世界,对她进行了访谈,探寻她创业奋斗的故事。

　　在陈村花卉世界,各种花卉琳琅满目。一直往里走,穿过前面的花卉区,就走进了里面的古玩城。这时,发现有一家店被众多游客包围着,仔细一看,这就是"黄氏沉香世家",是我们即将访谈的目的地。店主何秋如看到了我们,盛情邀请我们到她店里坐坐,品尝一下其独有的沉香茶。

　　来到店里,立刻就被里面独特的沉香香味所包围。何秋如坐在沉香做的桌子旁,泡着浓郁清香的沉香茶。"要说我的创业经历,那就要从采石场说起了。"她笑着说。

盼望富裕生活　初试创业之路

出生于湛江市的何秋如家境并不富裕,参加工作后没几年就遭遇失业,靠着在湛江军分区工作,每月仅 42.5 元工资的丈夫生活。改革春风吹遍广东,却没有吹进她的家中,她和家人仍旧过着平静的生活。

1985 年,这种平静的生活被采石场的轰隆声所打破。她丈夫的家乡——广东省湛江市塘蓬镇公社打算利用镇子山区丰富的花岗岩资源发展经济,在当地开展轰轰烈烈的花岗岩开采活动。由于政府的大力推进和支持,采石场、花岗岩加工厂等像雨后春笋般在当地涌现。一时间,采购石材荒料的、买卖石板的商家人来人往,使得原本沉寂的山区变得热闹非凡。

何秋如一开始并没有把这件事放在心上,但是两年过去了,她发现原先在当地开办石场或花岗岩加工厂的人都赚了大钱,渐渐富裕了起来。这时候,何秋如也开始有了致富的想法。可是她并没有任何经商的经验,也不知道经商这条道路的艰辛。看着身边的人一个个富起来,她一咬牙,壮着胆子,决定自己也办一家采石场。

就在这时,何秋如面临着第一个困难:开办采石场的资金。她原本打算包下三座山头来开辟采石场,但是这需要 3 万元。身为 80 年代的普通老百姓,3 万元就是天文数字,更何况是靠着丈夫每个月 42.5 元工资生活的何秋如呢。另外,她丈夫的弟弟从初中一年级开始就跟随他们在湛江市读书,学费也要从这仅有的工资中支付,更是给她的计划增加了难度。

但是在何秋如的心目中,对富裕生活的渴望远远超过了这些困难。于是,为了凑齐这 3 万元,她开始四处借钱。虽然大家都对她的创业表示支持,可是毕竟都不富裕,最终也只能筹到两万元。想到采石场的计划就要因此泡汤,何秋如不禁愁了起来。但在这时,村里领导得知了这个情况,同意作出让步,暂时以两万元价格出售三座山的采石权,余下的在日后支付。

包下了大山,开起了采石场,本以为可以过上好日子的何秋如万万没有想到,炸山取石得到的却是三角形的废石料。她一气之下先后换了三批开采师傅,厄运却仍然笼罩在她头上。没有一块好石料,就意味着没有收入。一年下来没有补上余下的钱,竟然还多花了十多万元,这使得她的采石场不得不停工。到了 1988 年的春节,何秋如已身无分文,最后靠着亲戚借给她的一点钱才勉强度过了春节。何秋如的第一次创业就这样宣告失败。

亲戚推荐门路　改试石材装修

　　1988年春节,初试创业失败的何秋如和丈夫一起回到了塘蓬镇公社看望家人。过年走亲戚是一种习俗,何秋如也在春节期间看望了不少亲戚。当她来到丈夫的表姐家做客时,却意外发现了创业机会。

　　当时,何秋如的表姐夫和表姐跟当地许多人一样,开了一家石材加工厂,而且生意还挺红火。当得知何秋如的采石场失败后,他们非常同情,并且毫不犹豫地说:"在哪里摔倒了,就应该在哪里爬起来。"虽然这是一句鼓励人的话,但对于当时身无分文的何秋如来说,却深受打击。她在心中想:爬起来又谈何容易。表姐夫看出了她的难处,就说:"现在石材装修市场很兴旺,不如你们春节后就在湛江市开一家石材专卖门市部吧。我是开石材加工厂的,就由我负责供货给你们,你们卖了之后再给回部分货款就行了。现在市场这么旺,你们肯定会有收获的。"

　　听表姐夫这么一说,何秋如心里又燃起了创业的希望,开始兴奋了起来。春节过后,她从塘蓬镇回到了湛江市区,紧接着就开始了密锣紧鼓的搜寻,寻找市里合适的店面。经过一段时间的分析研究,何秋如最终选定了湛江市霞山区绿塘路的一个60平方米的铺位。虽然她通过关系,以最优惠的铺位租金租下了这家店面,但是资金这个"拦路虎"却又再一次挡在了何秋如面前。其他的不算,光铺租和货架加起来就要3000多元。何秋如又一次想到了借钱,可是仍旧无法凑足。这个时候,她的朋友主动帮忙,自己拉来角铁,找来焊工,仅用了两天的时间就焊好了货架,省下了不少钱。元宵过后,何秋如的朋友又派车到她表姐夫的石材加工厂,替她拉回了第一批规格石材。当时,她的店铺只有两个石材品种:一种是廉江中花,另外一种是清远瑞士红。但是她并没有考虑那么多,仅凭这两种石材就开始了对石材装修市场的探索。

　　恰逢当时湛江市房地产开始升温,需要石材进行装修的人越来越多。同时,当地卖石材、做石材装修生意的人并不是很多,这让何秋如第一次尝到了创业的甜头。她的店铺只要客户订货交了预订金,加工厂就直接加工规格板发来门市部,由客户用现金提货。这让她的石材店生意渐渐好了起来。第一年,除去还款和上缴的各种费用,何秋如还获利6万多元,这让何秋如看到了富裕的曙光。

　　但是,创业之路总不会一帆风顺,一时的风平浪静可能隐藏着更大的风险。在朋友的介绍下,何秋如在1989年同香格里拉大酒店签下一宗价值几百万元的石材装修合同。

"说来也是,就连石材加工厂也不会那么轻易就接下这么大单的装修任务,当时合同涉及的资金问题和技术问题都还没考虑清楚就签下了,现在想想都后怕。"何秋如小抿了一口沉香茶,又陷入了对以前创业经历的回忆中。

对于小尝甜头的何秋如来说,这几百万元的大单才意味着真正迈向了富裕,充满无比的吸引力。在签下了合同后,何秋如就开始了对问题的攻关。她边干边学,向装修的老师傅请教各种装修技巧以及装修中出现的问题。很快,她就学会了一楼的大拼花、柜台圆边、门套的制作。一切都如此顺利,她干劲更足了,一层一层地向上装修,进度越来越快。眼看就快装修完毕了,却出现了意想不到的事情:大酒店的所有者由于受贿而被起诉,大酒店项目随之取消。何秋如之前将所有积蓄都投了进去,最终不但没有收益,连货款也赔进去了。再一次,她身无分文,背负一身债务,创业生涯又陷入了困境。

负债仍不服输　奋起再获成功

由于欠债太多,何秋如的石材店被迫歇业。在歇业期间,为了还清债务,她到丈夫工作的中国人寿保险公司去做保险业务,并招聘50多名下岗工人组成阳光团队,以销售保险的收入来逐步偿还债务。

但是,何秋如的心里是不服气的,她深信自己石材的创业方向是正确的,只是机遇不好,才会有此结果。在后来绿塘路进行市政建设扩建路面时,她决定将石材店迁入湛江市粤海建筑材料市场,并改名为"如新石材",重新开始经营石材生意。

这一次,有了之前的创业经验,何秋如做生意谨慎了不少,改为以质量和服务去赢得客户的认可。她终于走对了路线,石材店的生意也越来越好了,在湛江市闯出了自己的名气。2000年,由于数年的业务发展,原有的店铺已经不能满足发展的需要了。这时候,何秋如决定以合股的方式租下湛江市乐华建材市场的9间店面,并把石材店迁入,更名为"新如新石材",原有的店面则由她丈夫的弟弟继续经营。

在新的店面,何秋如一如既往地提供热情周到的服务,并对质量严格把关,给许多客户解决了装修公司也解决不了的难题。因此,"新如新石材"的名声日渐红火了起来。同时,她还把经营范围扩大到石材以外的领域,增加了石材工艺产品、大小型假山园艺、橱柜、洁具、水龙头、油烟机等机电系列产品。这些产品为客户的装修提供了一条龙服务,大大方便了客户,同时也增加了自己的收入。后来,湛江市的金融系统、税务系统、保险系统、医疗系统、政府大楼等都留下了"新如新石材"的装修足迹,何秋如获得了意想不到的成功。

健康生活至上　毅然转营奇石

或许是上天弄人,就在何秋如为自己的创业成功欣喜不已的时候,她的身体状况越来越差,喉咙一直发炎,到了无法说话的地步,到医院去注射喷喉也只能维持数天。医生的诊断是灰尘过敏。这时候,她明白了:石材生意并不是她能长期做下去的,如果要健康,就必须离开石材行业。

可是,这让何秋如再一次遇到了难题:石材装修做了这么多年,突然要转行,能行吗?俗话说隔行如隔山,她对其他行业可以说是一窍不通,有什么行业比较容易上手呢?后来,她突然间想起了之前一次采购的经历。那是一次对园艺假山石料的采购,但是有一个朋友想让她帮忙买一块奇石。这次采购利润相当可观,这让何秋如心动了。于是她定下了第三次创业的方向:开一家奇石艺术馆。

说干就干,她开始和丈夫一起在广东的数个奇石市场寻找合适的店面。在游历了广东的英德、佛山、广州芳村、花都、深圳、中山、东莞、珠海以及广西的柳州、贺州、桂林之后,最终选定佛山市陈村花卉世界古玩城的一家店铺作为奇石艺术馆。2006年,何秋如低价转让了"新如新石材",还卖了一套房子,凑够了钱,顶下了那家店铺,开始了奇石的经营。

她把店铺按照她自己的风格重新装修了一遍,用自己的积蓄购进了一批奇石。起初,她发现生意并没有想象中的那么好,但是她并不是很在意,以为是自己尚未打出名气。后来经营了一段时间,也不见有好转。直到有一天,她在参观其他奇石店的时候,才想明白了原因。原来她只是对高额的利润感兴趣,却没有细致地分析市场需求。那些爱玩奇石的人基本上都是有钱人,他们把玩的奇石价值不菲,而何秋如的小店没有足够的资本去买昂贵的奇石,而稍低价格的奇石又没有什么人去买,最终市场不大,也就没有开发的余地。面对着高昂的铺租,何秋如的第三次创业又走入了困境。

再遇朋友指点　开创特色沉香

　　就在走投无路,奇石店面临亏损的时候,何秋如再次得到朋友的帮助。她的一位朋友告诉她沉香的药用价值极高,是天然中药瑰宝,沉香不但有多种神奇的功效,而且市场很大,价格也一路飙升。这使何秋如再一次看到了出路。于是在 2007 年,何秋如毅然决定放弃奇石,改店名为"黄氏沉香世家",转而销售沉香。

　　但是,这些年的奇石销售使得她的积蓄所剩无几,她再一次受到了资金这个"拦路虎"的威胁。但是这一次稍有不同,有了之前的教训和成功的经历,这次她比较容易地就借到了所需资金。另外,销售沉香必须要有一条稳定的供货渠道,因此何秋如到廉江市租下一些地,办起了沉香的种植。因为沉香是沉香树受损后所分泌的汁液在空气中风化而成的,所需要的时间相对较长,因此最初何秋如选择了以销售沉香树苗、沉香树来带动店铺的发展。同时,前些年的成功经历也让何秋如认识了不少人。正是有了这些老客户的帮忙介绍和采取走出去、拉进来的销售策略,积极参加珠三角及广州周边各种博览会,使得越来越多的客户认识了"黄氏沉香世家",业务也跟着慢慢发展起来了。

　　虽然"黄氏沉香世家"稍有起色,但是何秋如仍在不断探索进一步扩大经营的道路。她开始做起了沉香家具、沉香饰品的生意。同时,她联系了一个化工实验室的研究人员,以较低的成本得到了沉香提炼的精油,也做起了沉香精油的销售。但是何秋如想,现在这些都是别人已经在销售的产品,要成功,必须要有自己的特色。于是她对沉香的价值做了一定的分析研究,发展出了"沉香茶"这一独一无二的产品。有了自己的产品,"黄氏沉香世家"很快就在沉香界声名鹊起,甚至有朋友要求加盟销售。

　　后来,在一次博览会上,"黄氏沉香世家"以 100％的产品销售率轰动了整个会场。在这之后,"黄氏沉香世家"参展的级别越来越高,包括在广州琶洲会馆开展的中国奢侈品展览会、中国工艺品博览会等,这使得"黄氏沉香世家"成功地打开了国内外市场。客户们有的专门从台湾坐飞机过来,就是为了购买她的产品;有的买了沉香,回到北京与市面销售的沉香做了对比,立刻答应做长客。电视台也对"黄氏沉香世家"进行了系列采访报道。

　　现在,"黄氏沉香世家"拥有超过 1 万亩的沉香种植基地,动员群众种植沉香近 100 万亩,同时又扩大了经营范围,把沉香、红豆杉、黄花梨、树葡萄、檀香木等名贵树种销往全国各地。"我们年供应沉香苗木、沉香绿化树种、奇楠沉香苗木 30 多万株,创造就业机会近 1000 多人次,既绿化了祖国荒山,又为国家沉香药材减少进口、降低外汇支出、充足供应沉香药材打下了坚实的基础。"何秋如脸上泛起了自信的笑容。

"那么,您认为是什么原因使您一次次跌倒后又爬起来,并最终获得成功的呢?"

"我认为,只要不服输,有胆识,看准市场就果断下手,任何人都会有成功的一天。"何秋如继续陶醉在她的沉香世界里。

对一个数次遭遇失败的平凡女性来说,不服输是她的动力,然而看准市场才是她最终成功的法宝。她不只为社会创造了就业机会,更是给社会树立了一个光辉的创业榜样。

附 录 农业创业的相关政策文件

中国人民银行 财政部 人力资源和
社会保障部关于进一步改进小额担保
贷款管理 积极推动创业促就业的通知

银发〔2008〕238 号

中国人民银行上海总部,各分行、营业管理部,各省会(首府)城市中心支行,各副省级城市中心支行,各省、自治区、直辖市、计划单列市财政厅(局)、人事厅(局)、劳动保障厅(局),财政部驻各省、自治区、直辖市、计划单列市财政监察专员办事处,各国有商业银行、股份制商业银行、中国邮政储蓄银行:

为落实《中华人民共和国就业促进法》和《国务院关于做好促进就业工作的通知》(国发〔2008〕5 号)精神,进一步改进下岗失业人员小额担保贷款(以下简称小额担保贷款)管理,积极推动创业促就业,经国务院同意,现就有关事项通知如下:

一、进一步完善小额担保贷款政策,创新小额担保贷款管理模式和服务方式

(一)允许小额担保贷款利率按规定实施上浮。自 2008 年 1 月 1 日起,小额担保贷款经办金融机构(以下简称经办金融机构)对个人新发放的小额担保贷款,其贷款利率可在中国人民银行公布的贷款基准利率的基础上上浮 3 个百分点。其中,微利项目增加的利息由中央财政全额负担;所有小额担保贷款在贷款合同有效期内如遇基准利率调整,均按贷款合同签订日约定贷款利率执行。本通知发布之日以前已经发放、尚未还清的贷款,继续按原贷款合同约定的贷款利率执行。

（二）扩大小额担保贷款借款人范围。在现行政策已经明确的小额担保贷款借款人范围的基础上，符合规定条件的城镇登记失业人员、就业困难人员，均可按规定程序向经办金融机构申请小额担保贷款。小额担保贷款借款人的具体条件由各省（自治区、直辖市）制定。其中，对申请小额担保贷款从事微利项目的，中央财政给予贴息。具体贴息比例和办法，由财政部会同有关部门制定。

（三）提高小额担保贷款额度。经办金融机构对个人新发放的小额担保贷款的最高额度为5万元，还款方式和计、结息方式由借贷双方商定。对符合条件的人员合伙经营和组织起来就业的，经办金融机构可适当扩大贷款规模。

（四）创新小额担保贷款管理模式和服务方式。鼓励有条件的地区积极创新、探索符合当地特点的小额担保贷款管理新模式。各经办金融机构在保证小额担保贷款安全的前提下，要尽量简化贷款手续，缩短贷款审批时间，为失业人员提供更便捷、更高效的金融服务。对信用记录好、贷款按期归还、贷款使用效益好的小额担保贷款的借款人，银行业金融机构要积极提供信贷支持，并在资信审查、贷款利率、贷款额度和期限等方面予以适当优惠。

二、改进财政贴息资金管理，拓宽财政贴息资金使用渠道

（一）完善小额贷款担保基金（以下简称担保基金）的风险补偿机制。各省级财政部门（含计划单列市，下同）每年要安排适当比例的资金，用于建立和完善担保基金的持续补充机制，不断提高担保基金的代偿能力。中央财政综合考虑各省级财政部门当年担保基金的增长和代偿情况等因素，每年从小额担保贷款贴息资金中安排一定比例的资金，对省级财政部门的担保基金实施奖补，鼓励担保机构降低反担保门槛或取消反担保。

（二）建立小额担保贷款的有效奖补机制。中央财政按照各省市小额担保贷款年度新增额的一定比例，从小额担保贷款贴息资金中安排一定的奖补资金，主要用于对小额担保贷款工作业绩突出的经办金融机构、担保机构、信用社区等单位的经费补助。具体奖补政策和担保基金的风险补偿政策由财政部根据小额担保贷款年度发放回收情况、担保基金的担保绩效等另行制定。

（三）进一步改进财政贴息资金管理。各省级财政部门要管好用好小额担保贷款财政贴息资金，保证贴息资金按规定及时拨付到位和专款专用。

小额担保贷款贴息资金拨付审核权限下放至各地市级财政部门。各地市级财政部门要进一步简化审核程序,加强监督管理,贷款贴息情况报告制度由按月报告改为按季报告。

三、加大对劳动密集型小企业的扶持力度,充分发挥其对扩大就业的辐射拉动作用

(一)放宽对劳动密集型小企业的小额担保贷款政策。对当年新招用符合小额担保贷款申请条件的人员达到企业现有在职职工总数30％(超过100人的企业达15％)以上、并与其签订1年以上劳动合同的劳动密集型小企业,经办金融机构根据企业实际招用人数合理确定小额担保贷款额度,最高不超过人民币200万元,贷款期限不超过2年。

(二)经办金融机构对符合上述条件的劳动密集型小企业发放小额担保贷款,由财政部门按中国人民银行公布的贷款基准利率的50％给予贴息(展期不贴息),贴息资金由中央和地方财政各负担一半。经办金融机构的手续费补贴、呆坏账损失补贴等仍按现行政策执行。

(三)鼓励各省级和省级以下财政部门利用担保基金为符合条件的劳动密集型小企业提供贷款担保服务。具体管理政策由各省级财政部门牵头制定,并报财政部备案。

四、进一步完善"小额担保贷款＋信用社区建设＋创业培训"的联动工作机制

(一)各地要积极依托社区劳动保障平台,进一步做好创业信息储备、创业培训、完善个人资信、加强小额担保贷款贷后跟踪管理等工作,促进"小额担保贷款＋信用社区建设＋创业培训"的有机联动。对经信用社区推荐、参加创业培训取得合格证书、完成创业计划书并经专家论证通过、符合小额担保贷款条件的借款人,要细化管理,积极推进降低反担保门槛并逐步取消反担保。

(二)认真落实《中国人民银行　财政部　劳动和社会保障部　关于改进和完善小额担保贷款政策的通知》(银发〔2006〕5号)的有关规定,进一步细化和严格信用社区标准和认定办法,加强对信用社区的考核管理工作,及时总结信用社区创建工作好经验、好做法,逐步建立和完善有效的激励奖惩机制。具体考核指标和考核办法由各省级财政部门牵头制定。

(三)各地人力资源社会保障、财政部门和中国人民银行分支机构要进一步密切协作,充分利用当地就业工作联席会议制度,建立信用社区建设联动工作机制,积极健全和完善"人力资源和社会保障部门组织创业培训—信用社区综合个人信用评级—信用社区推荐—经办金融机构发放贷款—信用社区定期回访"的小额担保贷款绿色通道。

除本通知外,中国人民银行、财政部、原劳动和社会保障部等部门已经发布的有关小额担保贷款的相关规定继续执行。与本通知政策规定不一致的,以本通知为准。

请中国人民银行各分支机构联合当地财政、人力资源和社会保障部门将本通知速转发至辖区内相关金融机构。

中国人民银行　财政部　人力资源和社会保障部

二〇〇八年八月四日

浙江省人民政府办公厅关于鼓励和支持
大学毕业生从事现代农业的若干意见

浙政办发〔2010〕141 号

近年来,我省一些大学毕业生直接从事种植业、养殖业生产经营,给农业发展注入了生机和活力,有力地促进了农业转型升级和现代农业发展。为了鼓励和支持更多的大学毕业生从事现代农业,经省政府同意,特提出如下意见:

一、充分认识新时期大学毕业生从事现代农业的重要意义

当前,我省农业已进入转型升级的关键时期,迫切需要一大批有知识、懂经营、会管理的高素质人才。随着农业商品化、规模化、机械化的逐步形成,大学毕业生从事农业的条件逐步成熟。但是,由于农业生产条件艰苦,风险较大,效益相对偏低,加上传统观念的影响,大学毕业生从事农业的人数仍然偏少。各级政府要从促进农业发展方式转变、加快发展现代农业的战略高度,充分认识大学毕业生从事现代农业的重要意义,把鼓励和支持大学毕业生从事现代农业作为培育新型农业生产经营主体的重点来抓,努力提高农业生产经营者的整体素质。

二、总体要求

以科学发展观为指导,围绕推进农业转型升级,以建设现代农业园区、粮食生产功能区为重点,坚持自愿选择、政府扶持原则,建立和完善大学毕业生从事现代农业的机制。力争到 2015 年,省、市级示范性农民专业合作社都有 1 名以上大学毕业生从事农业生产或经营,一批有实践经验的大学毕业生成为规范化农民专业合作社、农业企业的领头人,全省从事种植业、养殖业的大学毕业生达到 5000 名左右。

三、支持对象

具有全日制普通高校专科(高职)以上学历、年龄 35 周岁以下,原则上是本省户籍的大学毕业生,自愿从事农林种植业和养殖业生产经营工作,且符合以下条件之一的:

（一）在经主管部门评定的省、市级示范性农民专业合作社工作，签订劳动合同且合同期限在 1 年以上，办理相应社会保险，年基本报酬不少于 2 万元的。

（二）牵头兴办农民专业合作社，担任理事长，并被县级以上主管部门认定为规范化农民专业合作社的。

（三）在省内专职从事种植业、养殖业达到一定规模（具体由县级政府规定），承包土地期限在 5 年以上并签订规范化承包（流转）合同的。

四、支持政策

对符合上述条件的大学毕业生，在享受浙江省人力资源和社会保障厅等部门下发的《关于实施高校毕业生就业推进行动　大力促进高校毕业生就业的通知》(浙人社保〔2010〕180 号）规定的相关政策的同时，可再享受以下政策：

（一）省对经济欠发达县（市、区）和其他县（市、区）从事农业生产经营的大学毕业生每人每年分别补助 1 万元、0.5 万元，连续补助 3 年。具体办法由省人力社保厅、省农业厅、省财政厅另行制定。有条件的市、县（市、区）政府也应制定财政补助政策。

（二）各级农业、林业、渔业等有关部门优先安排相关现代农业扶持项目。

（三）在农业继续教育、农业科技项目立项、农业成果审定等方面，享受我省基层农技推广机构科技人员同等待遇。符合专业技术资格申报条件的，可优先申报相应专业技术资格。

（四）直接从事农业生产经营 3 年以上，报考事业性质的县（市、区）和乡镇农技（农经）干部的，在同等条件下优先录用。对从事基层农技服务工作 3 年以上、群众满意的大学毕业生，可以采取定向公开招聘的方式充实到县乡级农业公共服务机构。

（五）在同一单位连续工作满 1 年，按有关规定参加社会保险并按时足额缴纳社会保险费的，其工作时间可计算为实际缴费年限，其服务年限可计入基层工作经历，计算为专业工作年限。

（六）认真贯彻落实国家对大学毕业生创业富民各项金融支持政策，及时满足大学毕业生农业创业项目的融资需求。农村金融机构列入农村信用等级评定范围，简化贷款手续，给予利率优惠。农业政策性担保公司在农业小额担保方面优先支持。政策性农业保险公司把支持对象生产的品种作为重点参保对象。

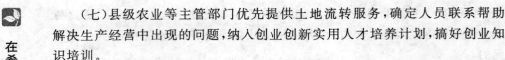

（七）县级农业等主管部门优先提供土地流转服务，确定人员联系帮助解决生产经营中出现的问题，纳入创业创新实用人才培养计划，搞好创业知识培训。

（八）各级人力社保部门所属的人才交流机构，凭聘用合同或营业执照，免费为从事现代农业的大学毕业生保管人事档案。其户口关系可以转到当地人才交流机构的集体户，也可以转到当地城镇亲友处。

五、做好服务和管理工作

（一）各级政府要把鼓励和支持大学毕业生从事现代农业列入重要议事日程，切实加强组织领导，并明确由农业部门牵头，会同林业、渔业等部门，做好大学毕业生从事现代农业的服务和管理工作。

（二）各级农业部门要会同有关部门，建立从事现代农业的大学毕业生名录，比照农业科技人员建立完善考核制度，将日常表现及考核情况及时存入个人档案，作为其享受有关优惠政策的依据。同时，要建立农业经营主体的农业生产和经营管理岗位需求库，搭建大学毕业生从事农业信息服务平台，定期发布农业经营主体招聘信息，举办面向农业领域岗位的专场招聘会，为大学毕业生从事农业生产经营提供有效服务。

（三）县（市、区）和乡镇政府对从事农业生产经营的大学毕业生，要在政治上关心、爱护，在生活上切实帮助解决遇到的困难，为他们安心从事农业生产经营活动创造良好的外部环境。

二〇一〇年十一月

浙江省温州市普通高校毕业生
农业创业就业扶持暂行办法

为积极鼓励大学生开展农业创业就业，推动现代农业又好又快发展，落实《温州市人民政府关于加强普通高校毕业生就业工作的意见》（温政发〔2009〕44 号）精神，制定本办法。

第一条 农业创业的扶持对象：普通高校毕业，大专以上文化程度，年龄在 35 周岁以下，户籍不限，在温州市域内直接从事农（含林、牧、渔）业生产经营，且达到一定生产经营规模的农业企业主、农场场长、合作社负责人，林场、畜牧养殖场、渔业养殖场等农业承包人（法人代表）。

农业创业的扶持对象须具备以下条件中的任何一项：

（一）粮油：种植面积 30 亩、复种 50 亩以上；

（二）畜牧：在非禁养区内从事养殖，年存栏商品猪 100 头以上，或年存栏商品禽 5000 羽以上，或年存栏蛋鸡 10000 羽以上；

（三）水产：养殖面积 50 亩以上；

（四）蔬菜：露地种植面积 10 亩以上或设施栽培面积 5 亩以上；

（五）食用菌：种植面积 10000 平方尺以上；

（六）笋竹：种植面积 100 亩以上；

（七）茶叶、水果、中药材、花卉苗木：种植面积 30 亩以上；

（八）从事农产品加工，年产值在 100 万元以上，持有工商、税务等部门注册登记的相关手续。

农业就业的扶持对象：普通高校毕业，大专以上学历，年龄在 35 周岁以下，温州市户籍，被温州市示范性农民专业合作组织、市级农业龙头企业等农业生产经营单位聘用的人员。

第二条 温州市大学生农业创业就业扶持资金在温州市高校毕业生创业扶持资金中安排。

第三条 对符合条件的大学生创业者，在市区创业、首次工商注册登记满 1 年的，市财政按照 1 万元的标准给予一次性专项创业补助。

第四条 金融部门要加大对大学生农业创业的扶持力度。创业初期，给予不超过 5 万元的小额信用担保贷款，若干大学生合伙生产经营或达到一定规模的，可适当放宽信用担保贷款额度。温州市、县（市、区）农信担保公司要提供创业信贷担保。贷款利息由当地财政给予 50% 的贴息补助。

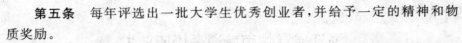
第五条　每年评选出一批大学生优秀创业者,并给予一定的精神和物质奖励。

第六条　每年组织一批大学生农业创业者到高校进行农业生产经营研修活动。

第七条　应聘到农业龙头企业、专业合作社、规模经营大户等农业生产经营服务单位就业的大学生,签订2年以上合同的,其第一年的基本养老保险、基本医疗保险、失业保险、工伤保险、生育保险等由单位缴纳部分,当地财政按30%以上的比例补贴,保险费不得低于当地同期社保标准。市级示范性合作社每招聘1个大学生(聘期在1年以上),前3年市财政给予示范性合作社每年1万元的补助,对各市级示范性合作社的补助一般累计不超过5万元。

第八条　加大事业单位面向农业生产第一线招聘大学生的力度。对应聘到市级以上示范性合作社工作满3年的大学生,参加乡镇事业单位动植物疫病防控、农产品质量监测、农技推广、林业专管人员聘用招考时,同等条件下给予优先录用。市级以上示范性合作社要优先招聘农林类专业毕业的大学生。

第九条　建立大学生农业创业就业基地。依托农业功能区、生态高效农业示范园区、农业产业化组织及农业高等院校、科研院所,开发建设一批大学生农业创业园和农业创业就业基地,为大学生提供自主创业平台和就业机会。

第十条　建立大学生农业创业就业指导服务体系和信息服务平台,推行农业技术专家与大学生结对帮扶制度,为大学生农业创业就业提供政策、信息、项目、融资、技术、营销等咨询和指导服务。

第十一条　积极引导和鼓励大学生村官从事农业创业活动。

第十二条　各级政府要加强对大学生农业创业就业工作的领导,落实组织机构,完善协调机制。建立温州市大学生农业创业就业工作领导小组,下设办公室,负责大学生农业创业就业指导服务的日常工作。

第十三条　符合扶持条件的大学生向创业项目或就业所在乡镇(街道)农办或农业推广机构提出申请,经乡镇政府(街道办事处)初审、县(市、区)农办审核后,报温州市大学生农业创业就业工作领导小组办公室审定。

第十四条　本办法由温州市大学生农业创业就业领导小组办公室负责解释。市政府规定的其他扶持大学生就业的政策不变。各县(市、区)可根据本办法,结合各地实际,制定相应实施细则。

第十五条　本办法自公布之日起执行。

二○一○年六月一日

浙江省慈溪市关于进一步加强高校毕业生
在农业生产领域就业创业实施办法(试行)

为更好地培养现代新型农业人才,促进农业社会化服务体系建设,根据宁波市政府办公厅《关于鼓励高校毕业生在农业生产领域就业创业的若干意见》(甬政办发〔2010〕87号)精神,结合我市实际,现就鼓励和扶持高校毕业生在农业生产领域就业创业,制定如下实施办法:

一、扶持对象

(一)在农业领域创业的高校毕业生(指具有全日制普通高校大专以上学历、年龄在35周岁以下的高校毕业生,下同)。

(二)引进涉农类专业高校毕业生的规范化农民专业合作社、粮食生产功能区粮食生产服务组织、宁波市级农业产业基地服务组织和经工商注册登记的规模农场、民营研究所(以下简称"农业经营主体")

二、扶持条件

(一)在农业领域创业的高校毕业生,具备其中一条:

1.在本市专职从事农业生产或农产品营销工作,牵头兴办农民专业合作社并被认定为规范化农民专业合作社理事长。

2.在本市专职从事农业生产且达到一定规模(详见附件)、承包土地期限5年以上并签订规范的土地承包(其他承包)合同。

(二)引进涉农类专业高校毕业生的农业经营主体

引进涉农类专业高校毕业生的农业经营主体(规模标准详见附件),双方按要求签订规范的劳动合同、合同期限在1年以上、年报酬不少于3万元,并办理养老、医疗、失业等相应社会保险参保手续。

三、扶持标准

(一)在农业领域创业的高校毕业生,一是市财政给予每人每年2万元补助,或按规模大小,给予50万元以内生产性贷款的全额贴息。二是由市农户小额信用贷款担保公司根据规模大小、经营现状、还款能力等提供20万元以内的生产性创业贷款担保。

(二)农业经营主体引进涉农类专业高校毕业生,市财政给予每人每年2

万元补助和养老、医疗、失业等社会保险费每人每年 2000 元补助。引进名额按规模大小为 1—2 名。

经济补助按月享受,贴息补助按期还款后享受;政策兑现一年一次,第二年重新申报。

对列入宁波市扶持的对象,仍可享受宁波市政府相关政策,市定政策作为配套补助。

四、工作措施

(一)落实待遇。符合扶持条件的就业创业高校毕业生:

1. 在农业项目申报、农业科技项目立项、农业成果审定等方面享受我市农技人员同等待遇,符合专业技术资格申报条件的,可优先申报相应专业技术资格。

2. 在市、镇(街道)招考事业编制农技人员时,视职称、服务年限和工作业绩酌情加分。(具体办法另行制定)。

3. 在申请享受限价房等各类人才政策时,给予优先考虑。

(二)强化服务

1. 提供信息服务。农业部门要搭建高校毕业生农业就业创业信息服务平台,定期发布农业经营主体招聘信息。农业、人事部门要联系涉农院校,定期举办面向农业领域岗位的招聘会,为高校毕业生和农业经营主体起到桥梁和纽带作用。

2. 提供人事代理服务。人事部门要为到农业经营主体就业或农业创业的高校毕业生,免费提供人事档案保管,并按规定代理集体户口挂靠等服务。

3. 提供文化生活服务。农业经营主体要改善高校毕业生的工作环境,关心其文化精神生活,对开通 3G 无线宽带上网的,包年资费由市财政给予70％的补助。

(三)规范管理

1. 加强培训。对在农业经营主体就业或在农业生产领域创业的高校毕业生,建立知识更新培训制度,在同等享受农技人员继续教育的同时,由市财政安排专项经费,适时举办专题业务培训班。

2. 强化考核。农业部门要制定农业就业创业高校毕业生考核办法,每年进行考核,并对表现优秀、业绩突出的进行表彰奖励。建立农业就业创业高校毕业生档案管理制度,健全台账资料,把高校毕业生的日常表现及考核情况等及时存入个人档案,作为其享受有关优惠政策的重要依据。

（四）加强领导

各地各有关部门要高度重视高校毕业生农业就业创业工作,形成政府统一领导、部门各司其职、全社会大力支持的工作格局。要在政治上关心他们,积极创造条件,将表现优秀、业绩突出的高校毕业生,推选为各级各类代表人选。镇、街道要安排好高校毕业生党团组织关系落实单位,创造条件改善其居住环境,切实帮助解决生活上遇到的困难。农业部门要牵头做好指导、协调、服务和规范管理工作,财政部门要落实高校毕业生农业就业创业的专项扶持资金,人事、劳动保障、工商、金融、科技等有关部门要根据各自职责,制定和落实相关政策措施,新闻媒体要采取多种形式广泛宣传高校毕业生农业就业创业的扶持政策和先进典型,为高校毕业生农业就业创业营造良好氛围。

本办法自发文之日起试行,实施期限3年。市委办公室、市政府办公室《关于全面落实农技推广责任制　加快农技推广体系改革和建设的意见》(慈党办〔2008〕13号)相应政策终止。

二〇一〇年八月二十四日

后　记

　　本书是我主持的国家自然科学基金项目"中国农民创业的理论与实证研究"(项目编号:71073136)的阶段性成果之一。

　　这些年来,农业创业问题得到了各级党委和政府的高度关注,各地政府也出台了一系列鼓励农业创业的相关政策,农业创业环境不断得到改善,全国各地有农业创业想法的人越来越多,但真正能够感知和抓住机会从而成为创业者的人并不多,即使成为创业者,也不是人人都能成功地创业。因此,非常有必要对农业创业问题进行系统的研究,总结其规律,以用于指导创业实践。在国家自然科学基金项目"中国农民创业的理论与实证研究"的资助下,我组织浙江大学"三农"协会和浙江大学农业经济与管理系 50 多名来自全国各地的本科和硕士研究生,利用 2011 年寒假回家的机会对其家乡的农业创业者进行了访谈和问卷调查,以期通过对这些农业创业的典型案例进行分析,从中发现内在的规律,为农业创业提供指导。

　　为了保证调查的质量,我首先设计出了详细的访谈提纲和调查问卷,对参与调查的学生进行了集中培训,然后让学生回家选择自己所在地一位或多位从事农业创业的创业者进行访谈和问卷调查,最后要求学生根据访谈内容按统一格式完成一份调查报告。

　　在学生访谈调查报告和问卷调查的基础上,我们进行编辑整理形成了本书的内容。在本书的编辑过程中,我的硕士研究生钟王黎、丁高洁和吴露晖参与了文稿的编辑工作,后经我最终审定。

　　感谢国家自然科学基金委提供的经费支持! 没有项目经费的支持,本调查工作是不可能进行的。

　　感谢参与本次课题访谈和问卷调查的浙江大学"三农协会"和农经系同学,没有他们牺牲寒假休息时间,克服寒冷的天气,深入访谈和问卷调查,本书也很难出版。

　　感谢被调研的所有农业创业者的热情接待和积极配合;感谢他们的上

级主管部门和有关部门的支持协助。

最后还要感谢浙江大学中国农村发展研究院所提供的研究条件和浙江大学出版社责任编辑陈丽霞女士为本书出版给予的积极支持和关心,为本书的出版发行付出的辛勤的劳动。

由于参与调查的学生主要为浙江大学的本科生,而且不少为非农经专业学生,限于知识、经验以及分析问题能力等方面的限制,调查报告的写作以及文字不妥之处在所难免,部分观点也有待斟酌。虽然我们在编辑过程中已经进行了部分修改,但由于编者的水平和经验有限,有不当之处,敬请广大读者批评指正。

郭红东

2011 年 6 月 2 日

于浙江大学紫金港校区